朝倉日英対照言語学シリーズ ③
[発展編]

歴史言語学
Historical Linguistics

服部義弘・児馬 修［編］

朝倉書店

編集者

服部 義弘　静岡大学名誉教授

児馬 修　立正大学文学部教授

執筆者（執筆順）

清水 史　愛媛大学法文学部教授

児馬 修　立正大学文学部教授

服部 義弘　静岡大学名誉教授

岡崎 正男　茨城大学人文社会科学部教授

堀田 隆一　慶應義塾大学文学部教授

興石 哲哉　法政大学国際文化学部教授

柳田 優子　筑波大学大学院人文社会系教授

保坂 道雄　日本大学文理学部教授

はじめに

　本書は，『日英対照言語学シリーズ』（全7巻）に続くシリーズ［発展編］の一巻を成すものである．本巻では歴史言語学を取り扱う．歴史言語学（historical linguistics）は，同一言語の歴史的に異なる二つ（以上）の時期の言語状態を比較して，どのように言語が変化したか，というその過程を精査し，言語変化の一般理論を構築し，さらに，二つ（以上）の異なる言語間の系統上の関連性を明らかにすることを目的とするものである．そのため，単一の言語の歴史的発展の跡をたどり，語族を同じくする複数言語を比較してその系統を明らかにする試みは，すでに何世紀にもわたって，着実に進められてきており，その研究蓄積は膨大なものとなっている．ところが，語族を異にする言語間の歴史的変化の対照研究は，ほとんど行われてこなかったのが実情である．対照研究といえば，共時的な立場から，言語の諸相を比較・対照するものがほとんどであり，歴史的・通時的な立場に立って，しかも語族を異にする言語における変化の様態を比較・対照し，変化のメカニズムやタイポロジーを明らかにする試みは，多くの研究者の興味の対象から抜け落ちていたように思われる．

　以上のような状況を念頭に置き，本書は，通時的な言語変化という歴史の縦糸と，通言語的な，日英語の対照という横糸とを紡ぎ合わせる，「日英対照歴史言語学」の視点から言語変化の全体像に迫ったものである．英語学，日本語学，言語学を専攻する学生の方々や，英語教育，日本語教育関係者などを主な読者対象とし，さらに，上級学習者や当該分野の研究者の方々にも益するものとなるよう，最新の研究成果をも盛り込むよう努めた．本書では，歴史言語学の各分野にわたって概観しているが，各章は，それぞれの分野を専門とする研究者に執筆をお願いした．まず，はじめの二章で，日本語史・英語史の全体像を提示し，第3章以降では，言語学の主要分野ごとに，それぞれの分野の中心的テーマとなっている，興味あるトピックを扱い，最後の第9章で言語変化全般にわたり，そのメカニズムを考察している．これにより，日英語の言語変化の基本的かつ重要な側面はほ

ぼ網羅されていると思われるが，各章はそれぞれ独立した内容を持っているので，いずれの章から読み始めていただいても結構である．

　言語の理論的研究は，ヨーロッパおよびアメリカの構造主義言語学，生成文法，そして認知言語学へと目覚ましい発展を遂げているが，共時的観点からの現代の言語の諸側面に対する研究と比べると，各言語の歴史的・通時的研究や，言語一般の変化理論は，ややもすると，共時的研究の背後に隠れて，見過ごされがちになる嫌いがある．しかしながら，現に存在する言語が過去の長い歴史の所産であることは疑いなく，現在という時の一点のみを見ていたのではわからないことが数多く存在することも事実である．その意味で，過去の言語の様相に目を向けるのは意義深いことであると思われる．本書が，多くの読者の方々の，言語史に関する興味を引き出すことができることを切に願っている．歴史言語学の醍醐味を堪能していただければ幸いである．

　最後に，本書の刊行にあたり，企画当初から，校正・出版に至るまで朝倉書店編集部の方々には大変お世話になった．編集作業は当初の予定を大幅に遅れて数年を要し，ご迷惑をおかけしてしまったが，最後まであたたかく見守って下さったことに対し，ここに記して心より御礼申し上げたい．

2018 年 2 月

服部義弘・児馬　修

目　　次

第1章　日本語史概観 ··[清水　史]··· 1
  1.1　日本語という言語 ·· 1
    1.1.1　日本語という名称 ·· 1
    1.1.2　日本語の系統 ·· 1
  1.2　日本語史の資料 ·· 2
    1.2.1　資料的制約 ·· 2
    1.2.2　文献資料を扱う際の留意点 ·· 3
    1.2.3　方言資料を扱う際の留意点 ·· 4
    1.2.4　音声資料を扱う際の留意点 ·· 5
  1.3　日本語史の時期区分 ·· 6
    1.3.1　現行の区分論 ·· 6
    1.3.2　本章での時期区分 ·· 6
  1.4　文字史・表記史概観 ·· 16
    1.4.1　漢字の伝来と文字使用 ·· 16
    1.4.2　平仮名と片仮名 ·· 18
    1.4.3　仮名遣の歴史 ·· 19
    1.4.4　漢字制限の問題 ·· 20
    1.4.5　ローマ字 ·· 20

第2章　英 語 史 概 観 ··[児馬　修]··· 22
  2.1　言語（英語）の歴史とは ·· 22
  2.2　英語の系統（449年以前の歴史概観） ·· 24
  2.3　英語史の時代区分とその根拠 ·· 25
  2.4　古英語の資料（7世紀から11世紀の初めまで）：その特徴と留意点············· 27
    2.4.1　ルーン文字で書かれた初期資料から Alfred 以前の資料····················· 27
    2.4.2　Alfred（9世紀）の資料 ·· 28
    2.4.3　10世紀の資料（3人の聖職者の散文） ···································· 28
    2.4.4　詩の資料 ·· 29
    2.4.5　古英語資料の留意点：量的・質的制約 ···································· 29
  2.5　中英語の資料（11世紀から15世紀まで）：その特徴と留意点················· 32

iv 目　　　次

2.5.1　中英語資料概観 ･･････････････････････････････････････ 32

2.5.2　中英語の変種（方言地図）･････････････････････････････ 34

2.6　英語と社会（標準語と呼べるものが出現する前の不安定期）･･････････ 35

2.6.1　英語の変種に対する人々の意識の芽生え ････････････････ 35

2.6.2　外国語との接触 ･･････････････････････････････････････ 37

2.7　16 世紀～ 17 世紀概観 ･･･････････････････････････････････････ 41

2.7.1　標準語の必要性とその出現（16 世紀初期近代英語期）･････ 41

2.7.2　愛国主義と英語（17 世紀）･･･････････････････････････ 42

2.8　18 世紀～ 21 世紀概観（近代後期～現代）･･････････････････････ 42

第 3 章　音　　変　　化 ･･････････････････････････[服部義弘]･･･ 47

3.1　音変化総説 ･･･ 47

3.1.1　音変化とは何か ･･････････････････････････････････････ 47

3.1.2　音変化のメカニズム ･･････････････････････････････････ 48

3.1.3　音変化の音声学的タイプ ･･････････････････････････････ 49

3.1.4　音変化の非対称性と音声的偏り ････････････････････････ 49

3.2　英語における音変化 ･･･ 50

3.2.1　英語史以前から古英語へ ･･････････････････････････････ 51

3.2.2　古英語の分節音体系 ･･････････････････････････････････ 52

3.2.3　古英語から中英語への音変化 ･･････････････････････････ 54

3.2.4　古英語から中英語への母音体系の変化 ･･････････････････ 56

3.2.5　中英語から初期近代英語へ ････････････････････････････ 57

3.2.6　近代英語から現代英語へ ･･････････････････････････････ 58

3.2.7　英語強勢体系の変化 ･･････････････････････････････････ 61

3.3　日本語の音韻体系と音変化 ･･･････････････････････････････････ 62

3.3.1　五十音図の歴史 ･･････････････････････････････････････ 62

3.3.2　上代特殊仮名遣と古代母音体系 ････････････････････････ 63

3.3.3　音便の発達（撥音便，促音便，イ音便，ウ音便）と音節構造の変化 ･･････ 64

3.3.4　ハ行子音の変化とハ行転呼 ････････････････････････････ 64

3.3.5　サ行・タ行子音の変化と四つ仮名 ･･････････････････････ 65

3.3.6　日本語アクセントの変遷 ･･････････････････････････････ 65

3.4　音変化の日英対照 ･･･ 66

第 4 章　韻律論の歴史 ･･････････････････････････････[岡崎正男]･･･ 71

4.1　英詩の形式の変遷 ･･･ 71

4.2	古英語頭韻詩と中英語頭韻詩の形式	………………	71
4.3	中英語期のさまざまな脚韻詩の形式	………………	74
4.4	近代英語期以降の脚韻詩	…………………	76
4.5	無韻詩と自由詩における句またがり	………………	78
4.6	英詩の押韻に関する問題	…………………	79
4.7	日本語定型詩の詩形の変遷概観	…………………	81
4.8	『万葉集』の詩形	……………………	81
4.9	『万葉集』以後の詩形	…………………	82
4.10	音数律の本質と詩形の内なる変化	………………	82
4.11	その他の論点	………………………	85

第5章 書記体系の変遷 ……………………………[堀田隆一]… 89

5.1	書記言語と音声言語	…………………	90
	5.1.1 言語の二つの媒体	…………………	90
	5.1.2 書記言語の特徴	…………………	91
5.2	書記体系の歴史	……………………	91
	5.2.1 文字の起源と発達	…………………	91
	5.2.2 日本語の書記体系の歴史	………………	94
	5.2.3 英語の書記体系の歴史		96
5.3	書記体系の変化	……………………	97
	5.3.1 文字レベル	……………………	97
	5.3.2 表語レベル	……………………	98
	5.3.3 統字レベル	……………………	100
	5.3.4 文字以外の書記要素	………………	103

第6章 形態変化・語彙の変遷 ………………………[輿石哲哉]… 106

6.1	本章の構成	………………………	106
6.2	形態・語彙に関する基本的な概念	………………	106
	6.2.1 語に関する概念	…………………	106
	6.2.2 形態素に関する概念	………………	107
	6.2.3 屈折と語形成	……………………	107
	6.2.4 語を構成する単位と複合語	………………	108
	6.2.5 慣習性と有契性	…………………	109
	6.2.6 生産性	…………………………	110
6.3	形態論・語彙の変化	…………………	110

vi 目　　次

6.3.1　総合的言語と分析的言語 ………………………………………… 110
6.3.2　形態論的類型論 ………………………………………………… 110
6.3.3　膠着と滲出 ……………………………………………………… 111
6.3.4　形態論化と脱形態論化 ………………………………………… 112
6.3.5　借用語の自語化 ………………………………………………… 112
6.4　英語の形態変化・語彙の変遷 ……………………………………… 114
6.4.1　形態論史の概観 ………………………………………………… 114
6.4.2　語形成の二つのタイプと語彙の層 …………………………… 119
6.4.3　語彙にみられる分離状態 ……………………………………… 122
6.5　日本語の形態変化・語彙の変遷 …………………………………… 124
6.5.1　古代日本語の語彙：和語を中心として ……………………… 124
6.5.2　文字と語彙の層 ………………………………………………… 124
6.6　英語と日本語の比較 ………………………………………………… 126

第7章　統　語　変　化 ………………………………[柳田優子]… 131

7.1　語順の変化 …………………………………………………………… 131
7.2　英語における語順の変化 …………………………………………… 133
7.2.1　語順のパラメータ ……………………………………………… 133
7.2.2　反対称性仮説 …………………………………………………… 135
7.3　日本語における語順の変化 ………………………………………… 137
7.3.1　反対称性仮説 …………………………………………………… 137
7.3.2　上代日本語の示差的主語表示 ………………………………… 138
7.3.3　目的語移動と示差的目的語表示 ……………………………… 139
7.3.4　強形代名詞と接語代名詞 ……………………………………… 142
7.3.5　主格・対格システムの確立 …………………………………… 143

第8章　意味変化・語用論の変化 ………………………[堀田隆一]… 151

8.1　意味と意味変化 ……………………………………………………… 151
8.1.1　意味とは何か …………………………………………………… 151
8.1.2　意味の種類 ……………………………………………………… 152
8.1.3　概念階層 ………………………………………………………… 153
8.1.4　意味変化の特徴 ………………………………………………… 155
8.2　意味変化の類型 ……………………………………………………… 155
8.2.1　意味の一般化と特殊化 ………………………………………… 155
8.2.2　意味の向上と堕落 ……………………………………………… 156

目　　次　　vii

　　8.2.3　メタファーとメトニミー ……………………………………157
　8.3　意味変化の要因 ……………………………………………………158
　　8.3.1　要因の分類 …………………………………………………158
　　8.3.2　言語的要因 …………………………………………………159
　　8.3.3　歴史的要因 …………………………………………………160
　　8.3.4　社会的・心理的要因 ………………………………………160
　8.4　意味変化の仕組み …………………………………………………161
　　8.4.1　プロトタイプ ………………………………………………161
　　8.4.2　意味変化の傾向 ……………………………………………162
　8.5　語用論の変化 ………………………………………………………163
　　8.5.1　歴史語用論 …………………………………………………163
　　8.5.2　主観化と間主観化 …………………………………………164
　　8.5.3　誘導推論と会話の含意 ……………………………………166
　　8.5.4　ポライトネス ………………………………………………166

第9章　言語変化のメカニズム ………………………[保坂道雄]…170
　9.1　言語変化の要因と理論的説明 ……………………………………170
　　9.1.1　言語内的要因 ………………………………………………170
　　9.1.2　言語外的要因（言語接触）…………………………………172
　　9.1.3　言語変化の理論的説明 ……………………………………173
　9.2　文法化現象 …………………………………………………………175
　　9.2.1　英語の since と日本語の「から」…………………………175
　　9.2.2　英語の indeed と日本語の「ほんと」……………………176
　　9.2.3　英語の that と日本語の「の」……………………………177
　　9.2.4　言語変化の論理的問題 ……………………………………178
　9.3　言語変化と言語進化 ………………………………………………179
　　9.3.1　生物の進化と言語の進化 …………………………………180
　　9.3.2　適応的変化と非適応的変化 ………………………………181
　　9.3.3　言語進化モデル ……………………………………………181

索　　引 ……………………………………………………………………189
英和対照用語一覧 …………………………………………………………196

第1章 日本語史概観

清水　史

キーワード：文献資料，方言資料，時期区分，音便，八行転呼音，動詞活用，アクセント，言
文一致，仮名遣，ローマ字

1.1 日本語という言語

1.1.1 日本語という名称

　「日本」という国号の成立は 7 世紀後半であるとされ，ニホンまたはニッポンと呼ば
れる．これに対して，「日本語」という名称の成立は，国号に比してその誕生は新しく
近代日本国家が形成された明治以後とされ，ニホンゴまたはニッポンゴと呼ばれる．複
合語ではニホンゴ～，～ニホンゴの形が慣用形となっている．ニホンゴガク（日本語学），
ニホンゴキョウイク（日本語教育），ニホンゴダイジテン（日本語大辞典），コダイニホ
ンゴ（古代日本語），キンダイニホンゴ（近代日本語）など．

　「日本語」という名称はまた，「国語」という名称と対比され，時に使い分けられるこ
とがある．「日本語」は外国語との対比が前提となる場合に使われることが多いのに対
して，「国語」は日本人が自国の言葉を指すものとして日常的習慣的に使われる．

　言語研究に当たって，日本語とか英語とかいうような具体的な言語というものは，そ
れが自明の単位のようにみえるが，実はそう単純な問題ではないことに留意しなければ
ならない．日本語のようにその使用されている地域が主として国という政治的に定めら
れた地域と合致している場合には「**国語**」(national language) という概念と結びつくが，
何々語と呼ばれる言語の単位はいつもそのように国の単位と結びつくとは限らないので
あって，国家を形成していない民族の言語もあれば，国の別を越えて用いられる言語も
あり，また，一つの国で複数の言語が公用語として認められているところもある．

　日本語の歴史を考える場合，時代が古ければ古いほど，日本語の具体的な姿を捉える
ことは容易ではない．

1.1.2 日本語の系統

　言語は伝承されていくものであり，どの言語体系も伝承の間に変化を遂げていく．言
語が使用される社会の変容は，当然，言語の上に変化を促すことは明らかである．しか
し，社会的変容が直接の要因とならない変化がある．

　言語記号は社会的な習慣として取り決められている音と意味との結合として成立して

いるが，その結合の仕方には必然性がない．すなわち，どのように意味の世界を分割するか，そしてそれぞれの意味単位をどのような音の連続で表すかということに，それでなくてはならないという必然性がないというのが言語記号の本質的特徴である．それはSaussure のいう言語記号の**恣意性**である．音の面でも，意味の面でも，時の流れとともに変化が生ずるのも自然である．

　言語変化の方向にも必然性がない．ある音が変化する範囲にはある種の限界が認められるが，どの音に変わらなければならないという必然性がないのである．同じ言語集団の成員は，同じ変化の跡をたどっていくわけであるが，相互間に交通が頻繁に行われないような場合，あるいはその成員の一部が他の地方に移ってしまった場合には，それぞれの地方で互いに異なる変化の道をたどるということが起こる．それは言語の分化の現象である．

　言語には分化と統一という相反する力が働いているが，分化はこのようにして方言の違いを生ぜしめ，また別の言語に分かれるという結果を生ぜしめるのである．その経過を逆にたどると，二つ以上の言語が共通の**祖語**（parent language）から分かれた姉妹語であるということになる．そういう関係を**同系関係**あるいは**親縁関係**といい，そのような関係を明らかにする研究は**系統論**（genealogy）と呼ばれている．

　日本語の系統については，現在までにさまざまな説が提出されているが，どれも定説をみるに至ってはいない．諸説を大括りにすると，①北方アジアの諸言語に系統をたどるもの（a. アルタイ諸語，ウラル・アルタイ諸語の一つに数える説．b. 朝鮮語と結びつける説），②南方アジアの諸言語に系統をたどるもの（a. マライ・ポリネシア語またはオーストロ・アジア語に属するとする説，b. チベット・ビルマ語と結びつける説，c. レプチャ語と結びつける説，d. タミル語と結びつける説），③印欧語に系統をたどるもの，④アイヌ語に系統をたどるものなどがある．

　果たして日本語に系統論が成り立つのか否か，日本語の起源はいずれかに求めうるのか否か，このテーマの結論は簡単には導き出せそうにない．

1.2　日本語史の資料

1.2.1　資料的制約

　日本語史再建に当たって，我々の目にすることができる文献資料には大きな制約がある．そのことが再建を行う場合のストレスになっていることはいまさら多言を要すまい．文献資料の量的な問題もさることながら，文献資料の内容，性格などの面からみても，残存する文献資料から日本語の歴史的全体像を窺うことは難しい状況にあるといえよう．

　文献は言語の「音」を直接には語らない．文献からは活きた，生の「音」を聴くこと

は叶わない．**音価**（phonetic value）の推定の作業に著しい困難を伴うのはそのためである．一方，諸方言にみられる言語現象は，その多くを文献にとどめない．したがって，そのことが原因となり，諸方言の言語現象は，方言の方言たるゆえんとして日本語史の上からは孤立してしまうことになる．文字言語と音声言語とは車の両輪のようにいわれるが，資料的な制約が大きな影を落としている．日本語史再建には文献徴証からする内的再構に加えて，現在観察しうる日本語の諸方言の状況，状態の分析が重要な鍵となってくる．

1.2.2　文献資料を扱う際の留意点

a.　文字言語の性格

言語の歴史を研究する第1次の資料は，文字で書かれた文献である．そこにまず，文献批判あるいは**本文批判**（textual criticism）と呼ばれる作業が必要となる．この点で，**歴史言語学**（historical linguistics）は**文献学**（philology）と密接な関係を持ち続けているわけである．しかし，ある時代の文献が正確な形で得られたとしても，そこで書かれている言語の姿は，その当時の言語の音をそのまま反映するとは限らない．むしろ，そうでない場合の方が多いといわなければならない．

文字はその性質から**表音文字**（phonogram）と**表意文字**（ideogram）に分けるのが広く一般的に行われている分類法であるが，それは理に適った分類とはいえない．文字は音と意味との結びついた言語記号を表記するものであるから，その一方だけを表すものは定義上文字とはいえない．

表音文字と呼ばれるローマ字や仮名もその文字体系を構成している字の連続によって語を表しているのであり，一方，表意文字の代表とされる漢字もやはりその表す語の音をまた表記していることに変わりはない．したがって，文字体系を分類するならば，その体系を構成する各々の字が語をどのような単位にまで分析して表記しようとするのかという観点から分類がなされなければならない．たとえば，梵字は音素文字的性質を持つ音節文字であり，ハングルは音節文字的性質を有する音素文字であるというように．

ローマ字のような音素文字の場合でも，その連結によって表そうとするのは音と意味の結合した記号であるから，その綴字と音との間にズレが生じてもその文字としての役割を依然として果たすことができる．すなわち，一音一字という関係が常に保たれるわけではない．したがって，ある時代に書かれた文献はその字面からだけでは，どのような音の語形を写したものか判明しないのが普通である．そこで，たとえば，その時代に外国人によって記録された資料など，その書写の習慣と関わりなく書き残されたものが重要な意味を持つことになり，また，その前の時代や後の時代にどのように書かれているかというようにその前後の書写の習慣の流れの中において考察することも必要である．

b. 文献資料の性格

日本語の歴史を考えるうえでの文字言語資料は，日本国内のものと日本国外のものがある．また，日本語で書かれたもののほか，中国語，朝鮮語，ポルトガル語，フランス語，英語等々，外国語で書かれたものもある．室町時代の中国資料や朝鮮資料，宣教師によって作られたキリシタン資料，幕末・明治期の洋学資料などは当時の日本語の姿を知るうえで好適の資料である．素材の面では金属（金石文），竹や木（竹簡・木簡），布，紙に及び，金属に文字を刻んだり，紙に墨で書いたり，印刷したりとさまざまな仕様の資料が残っている．

この文献にみえる日本語がどのような日本語を反映しているのか，そのことは日本語の歴史を考える際に最も重要なことである．文献資料は幸いに古代から現代まで残っているものの，そこにはそれぞれの時代の文献に反映されている言葉の方処的な問題とその言葉の担い手の問題とがいつも絡んでいることに留意しなければならない．

方処的な問題というのは，奈良時代にあっては大和地方の言葉，平安時代以降約千年弱は京都地方の言葉，江戸時代後半以降にあっては江戸・東京の言葉というように，政治・文化の中心地に即して移動していることである．したがって，ここに中央語の歴史という言い方をするならば，その流れは地域に連続性を欠くために，連綿としたときの流れの中に中央語の歴史を扱うのはなかなか厄介である．

一方，言葉の担い手に関しても奈良〜平安時代には貴族や僧侶の言葉，鎌倉時代には武士の言葉，室町時代には上層町人の言葉，江戸時代後期には下層町人の言葉が加わることとなり，ひと口に中央語といってもその内実は等質的なものではないのである．

1.2.3 方言資料を扱う際の留意点

a. 地域語としての方言資料の問題

日本語とか英語とかいうそれぞれの言語は，一方においてその分布する地域によって異なる方言に分かれており，何々方言と呼ばれる．それぞれの言語の単位もそれぞれその構造と歴史を有することは，何々語と呼ばれる言語の場合と同様である．したがって，ある言語の体系が何々語と呼ばれるか，あるいは何々語の何々方言と呼ばれるかは言語体系そのものの中にそれを定める基準があるわけではない．

さらに，諸方言の間の境界についてみると，それは必ずしも明確であるとはいえないし，言語と呼ばれる単位についてみても，たとえば，フランス語（の方言）とイタリア語（の方言）との境界にみられるように，そこに明確な線が引かれない場合がある．

一般に，音韻・文法・語彙などにおける個々の特徴については，方言の分布図に境界線を引くことができる．**等語線**（isogloss）と呼ばれるその線は，そこで取り上げられた個々の特徴のそれぞれについて引かれるものであり，そのような線が完全に重なれば，明確な境界が認められることになるが，普通は少しズレているために，それらがかなり

まとまった束をなしているところに方言の境界が認められている．日本語の方言では，東部方言，西部方言，九州方言，奄美大島方言，沖縄方言，先島方言の6区分が一般的である．

方言資料の中には，綴字の上では顔を出すことなく消えていった中間的な音の姿がたまたまある方言の語形として伝承されているということもあるので，**言語地理学**（linguistic geography）的研究の資料も音の歴史の解明に役立つことが多い．

b. 位相からみた方言資料の問題

方言の違いは，地理的分布の上に認められるのであるが，同じ地域社会においてもその成員の間にいろいろな違いが認められる．出身地の違いというような問題ではなく，成員の属する社会的な階級の違いによって異なる言語の体系が使い分けられる場合には，**階級方言**（class dialect）と呼ぶことがある．日本語の中央語の歴史はその担い手の階層が等質でないことは前述のとおりであるが，資料によってはその階層の中でもかなりの偏りがみられることも事実である．平安時代の資料は，五〜六位といった高官の貴族たちの手になるものがほとんどであり，また，鎌倉時代には東国武士の台頭によって，武士の言葉や新仏教の流布による僧侶の言葉，そして商人の言葉などが登場し，前代の貴族の言葉にはなかった言葉が加わってくる．**位相**（phase）面では均質とはいえない状況にあるが，長い時間の中で醸成された京都の都言葉は新興勢力の言葉によって大きく変更することはなかった．室町時代以降は，さらに階層的にも地理的にも前代とは異なった資料展開がみられるので，日本語の歴史の変遷を考える際には慎重な配慮が必要となる．

1.2.4 音声資料を扱う際の留意点

音声資料としては前述の方言の他に，謡物類（謡曲，平曲，浄瑠璃など），仏教の声明（僧侶が法要儀式に応じて唱える誦法），録音資料などがある．方言や謡物や声明の中には古い日本語の形を残しているものが少なくないが，時期を特定することができないという問題がある．文献資料を補完するものとなりうるかどうか，その扱いには慎重を要する．録音資料については，最近，生の談話資料として注目されている．文字資料では観察ができない抑揚や発話の速度などを知ることができる点ですぐれているが，発話者の情報や，どのような種類の録音かが正確に記されていないと言語研究の資料として扱うのは難しいという問題がある．

文字言語に比して音声言語というものの特性にも留意することが必要である．音声言語においては，その場その場で考えをまとめていくことがあるし，言い誤りを訂正したり，相手の反応をみて言い直したり，表現を改めたりするので，その内容に一貫性とか完結性とかいうものが認められない場合も少なくないからである．そのうえ，目的に応じて必要にして十分なだけ簡潔な表現が行われるのが普通である．したがって，音声言

語の表現を取り上げるときは，文の定義はきわめて困難なものとなる．話し手の意識の中には，音声言語においてもある完結した内容を持つ文の単位を表現する形が存在するが，実際の会話の場面では往々にして部分的に省略された表現として実現されることになる．

1.3 日本語史の時期区分

1.3.1 現行の区分論

歴史をどのように区分するかについては，研究の分野や立場によってさまざまな考え方がある．無限定に流れる時の流れを切り取ってその特徴を限定的に説明することはなかなか難しい問題であるが，日本語の歴史を記述するには，その無限定的，無意識的な時の流れを意識化，あるいは対象化して捉えることが求められる．止めようのない時の流れを主体的に捉えて説明するという営みにおいて，変化，変遷の目安をどこに置くかで意見が分かれてくる．

日本語の時期区分で一般的なのは，古典語の完成までとそれ以降とを一つの目安とする区分である（表 1.1 の A）．多くの研究はこの**2区分論**をもとに，さらにその内部の時代を細分化して説明する方法を用いている．すなわち，南北朝時代（1333 〜 1392）を境として古典語が完成するまでの時期とそれ以降古典語が変容していく時期とに大別するものである．次に，古典語の完成期を 11 世紀後半に据えて，古典語が変容していく院政〜室町時代末（1086 〜 1603）までを中世語，現代語的姿をみせる江戸時代以降（1603 〜）を近代語に大別する **3区分論**（表 1.1 の B）があるが，**4区分論**（表 1.1 の C）とともにあまり行われていない．最近では，古代語を**上代語**（古典語として未完成）と**中古語**（古典語として完成）とに分け，中世語を前半期（古代的な色彩を反映する）と後半期（近世語的色彩を反映する）に，さらに近世語を前半期（上方語期）と後半期（江戸語期）とに分ける **7区分論**（表 1.1 の D）がみられる．

A 〜 D の区分論とは別に政治史を反映したものとして E がある．ことばと文化の関係性を考えた場合にはわかりやすい区分といえよう．以上をまとめると表 1.1 のようになる．

1.3.2 本章での時期区分

ここでは，上記の古代語と近代語に区分する 2 区分を基本的枠組とし，さらにその前後に**太古日本語**と**現代日本語**の時期を設けた 4 区分を提示し，外面史としての日本語史を素描することとしたい（図 1.1）．現代日本語を設けたのはそこが出発点であるからである．なお以下，具体的な事柄を記述する際に説明の便宜として，表 1.1 の D や E の名称を用いる．

1.3 日本語史の時期区分　　7

表 1.1 日本語史の時期区分

A	B	C	D	E
古代語	古代語	古代語	上代語	古墳時代・奈良時代
			中古語	平安時代
	中世語	中世語	中世前期語	院政・鎌倉時代
			中世後期語	室町時代
近代語	近代語	近世語	近世前期語	江戸時代前期
			近世後期語	江戸時代後期
		近代語	近代語	明治時代初期

　文献出現前を〈Ⅰ太古日本語〉として前・後期の2期に，文献出現後をまず〈Ⅱ古代日本語〉として前・中・後期の3期に，〈Ⅲ近代日本語〉として同様に前・中・後期の3期に，〈Ⅳ現代日本語〉としてさらに前・中・後期に区分するものである．以下では，Ⅰ～Ⅳの括りに従って概観することとする．

a. 太古日本語

　日本列島にどのような言語が話されていたのか，果たしてそれは日本語と呼べるような言葉だったのか，**太古日本語**については，不明のところが多い．

　『隋書』(7世紀)「東夷伝」の「倭」の条にみえる「文字無し，唯，木を刻み縄を結ぶのみなり」とある記述は，漢字伝来以前には日本には固有の文字がなかったことを物語るものであるが，そのことがこの期の日本語の姿を知るうえでの大きな支障となっている．民俗学によれば沖縄に「藁算」と呼ばれる結縄法のようなものが古くからみられる

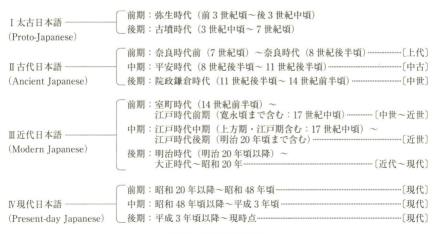

図 1.1 本章の時期区分

ことが指摘されているが，それらはものの数や量を記録するためのもので情報の記号化にすぎず，まだ文字の体をなしていないものである．平安時代のはじめに齋部広成が著した『古語拾遺』(807年)にも「上古之世未有文字」とあり，国内外の資料に 徴 して倭国に文字が存在しなかったことは疑いない．

『後漢書』(5世紀末)倭人伝の中に「建武中元二年，倭奴國奉貢朝賀．使人自稱大夫．倭國之極南界也．光武賜以印綬．安帝永初元年,倭國王帥升等獻生口百六十人,願請見.」とみえる「倭奴國」，「倭國」の記事などを「漢委奴國王」の金印の存在と関連づけてみると，「建武中元二年」(西暦57年)の頃に，「ワ」「ナ」という日本語の地名が音訳されていることが確かめられる．当時の日本に文字は存在しなくても，日本語がすでに存在したことは，『魏志倭人伝』(3世紀末)にみられる「伊都國・末廬國・卑彌呼・壱与・卑狗・卑奴母離」という「倭国」に関する地名，人名，官名などの音訳例によっても確かめられる．

太古日本語後期に当たる古墳時代には，日本語を記した国内資料として最古の埼玉県稲荷山古墳出土金錯銘鉄剣（5世紀後半〜6世紀前半）がある．以下に，当該箇所に番号と下線を付して掲げる．

(1)(表) 辛亥年七月中記，<u>①乎獲居臣</u>，上祖名<u>②意富比垝</u>，其児<u>③多加利足尼</u>，其児名<u>④弖已加利獲居</u>，其児名<u>⑤多加披次獲居</u>，其児名<u>⑥多沙鬼獲居</u>，其児名<u>⑦半弖比</u>

(2)(裏) 其児名<u>⑧加差披余</u>，其児名<u>⑨乎獲居臣</u>，世々為杖刀人首，奉事来至今，<u>⑩獲加多支鹵</u>大王寺在<u>⑪斯鬼宮</u>時，吾左治天下，令作此百練利刀，記吾―奉事根原也

①〜⑩は人名，⑪は地名で，次のように解読される．①ヲワケ，②オホヒコ，③タカリスクネ，④テヨカリワケ，⑤タカハシワケ，⑥タサキワケ，⑦ハデヒ，⑧カサハヤ，⑨ヲワケ，⑩ワカタケル，⑪シキ．これらは数少ない日本語の先例としてあげることができよう．これらには中国の隋代よりも前の時代の漢字音とみられる〈古音〉が反映されているとみられる．

有坂（1955）によれば，以下のような〈被覆形〉〈非独立形〉―〈露出形〉〈独立形〉と呼ばれる母音交替の例があげられている（用例中の「乙」は上代特殊仮名遣の仮名の類を示す）．

(3) a. 酒（サカ―サケ$_{\text{乙}}$）　　b. 風（カザ―カゼ）　　　c. 手（ター―テ）

　　d. 上（ウハ―ウヘ$_{\text{乙}}$）　e. 月（ツク―ツキ$_{\text{乙}}$）　　f. 神（カム―カミ）

　　g. 火（ホ―ヒ$_{\text{乙}}$）　　　h. 金（カナ―カネ）

上例から〈露出形〉は〈被覆形＋*i〉という形であるとみられるので，太古の日本語には，/*ai/，/*ui/，/*oi/ のような二重母音が推定されることになる．音節構造としてはCVVという**重音節構造**である（「*」は推定形であることを示す）．

太古日本語の時期は，音声情報，文字情報ともに資料が乏しいが，言葉によって情報が伝達されていたことが国内外の資料によって確かめられるので，ここでは文化史的観

点から弥生時代を太古日本語前期, 古墳時代を太古日本語後期と呼んでおくこととする. 政治史的には大和朝廷がその政権基盤を形作るのがこの後期に該当する.

b. 古代日本語

　この時期の範囲は, 奈良時代前〜おおよそ南北朝の頃までに当たり, **古代日本語**と呼ぶ. そのスパンは 8 〜 14 世紀までの 600 年ということになる. 古代と近代を区分する目安は前述のとおり, 古典語の完成する時期とそれ以降の変容していく時期をそれとする. 換言すれば, 近代的なことば, あるいは近代的な表現の源流が現代からいつの頃まで遡れるかというところを目安として両者は分かたれることになる.

　日本語の文献として比較的まとまったものが現れるのは 8 世紀に入ってからである. それまでは竹簡や木簡, 金石文などの断片的な資料しかなく, 日本語の全体を知ることができなかったが, この期の資料によってその構造が知られることになった. 前期を代表する資料としては『古事記』, 『日本書紀』, 『風土記』, そして『万葉集』などがあるが, ただし, この当時はまだ日本語を書記する方法が確定しておらず, 文体としても正式な漢文で書かれたり, 日本語的な要素の入り混ざった**変体漢文**（**和化漢文**）で書かれたりしている. 文字は, 中国からもたらされた漢字を用いて日本語を写すという方式が用いられた.

　この時期の漢字音には, 〈呉音〉と〈漢音〉とが用いられている. 呉音は, 漢音の母体である唐代の音がもたらされる以前から慣用されていた漢字音で〈和音〉とも称され, 古くから仏典の読誦や『万葉集』にも用いられている伝統的な漢字音である. 漢音はまた〈正音〉とも呼ばれ, 大唐の新来の漢字音として『日本書紀』の音写にも用いられ, 奈良時代末には朝廷からその使用を奨励されたが, 伝統的な呉音使用に慣れていた当時の実状に添うものではなかった.

　漢字を用いて日本語を写すという方式は, 漢字の本来的な使用法とは異なり, 漢字をその意味と切り離して, 漢字の〈音〉や, やまとことば（和語）の語音としての〈訓〉の音を借りて, 日本語の音節を写すというものであった. いわゆる〈**万葉仮名**〉と呼ばれる独自の書記法の誕生である.

　その万葉仮名によれば, キ・ヒ・ミ・ケ・ヘ・メ・コ・ソ・ト・ノ・モ・ヨ・ロという 13 の音節に甲類と乙類と呼ばれる 2 種の音韻の違いが存したことが知られる（ギ・ビ・ゲ・ベ・ゴ・ゾ・ドの濁音を加えると 20 の音節）. これらは**上代特殊仮名遣**と呼ばれる. 仮名の使用状況から当時の音節構造や文法構造などの特色が窺われるが, 現代日本語と相違している点は, ア・ウの母音以外ではイ・エ・オの母音に 2 種類の母音が存在した 8 母音であったことが推定されている点である. ただし, 音韻論的にみた場合に, イ・エ・オの 3 母音にあった甲乙 2 類に音素としての区別を認めるかどうかについては諸説がある. 古代語前期の音節配列の特色としては, ① CV 音節のみが存在した. ②濁音で始まる自立語がない. ③ラ行音で始まる自立語がない. ④ CVV のような母音連続がない（音

節境界を挟む母音連接も回避する傾向が強い），などがあげられる．

前期の文献資料は当時の中央語，すなわち大和地方の言葉を反映するものがほとんどであるが，万葉集の巻14の歌の中には，東国地方の言葉を反映したものがみられる．たとえば，中央語で〈父母〉は「知知波波」（巻5，891番歌）であるが，東国語ではその順も〈母父〉となって「阿母志志」（巻14，4376・4378番歌，下野国）となる．この用例などは文化史的にも東国での母権制社会の名残が見て取れる点で興味深いが，当時のタ行子音やサ行子音の推定音価を当てはめてみると，〈父〉は中央語ではタ行で「知知」と書かれ［titi］，東国ではサ行で「志志」と書かれ［tʃitʃi］／［ʃiʃi］と発音されていたことがわかる．

前期から中期にかけて上代特殊仮名遣の甲乙2類の別が消失し，音節の体系は8世紀末には「あめつちの詞」（清音の音節をすべて網羅したもの）によって知られる48音節の体系に変化する．さらに10世紀の中頃にはア行のエ /e/ とヤ行のエ /je/ の区別が失われて二つあったエの音は /je/ の音一つになり，「いろは歌」（清音の音節を重複させることなくすべて網羅したもの）によって知られる47音節の体系へと変化した．この頃にはまた，いわゆるイ音便（kakite「書」＞ kaite），ウ音便（sirokute「白」＞ siroute），撥音便（tobite「飛」＞ toɴde），促音便（kirite「切」＞ kiɋte）が発達し，前期にはみられなかったCVV音節，CVC音節が現れることになる．

子音にも変化がみられる．「ハ行転呼音」と呼ばれるものである．語頭以外のハ行音がワ行音へと変化する現象で，前期末には『万葉集』に「閇八河辺」（巻11，2754番歌）を「閇和川辺」（巻11，2478番歌）と表記した例がみられる．11世紀頃までに語頭以外のハ行音はワ行音へ合流をし，現在の発音のようになった．さらに，ワ行音の「ゐ」，「ゑ」，オ列音の「を」は，13世紀にア行の「い」，「え」，「お」と合流することとなり，こうして実際の音節の体系は，五十音図で示される範囲よりも小さなものとなった．

こうした古代日本語の中期あたりからみられる語音配列の変化によって，/-u/ や /-i/ が後続する型の母音連続が増加し，新たに〈オ段長音〉にみられるような〈長音〉化という新しい変化を生むこととなった．オ段長音には［au］＞［ɔː］と，［ou］／［eu］＞［oː］という2種が認められ，前者をオ段長音の「開」，後者を「合」と呼び，後のキリシタン資料のローマ字ではこれをそれぞれ〈ǒ〉と〈ô〉で区別しているが，17世紀後半までにはほぼ失われ［oː］に合流したとみられる．

11世紀以降にはまた，〈声点〉と呼ばれるアクセント表示法が一般化し，後の『類聚名義抄』（1100年頃原撰本成）をはじめとする声点資料といわれる一群の資料によって，この当時の日本語のアクセント体系の実際を具体的に捉えることが可能である．古代語の中期において区別されている音調は**低平調**［○］(低い拍)，**高平調**［●］(高い拍)，**上昇調**［△］(拍内上昇)，**下降調**［▽］(拍内下降)，の4種である．たとえば，1音節の語では次のようである．

(4) a. 低平調〔○〕：木・手・絵，など　b. 高平調〔●〕：子・柄・蚊，など
　　c. 上昇調〔△〕：巣・沼・妻，など　d. 下降調〔▽〕：名・葉・日，など

この4種の調素による識別機能は，音節数が少ない語が語彙のほとんどを占めていた古代前期にあっては大いにその機能を発揮していたが，大陸からの文物の移入に伴う語彙の急増によって次第に多音節化をする日本語の仕組みの中でその機能は退化せざるをえなくなり，〔△〕と〔▽〕は〔●〕に移行しはじめアクセントの型が減少するというアクセントの体系的変化がみられることになる．時期的にはハ行転呼音が完成した後を受けて起こったとみられる．

　古代語前期から中期にわたる上代特殊仮名遣の消失に始まるこうした一連の大きな言語変化の現象の背景には，日本語の多音節化が関与していると考えられる．

　資料的な問題として注意しなければならないのは，奈良時代の資料のほとんどは貴族階級の残したものであり，したがって位相的には相当に限局された言語の状態しか知りえないということである．後の時代の日本語と比較する場合はこの点に留意する必要がある．

　平安時代も言語の位相的な面では奈良時代同様の問題を抱えている．資料的には貴族階級のものが主体となっている．大きく異なる点は，都が京都に移ったために，言語的特徴は京都のことばの特徴を有するようになったことである．

　上代特殊仮名遣の崩壊と同時に，書記体系においても万葉仮名を略体化した〈カナ〉と草体化した〈かな〉とが成立する．〈カナ〉は男手と呼ばれる〈漢字〉とともに男性の世界においてもっぱら学問の場（訓点の世界）でその効用を発揮し，〈かな〉は女手と呼ばれ，『土左日記』，『源氏物語』，『枕草子』をはじめとする和文の世界を創出していくことになる．中期から後期にかけては多くの古典文学作品が産出された．詳細は1.4 参照．

　文体的にも和化漢文が記録・日記・手紙などの文体として男性の間に重用された．話し言葉と書き言葉の差は，前代よりも開いていくことになるが，京都の言葉が標準的な言葉として，言語意識のうえでは典雅な言葉として優位を誇るのもこの期の特徴である．しかし，前代より一貫して言語はまだ貴族階級の手の中から外に出ていない．

c.　近代日本語

　南北朝の頃，14 世紀の後半になると，日本語の姿はその様相を大きく変えてくる．現代の日本語にみられるような表現がこの頃よりみえてくる．たとえば，「水がのみたい」「遊びたい」のような「～たい」式の表現が現れはじめるのである．あらゆる意味で14世紀後半以降の日本語は，それまでの日本語とは異なっているといえよう．

　古代語から近代語へという長いときの流れの中で一大変化といえる体系変化は**活用体系の変化**である．日本語の活用するすべての言葉に及ぶこの体系変化は，それまでの日本語の姿を一新するものであり，いわばこのパラダイム・チェンジをもって古代語と近

代語を分かつことが広く認められている.

　この一大変化をもたらしたのは，中期頃に始まる「**連体形終止法**」の広まりがその要因とみられる．すなわち，これまで区別の存した「終止形」と「連体形」の区別が失われ，図1.2のように「連体形」が両方の機能を持つようになったのである.

　すべての活用する言葉に及ぶこの一大合流は，京都，大阪では16世紀末までに完了したとみられる．このことによって，古典語にみられた「ぞ」「なむ」「や」「か」は連体形で結ぶという〈**係り結び**〉という現象もまたその役目を終えることとなった.

　活用体系の変化について，動詞活用を例として掲げると図1.3のようである．古代語の四段活用，下一段活用，ナ行変格活用，ラ行変格活用は近代語では四段活用へ．古代語の上一段活用，上二段活用は近代語では上一段活用へ．古代語の下二段活用は近代語では下一段活用へと所属が変更となる．カ行変格活用とサ行変格活用はそのままである．図1.3中の点線は，古代語の下一段活用動詞の唯一の例とみられる「蹴る」が，近代語の下一段活用と対応せず四段活用に転じてその対応関係に不規則が生じていることを示す．なお，二段活用の一段活用化がみられるのは，京都や大阪では17世紀に入ってからである.

　古い社会的秩序から新しい社会的秩序への転換期がこの時期である．南北朝の動乱は人々と社会に多大な疲弊を与えたが，そのことが結果，それまでの社会構造を根本から改革する原動力たりえたのである．そして，その中核をなしたのは，貴族ならず庶民であった．都市に定住した商工民は近代的な都市文化を創造し，一方，庶民という階層に名を連ねることのなかった農民たちは，「惣（そう）」という自治的な村落を形成して自ら経済的な行為に手を染めていったのである.

　戦（いくさ）の形態もそれまでのようなものとは異なり，戦略的にも近代的戦争の形態を呈するに及んだ．織田信長や豊臣秀吉の政策は都市的・国際的ビジョンを持ち，外国との交易を優先的なものと心得ていたようである.

　こうした社会的な変動の中にあって，日本語も次第に変容を余儀なくされたのであった．言葉のうえではまず，京都の言葉に次第に東国の言葉の影響がみられはじめる．貴族から武士への政権委譲，庶民の社会への台頭とが相俟って，言葉のうえにいままでに

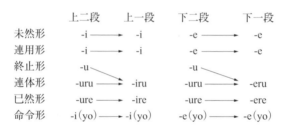

図1.2　二段活用の一段化

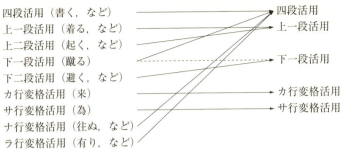

図 1.3 動詞活用体系の変化

はなかったようなさまざまな特徴が見て取れる.

　14世紀頃にかけて当時の中央語であった京都方言においてアクセントの面で大きな変化が起きる．古代語前期に特徴的であったアクセントの識別機能が失われ，統語機能が新たな役割として発揮されることになり，それまでの和語のアクセントは質的な一大変貌を遂げるに至った．これに平行して漢語のアクセントも同様の変化が起こった．この変化は〈出合（いであい）〉と呼ばれる法則によって知られている．〈出合〉とは，新義真言宗の儀式の一つである「論議」に用いられる漢語や漢語と和語（助詞・助動詞の類）の唱え方（アクセント）を法則化したものであるが，江戸の初期に成立した『補忘記（ぶもうき）』（「論議」に用いる読みくせを整理した文献で，〈節博士〉と呼ばれる符号を用いてアクセントを表示したもの）には，平安時代アクセントから大きく変化した現代京都アクセントへと移行する過程が〈出合〉として記述されている．例を示すと次のようである．

　　　　　　　　　　平安アクセント　　中間段階　　現代京都アクセント
(5)「心」「命」　　　：○○●　　＞　●●●　　＞　●○○
(6)「庫（くら）を」「事を」：○○▲　＞　●○▲　＞　●○△　（△，▲は助詞）

　庶民への識字層の拡大は，『節用集』や『下学集』，『倭玉篇』などの辞書の編纂という形で表れる．こうした辞書類を用いて，庶民は公用文を提出したり，往来に基づいて手紙などを書いたりした．文章はもっぱら実用的なものとして書かれたのである．

　愛媛県の方言である伊予弁に「くじくる」という言葉があるが，これなどは庶民が文字を手中に獲得した経緯を物語るものとして興味深い（清水 2002）．「くじくる」は「公事を繰る」に由来するもので，公事とは文書に認めて役所に提出する訴訟状のことをいい，何回もその行為を繰り返すことを表現した言葉である．もともと紙に文字を書くのは貴族階級であったが，武家の治世になるに及んで，書き付けを役所に持参すればなんでも聞き届けられることに味をしめた庶民が，自ら文字を学んで不平不満を書き付け，役所に「くじくる」行為を繰り返したところから，「不平不満をいう，～を訴える」の意味の言葉として伊予弁に残っているものである．庶民が文字を自分たちの手の中にお

さめることがなければ，この言葉は庶民の間に用いられることはなかったであろう．

そうした中で，書き言葉と話し言葉は次第にその距離をおくようになっていく．いわゆる**言文二途**の時代である．書き言葉は『平家物語』や『太平記』などの文章にみられるように，新しい文体を作り上げた．江戸の初期から中期に来日したポルトガルの宣教師たちは，自分たちの書く日本語のスタイルの典型の一つを『太平記』の文体の中に求めている．

新しい都市文化は，その周辺にある地方文化とも盛んに交流を行った．経済的な流通が果たしえた効果は，一つの文化の産出となって現れる．すなわち，口頭の言語による文化である．人の交流の中で口にされた言語は，その活力とともに伝えられ，また，講述というような形で記録に残された．「抄物」といわれる講義の筆記には，口語の生き生きとした姿がそのまま残されている．狂言などの芸能の世界にもこの時代の話し言葉がたくさん残っている．これらは，今日の口語の源流である．

京都言葉は，江戸期に入るとさらに美濃や尾張の方言によって侵食され，かなりの変容がみられるようになる．古代語から近代語への変容の一つに前述の二段活用の一段化という文法事象がある．江戸期の前期の上方語ではまだ一段化の進行の度合いに不均衡が認められるが，後期の江戸語では一段化が一般的になっている．関東の方が早かったようである．また，アクセントの面では現代京都アクセントへの移行が行われている（前述）．

江戸期は幕藩体制であったため，方言の差はますます大きかったようで，江戸語と対照させた方言書（口上集）などが各地で作られたが，こうしたことはやがて江戸語が共通語としての地位を固めていくきっかけとなった．江戸語から東京語へ，そして標準語，共通語へと展開するのである．

明治期は，これも社会的に大変革をした時期である．すなわち，文明開化である．西洋の技と知恵の移入に専心したこの時期には，多くの新造語がみられる．教育の普及とともに国家が定めた「**標準語**」（古くは「**模範語**」）が全国に広まった結果，方言は危機的な状況を迎えることとなってしまった．井上（2007）のいう「**方言撲滅の時代**」の始まりである．新しい概念とともに，新しい時代の到来を迎えたはずのこの時期は，近代語の終焉の時代でもあった．

明治期の後半には，また特筆すべき出来事がある．二葉亭四迷や坪内逍遙らによって**言文一致**という大事業が完遂されたことである．旧来の言語意識を打破した「ことばの文明開化」ともいうべきこの言文一致の完成は，杉本（1985）が指摘するように日本語の歴史において最も優れた言語改革といえよう．これによって新しい文学表現が誕生することとなった．

d. 現代日本語

第2次世界大戦以後，日本は大きく変貌した．外的要因によって社会的変革が行われ

たからである．これによって日本語も大きく変化した．それまで行われてきた歴史的仮名遣が，**現代仮名遣**へと変更されたのである．規範の更改である．日本語史上，規範の更改が外的要因によってなされたことの意義はきわめて大きいといわざるをえない．規範とはいわば静的なもので，それ自体では変容することはありえない．社会的変革，改革という大きな力が加わらなければ，規範自らは動かないのが常である．外的な強い要請に基づいて制定されたこの期の現代仮名遣の施行は，日本語史上きわめて大きな出来事として注目される．

現代日本語は激動の波にさらされているといえよう．価値の多様化もその一つであるが，メディア面では，テレビやラジオの普及・発達によって，情報がまたたく間に全国に伝播されるということがこの期の特徴としてあげられよう．電波にのった東京方言をベースにする共通語が，日本の津々浦々まで瞬時にゆきわたるのである．学校教育や日本語教育では「標準語」という言葉の使用を止めて「**共通語**」という言葉に置き換えて用いるようになる．方言の価値評価も見直され，「**方言記述と共通語**」(井上 2007)の時代，すなわち方言と共通語が共生する時代を迎えるようになった．方言に対する言語意識に明らかな変化が見て取れるのがこの前期の特色でもある．一方で，目覚ましい科学技術の進歩と，日本語は深く関わって日本人や日本文化に大きな影響を与えていくことになる．

前期（図 1.1 を参照）の世相を表す言葉としては，戦争復興期には，「一億総ざんげ」，「一億総白痴化」，「斜陽族」，「社用族」などが，そして高度成長期には，「もはや戦後ではない」，「太陽族」，「三種の神器」(テレビ・冷蔵庫・洗濯機)，「OL」，「シェー」(少年漫画「おそ松くん」で流行した独特のポーズ)，などがある．

1973（昭和 48）年 2 月，日本は固定相場制から変動相場制へと政策を変更することにより高度成長期は終焉を迎えることとなった．高度成長を支えてきた労働集約型産業主導によってもたらされた大都市圏の人口過密化，地方の過疎化という新たな問題を抱えることとなった．大都市と地方の格差を埋める目的と，地方の雇用対策のために「日本列島改造論」が唱えられ，大規模かつ継続的な公共事業の展開により日本の経済は安定成長期へと入る．バブル経済崩壊前，1991（平成 3）年頃までのこの時期を中期（図 1.1 を参照）と呼ぶ．

この期の特色を方言と関連づけてみると，方言と共通語の共生時代から「**方言娯楽と東京語**」(井上 2007)の時代へという流れが観察される．大都市と地方という関係の中で，地方の若い世代のモデルはもはや共通語ではなく東京の話し言葉にシフトされている．安定成長期を迎えた日本の主要な情報伝達のツールは文字媒体よりもテレビなどの音声映像媒体へとシフトされて，文字によって地方に普及した標準語・共通語に取って代わって音声として耳に届く東京語が普及した．そして，それまで中立的な評価であった方言の価値評価がプラス方向へ変化していくのもこの中期の特徴である．中期の世相を表す

言葉としては,「窓際族」,「新人類」,「おたく」などがある.

21 世紀に入って巷間に飛び交う言葉にもいわゆる造語,似非外来語が多く聞かれるようになった.この傾向は今後も続くものとみられている.1991(平成 3)年以降まさにグローバルの波に揺られているこの時期を後期(図 1.1 を参照)と呼ぶ.

グローバル時代の到来に,外来語の氾濫を嘆く向きもあるが,日本語の歴史の上では語彙の面で外国語から受けた影響は非常なるものがある.中でも漢語は日本語の語彙の重要な部分を占めるに至った.明治の文明開化の折りの欧米諸国からの言葉や文化の受け入れにあって漢語が果たした役割はきわめて大きい.そのときの新造語もまた今日の日本の政治・経済・文化の諸分野にわたって基本的かつ重要な言葉として定着をしていることはよく知られているところである.

一方で,これまでにみられなかった日本語の語彙の国際性ということにもこれからは注意していかなかければならない.グローバル社会では語彙を受け入れるばかりではなく,語彙も輸出されるのである.現に東南アジア方面には日本製漢語が進出し一種の共通の文化圏を作り出しつつあるということにも留意が必要である.

言語は規範と慣用の間でいつも揺れている.現代日本語では「ら抜き言葉」(見れる,食べれる),「れ足す言葉」(書けれる,置けれる),「さ入れ言葉」(作らさせていただきます)などの表現が話題になっている.これらの表現のうち,「ら抜き言葉」や「れ足す言葉」は方言では早くから聞かれるものである.これを揺れとみるか乱れとみるかは難しい問題である.陣内(1998)の指摘するように,「言語の多様性を『揺れ』と取るか『乱れ』と取るかは,その表現の認知率やその正誤を判断する人の規範意識がかかわる微妙なもの」である.どこでどういう人がどのようにそれを享受するかは折々の共時態の中で「ふさわしさ」が問われるべきであると思量される.

こうしている間にも日本語自体は刻々と変化を遂げている.新しい言葉が次々と生産され,使われなくなった言葉が姿を消していく,このメカニズムをどのように動態的に捉えうるか,我々の課題は尽きない.

1.4 文字史・表記史概観

1.4.1 漢字の伝来と文字使用

日本に漢字というものが渡来したのは,弥生式土器とともに出土した中国の貨幣である「半両銭」(紀元前 778 年～紀元前 206 年),「五銖銭」(紀元前 118 年に前漢の武帝により初鋳),「貨泉」(中国の新朝,西暦 8 ～ 23 年,王莽により初鋳),「漢委奴國王」の金印(1784 年,九州筑前国志賀島で発見.『後漢書』に西暦 57 年,日本に来貢の使者が光武帝から印綬を授けられたとあるが,今日ではそれがこの金印と考えられている),天理市の東大寺山古墳から発掘された「漢中平紀年銘太刀」(刀身に,後漢の「中 平」

1.4 文字史・表記史概観

という年号が他の漢字とともに金象嵌で刻されている）等々の出土品によって，少なくとも1世紀から2世紀の頃にはすでに渡来していたということが推定できる．

しかしながら，当時の日本人が中国からやってきた漢字を理解し，読みこなしていたとは到底考えられず，おそらくそれは単に伝来の事実のみを告げるにすぎないというべきであろう．漢字を公に学び始めたのは漢文化が押し寄せてきたいまから1600年ほど前，大体4世紀の頃とみられる．

この間の事情を物語る資料としては，記紀の「王仁（わに）」伝説——論語10巻と千字文1巻をたずさえて来日し（記），阿直岐らとともに兎道稚郎子皇子（うじのわきいらつこ）に典籍を教えた（紀）という——が有名である．『古事記』と『日本書紀』とでは所伝に若干の違いはあるものの，要すれば大同といえるもので，その根底には当時の史実がかなり忠実に反映されているとみられる．

奈良県天理市の石上神社に伝わる「七支刀（しちしとう）」は，こうした伝説が単なる伝説にとどまらないことを裏づける貴重な物証といえよう．この刀は，その特異な形状よりも金象嵌の銘文によって有名になったが，その趣旨は「泰和四年，百済王と太子が倭王の求めによって造った」ものだという．泰和四年すなわち369年は，ちょうど大和朝廷が百済の要請を容れて朝鮮半島に派兵した年に当たる．七支刀はいわばそのそれに対する感謝のしるしとして倭王に進貢されたものであった．

『日本書紀』によれば，半島派兵に対する答礼の使者として「久氏」らが「七枝刀」と「七子鏡」とをもって倭王に献上したとあり，それは半島派兵3年後の372年のことである．『古事記』では阿直岐が「横刀」と「大鏡」を献上したとあり，ついで倭王の命をうけ論語10巻と千字文1巻とともに和邇（王仁）を連れてきたとある．横刀は七支刀に，大鏡は七子鏡にそれぞれ該当するであろうし，刀と鏡が献上されたのはいずれも確かな史実であったことは，何よりも現存する「七支刀」が証明している．と同時に，「王仁」らの帰化した時期も，大和朝廷の半島派兵後まもない頃，すなわち「七支刀」の献上前後の時期とみて大過はないであろう．記紀の伝承は如上の史実に基づいて記録されたものと考えられる．

以上が，記録に徴しうる日本における漢字とのいわば出会いであった．もっとも当初は漢字なるものが伝来したというだけで，当時の日本人にとってはおよそ無縁の符号でしかなかったのであろう．固有の文字というものを持たなかった日本人にとって，こうした漢字との出合いはむしろ当然のことであったろうが，しかし，やがてそれが日本語の性格そのものを大きく規定する重要な組成要素として取り入れられていくことになるのである．その過程は，いわば日本語そのものの革命であり，日本語史上まさに壮大な言語的戦いであったといえるであろう．

1985年4月，東京都国立市教育委員会が発掘した奈良時代の住居跡である「仮屋上遺跡」から，上面に「武蔵國多磨」，側面に「羊」という文字が刻された紡錘車が発見

され，これによって8世紀後半には少なくとも集落の指導的人物が漢字を使っていたことが明らかになった．

この発見は，漢字の普及を知るうえで貴重な証言をなすものであるが，我々はまた，残された古代の資料に，日本人が漢字を自家薬籠中のものとしていた証跡をみることができる．たとえば，「大和」という地名の表記に「夜麻登」「耶麻騰」「也麻登」のように漢字の音を利用したもの（音仮名），「八間跡」「山跡」のように訓を利用したもの（訓仮名）があり，また「馬声蜂音石花蜘蛛」（いぶせくも），「追馬喚犬」（そま），「水葱少熱」（なぎぬる）等々の技巧的に文字を使った戯書（戯訓）と呼ばれるものがある．これらは**万葉仮名**と呼ばれる．

1.4.2 平仮名と片仮名

日本語に専用の文字として**平仮名**や**片仮名**ができたのは古代語の中期に当たる．前期の万葉仮名からそれぞれ誕生したものである．平仮名はそれを草体化することによってできた**草仮名**をもとに発展したものであり，片仮名はそれを略体化することによってできたものである．小松（1997）は「それぞれを漢字と適切に交用することによって，俗と雅との二つの文体に対応する，読みとりやすく書きやすい書記様式が成立し，文体の発達と密接に関連した変遷を経て今日に至っている．その発達過程は，機能的洗練の歴史として跡づけることが可能である」と説明している．〈書記〉の観点から日本語の歴史をダイナミックに捉えている．

「をとこもすなる日記というものををんなもしてみむとてするなり」．これは紀貫之の『土左日記』の冒頭の部分である．日記の筆者を女性に仮託しているところから平仮名で書かれたものは女性専用のような印象を与えているが，実際には性別に関係なく平仮名が用いられている．和歌にも用いられたし，そして男性の手になる仮名消息などもみられる．要するに，傾向として女性が平仮名を用いることが多いのは事実であるが，漢文式の文章を書くか，漢字平仮名交用の文章を書くかという書記様式の選択の問題であって，性別はこのことには関与的なものではない．

この二つの書記様式に用いられるそれぞれの仮名の発達に伴って，平仮名の分野では和語を基調とする和文の雅の世界が創出され，一方の片仮名の分野では漢文訓読のための文字として洗練され，実用的な俗の世界での専用文字として社会性を獲得していくこととなった．そして，それぞれの書記様式の中で，**和文語彙**，**訓点語彙**という独自の言葉が誕生していくこととなる．ちなみに，片仮名の世界では「ヲコト点」と呼ばれる独自の漢文訓読の符号が仏家，俗家それぞれに考案された．しかし，それらは秘伝の点図集として伝えられたために一般に供されることはなかった．

1.4.3 仮名遣の歴史

文字の特色については 1.2.2.a で触れたとおり，「その綴字と音との間にズレが生じてもその文字としての役割を依然として果たすことができる」ことに留意しなければならない．つまり，文字というものはその点で，非常に頑固な，保守的な面を有するものである．ここにまた，文字と音との乖離がいつの時代にも問題となる．仮名遣とはそのズレをどのように書き表すかを定めた仮名正書法である．

行阿の『仮名文字遣』(1363 年以後成立) は，仮名遣を個々の具体例で提示した仮名遣書である．この文献は，藤原定家（1162 ～ 1241 年）が残した『下官集』(成立年未詳) の「嫌文字事」項にある三群八種の仮名（「を・お」「え・へ・ゑ」「ひ・い・ゐ」）の正書法に，具体例を大幅に増補したもので，収載されている例は千数百に及んでいる．この書は，さらに後人の増補改訂を経つつ**定家仮名遣**の名のもとに主に歌学の方面に広まっていった．

藤原定家は「を」と「お」の書き分けの基準を，〈いろは歌〉の唱え方にならってそのアクセントの違いに求めたが，それ以外の書き分けについては前代までの習慣的な綴り方に従い，それらを自らの正書法として仮名文学や和歌の古典書写の際に用いた．定家仮名遣については 14 世紀に入ると批判もみられるようになるが，これはしかし言葉自体が変化していくのでやむを得ない面もある．

17 世紀に入ると契沖（1640 ～ 1701 年）が『和字正濫鈔』(1695 年刊) を著し，平安時代初期以前の仮名の綴りが定家仮名遣と異なることを指摘し，奈良時代の文献に基づく仮名遣への回帰を名目に新しい正書法としての綴りを提唱した．その手法は実証的であり，およそ 3000 語に及ぶ仮名遣を明らかにした．『和字正濫鈔』では当時すでにその区別が危うくなっていた〈四つ仮名〉（「じ」「ず」「ぢ」「づ」）の仮名遣についても触れている．〈四つ仮名〉の区別を説いた『蜆縮涼鼓集』(著者不詳．1695 年刊) が刊行されたのも同じ年のことであった．京都，中国，板東，北国では少なくとも元禄までに完全に混同してしまっていた四つ仮名について，かろうじて筑紫で区別されていることを述べ，本来の四つ仮名の規範を示している．

契沖の仮名遣は，明治時代になって文部省編纂の『小学教科書』(1873 年刊) に採用されることとなり，以後学校教育によって普及していくこととなった．日本で初めての本格的国語辞書『言海』(1891 年完成) の生みの親である大槻文彦（1847 ～ 1928 年）は，見出し語の掲出に当たって契沖の歴史的仮名遣による五十音順配列を採用した．

現代日本語の時期に入った 1946 年，いままで続いた歴史的仮名遣は〈現代かなづかい〉の公布によって終焉を告げることとなった．表音的仮名遣を標榜する〈現代かなづかい〉であったが，オ段長音や四つ仮名問題の処理には依然として歴史的仮名遣が反映されており，一種の折衷案であった．1986 年に新たに〈現代仮名遣〉が出されたが本質的に変わりはない．

1.4.4　漢字制限の問題

　漢字問題については，「**当用漢字**」(1946 年) が制定され，社会活動における文字表記の効率化を図るべく使用する漢字に制限が加わることとなり，さらにその漢字制限は「**常用漢字**」(1981 年) と改められ今日に至っている．たしかに文字使用の面での効率化の問題は重要であるが，それが国語政策として図られる場合には，表音的仮名遣に関しては漢字と交用された場合の読み取りやすさ，また漢字制限に関しては仮名との交用を考慮に入れた効率性という書記様式全体からする慎重な検討が必要である．

1.4.5　ローマ字

　日本に初めて**ローマ字**が入ってきたのは 16 世紀末のことである．ザビエルが来日し，イエズス会の宣教師たちによって日本へのキリスト教の布教が行われるようになった．宣教師たちは布教のために日本語を学習することとなるが，その過程で自分たちの母語であるポルトガル語の正書法に基づいて，日本語のローマ字表記を考案した．キリシタン資料として著名な天草版『伊曽保物語』や『日葡辞書』，そして日本語の研究書である『日本大文典』などに日本語をローマ字で表記している．その表記には当時の日本語の音韻の状態がよく現れている．その後，キリシタン禁教政策や鎖国などでキリシタンのローマ字表記はすたれていくが，唯一幕府と交渉を持っていたオランダとは蘭学を通してオランダ式のローマ字表記などが一部ではあるが行われた．

　明治時代になると，**ヘボン式**と**日本式ローマ字**が登場する．前者は，ヘボンが『改正増補和英語林集成』第 3 版 (1886 年) で採用したもので，英語の発音に基づいた日本語のローマ字表記である．これは**ローマ字ひろめ会**によって修正を加えられ，**標準式**とも呼ばれた．

　日本式は，発音よりも表記の規則性に重きを置き，田中舘愛橘らが「**羅馬字用法意見**」(『理学協会雑誌』16，1885 年) を出し，五十音の枠組みに従った表記法を考案したものである．その後，1937 年に内閣訓令によって，ローマ字表記の標準化と統一が図られた．このローマ字表記は日本式に基づいて一部修正がなされたもので，**訓令式**という．現代の義務教育で行われているローマ字表記は 1954 年に内閣訓令及び告示で公布されたものである．

🔍 文献案内

・小松英雄 (2001)『日本語の歴史　青信号はなぜアオなのか』東京：笠間書院.
　　日本語史の目的とは何か．それは「現に話されている日本語を，日本語話者の集団によってコントロールされているダイナミックな体系として把握し，日本語運用のメカニズムを，そして日本語に生じる変化のメカニズムを理解することである」という．日本語史の理論的諸課題をわかりやすく説いている．2013 年には新装版が刊行されている．

・小林隆 (2006)『方言が明かす日本語の歴史』東京：岩波書店.

　　文献中心主義的に語られてきた「日本語史」を見直し,「文献というフィルターを通すこと
で見えにくくなっているものとはどのようなことであろうか」という問いかけに答える形で,
方言学の新知見を盛り込んだ日本語史再建へのアプローチが示されている.

・亀井孝・河野六郎・千野栄一 (編著)(1997)『言語学大辞典セレクション　日本列島の言語』
　　東京：三省堂.

　　日本語の歴史を描くためには広範な知識が必要である.「日本語のより広い,より深い研究
のためにも,アイヌ語,琉球列島の言語の研究の進展のためにも」必読の書といえよう.斯
界を代表する研究者たちによって各分野ごとに解説がなされており,現在までの研究成果と
方向性が概観できる.

📖 引用文献

有坂秀世 (1955)『上代音韻攷』東京：三省堂.

井上史雄 (2007)『変わる方言 動く標準語』東京：筑摩書房.

小松英雄 (1997)「日本語の歴史」亀井孝ほか (編)『言語学大辞典セレクション　日本列島の
　　言語』東京：三省堂.

清水史 (編) (2002)『きょうの伊予弁—伊予語学のために—』愛媛：青葉図書.

陣内正敬 (1998)『日本語の現在—揺れる言葉の正体を探る』東京：アルク.

杉本つとむ (1985)『ことばの文化史』東京：桜楓社.

第2章 英語史概観

児馬　修

キーワード：内面史，外面史，変種，言語接触，標準語，2言語変種使い分け

本章の構成は次のとおりである．まず，2.1において，記述の対象とする「英語」と「歴史」の中身（時期や地域など）について限定する．2.2では，英語史に関わる諸言語の系譜を紀元前まで遡って略述する．2.3では時代区分とその根拠を述べる．2.4と2.5ではそれぞれ古英語期と中英語期の資料について，その特徴や留意点を述べる．2.6.1では英語の変種に対する意識の移り変わりについて，2.6.2では外国語との接触について扱う．2.7と2.8では16世紀から21世紀までの英語史を概観する．

2.1　言語（英語）の歴史とは

本章では「英語」の「歴史」のあらましを記述するが，その「英語」とは何なのか，また，「歴史」とは何なのかを，初めに規定しておかなければならない．それほど簡単なことではないが，「英語」に関しては，少なくともそれが使用される「時期」と「地域」だけでも限定しておかないと，とてつもなく長い記述となって，まとまりがなくなるという危惧がある．「歴史」についても，一言断っておかなければならない．言語の歴史を語る場合に，重要な視点の一つとして**内面史**（internal history）と**外面史**（external history）の区別がある．内面史とは言葉の中身，すなわち，英語なら英語を構成している音（文字）・語・句・節・文といった言葉の単位を，小さなものから大きなものを含めて，それらの構造と意味の歴史を記述する分野である．この内面史については，後続の3～9章で分野ごとに詳しく触れることになるので，ここでは重複を避ける意味でも，最小限にとどめたい．一方，外面史とは言語の歴史を，その言語を使う人民・社会との関わりの中で捉える分野で，日本語も英語も長い歴史の中で大陸との関わりで，異民族との接触が少なからずあり，これが言語の中身の歴史変化に大きな影響を与えていることは明白である．また，英語の場合，世界史全体に影響を与えるほど，国際語として発展したので，その意味でも外面史の記述の対象も限定しないと，途方もなく膨大な記述となろう．そこで，まず，本章では外面史を中心に据えることにして，次に，「いつ，どこで使われていた英語」を外面史の記述の対象とするかについて述べることにする．

「**英語**（English）」という名称が5世紀半ば（449年）にヨーロッパ大陸（現在のデンマーク・ドイツ・オランダの海岸地帯）からブリテン島に渡ってきたゲルマン小部族

2.1 言語（英語）の歴史とは

の一つである「アングル族（Angles）の（= of the Angles）」に由来することはよく知られている．その特定民族の名称として Englisc という綴りで資料に出現するのは 9 世紀頃（その言語の名称としては 10 世紀頃）で，おそらくその頃には（あるいはそれ以前から），ブリテン島に定住したアングル族，サクソン族，ジュート族の言語の総称として用いられていたと思われる（*Oxford English Dictionary*(*OED*) s.v. English）．これらのゲルマン小部族が母語で書き残した言語資料が出現し始めるのは 7 世紀末頃なので，本章の記述対象とする英語を 7 世紀以降の英語としたい．言語の歴史を考察する場合，書かれた資料がそれなりの量で現存していることが重要である．英語の場合は 7 世紀頃からわずかであるが始まり，9 世紀あたりからやや増え始める．

　いうまでもなくゲルマン民族のブリテン島渡来以前のブリテン島の歴史や，紀元前のヨーロッパ大陸の歴史などについても，さまざまな言語による記録が残っていて，後の英語史にも少なからず関係する重要なこともわかっているので，それらについては 2.2, 2.6.2 で触れることにする．いわゆる祖語の研究はヨーロッパや西アジアの言語の系譜をかなり明らかにしたし，グリムの法則など印欧祖語との関連で英語史の理解に深く寄与する研究もある．

　本章の記述対象とする英語の「始点」を決めたが，その「終点」も定めておかねばならない．アングロサクソンが母語で残した記録（真の意味での「歴史」）の出現から 1300 年ほど経過したいま，「英語」は世界中に広がり，国際語の地位を獲得している．第一言語（母語）として英語を使用している人々だけでなく，さらに，公用語・準公用語として英語を使用している国々なども含めると，その使用者数は 20 億人を超える．そのように世界中に広がった「英語」の歴史を網羅的に記述するというのは無謀な話である．そこで本章の記述対象の中心を 1700 年くらいまでの英語とする．問題は「量」だけではない．本書では 3 ～ 9 章が日本語と英語の内面史を主として扱っているが，そこで触れられている英語の事象のほとんどが 17 世紀以前の英語であることも対象を絞る理由である．英語の場合，「言語学的に興味深い」，比較的顕著な言語変化の多くが 1700 年頃までに起こっているともいえる．何が「言語学的に興味深い」のかはさらなる説明を要するところであるが，簡単に言い換えると，一般的な現代の英語話者には，18 世紀以降の英語の書き物であれば大体が専門家による注釈なしで読めるというコンセンサスがあるということになろうか．たとえば，Shakespeare だと gloss や文法の説明がないと読めないが，Swift あたりから大体は読め，Samuel Johnson（1709-84）ぐらいになると，ほとんどの人が読めるという（Lass 1999：9）．そこで，本章の記述の対象については，主として 1700 年くらいまでの英語の歴史としたい．

　最後に，対象とする「地域」について一言触れておきたい．本章ではブリテン島に限定したい．**17 世紀までの英語**に限定というと，自動的にブリテン島の対蹠地であるオーストラリアやニュージーランドの英語（入植はそれぞれ 18 世紀後半と 19 世紀前半）は

対象から外れることになるが，アメリカ大陸には英語がすでに渡っている（入植は 17 世紀初めから）ので，本章でアメリカ英語については触れないことをここで断っておかなければならない（アメリカ英語を対象から外す理由に，紙幅の制限だけでなく，本書の他の章の記述にもそれほど関連や影響がないこともある）．

2.2　英語の系統（449 年以前の歴史概観）

前節で，本章で概観する「英語」の対象を 7 世紀以降に限定することを述べたが，ここではそれ以前の先史時代の印欧祖語からの歴史における英語の位置づけを簡単にみておこう．特に，いろいろな意味で英語とかかわりの深い諸言語については系統的な位置づけを確認しておく必要がある．かかわりの深い言語とは ①系統的に英語と近い諸言語はもちろんのこと，②地理的にブリテン島の近くにおかれていた（あるいは，おかれている）言語，③英語と歴史的に重要な接触があった言語などである．19 世紀に隆盛をきわめた**比較言語学**（comparative linguistics）で明らかにされた，ヨーロッパと西アジアにおける現存の言語のルーツとされる**印欧祖語**（Proto-Indo-European）からの系統のうち，英語の歴史と深く関連するところのみ(1)に示す．

(1)
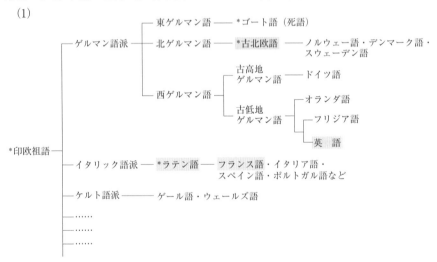

(1)からわかることは，①系統的に英語に近い言語は，同じ西ゲルマン語に属すドイツ語・オランダ語・フリジア語（オランダのフリースランド地方の言語で系統的に英語に最も近いといわれている）である．このことは，特に 9～10 世紀頃の英語の文法の仕組みが，現代ドイツ語のそれと似ていることに気づくときに実感できる（第 7 章参照）．なお，少し細かくなるが，ドイツ語と英語・オランダ語との間に一線が引かれているの

は，前者はゲルマン族が高地（山岳地帯）に，後者は低地（海岸地帯）に，移動した結果である．②地理的にブリテン島にきわめて近くというか，その中にあるというべきか，かつ①で言及されていない言語で見逃せないのがケルト語派の言語である．英語とは系統的にはかなり遠いのに，1500年以上もアングロサクソンと共存してきたウェールズ語や，スコットランドに残るゲール語などである．ブリテン島がまだ大陸と陸続きになっていた紀元前5000年より前にすでに人類が住んでいたことがわかっているが，詳細はわかっていない．イギリスの先住民としてよく知られているケルト族が大陸から渡ってきたのが紀元前700年頃と考えられているが，それより先にいたと考えられている先住民族とケルト族との関係などはほとんどわかっていない．ケルト民族についても詳しいことはわかっていないが，彼らの一部が，アングロサクソンがブリテン島に渡るはるか前にブリテン島に渡って住み着いていたのである．西ローマ帝国時代に，大陸で対立していたローマ帝国とケルト族との戦いがガリアで起こり，Julius Caesar 率いるローマ軍（ラテン語を用いていた）がブリテン島に侵入したのが紀元前55年であった．それ以後410年まで駐留し，ブリテン島は北部のスコットランドなどを除いてローマの属領とされた時代であった．言語的には，この450年ほどのローマ軍による占領時代は先住ケルト系の言語と支配者であるローマ人のラテン語の**二言語変種使い分け**（diglossia）の時代であった．アングロサクソンの渡来はローマ軍の撤退後わずか40年後のことであった．③歴史的な偶然というべきか，アングロサクソンの渡来以降に，重要な意味で英語と接触することになる言語の中に，②で触れたケルト系言語，ラテン語のほかに，**古北欧語**（Old Norse：ON）とフランス語があるが，これらの詳細については2.6.2で取り上げることにする．ここでは系統図で，それらの三つの言語と英語との「系統的距離」を確認しておきたい．

2.3　英語史の時代区分とその根拠

時代区分はあくまで言語学上の議論をするための便宜上の区分であって，区分に関する異説もないわけではないが，他の章でも伝統的な区分にしたがっているので，ここではそれを簡単に示すことにする．便宜上とはいっても，全く恣意的な区分であるわけではなく，そこには内面史的な根拠と外面史的な根拠といえそうなものがいくつかあり，それらをいくつか簡単に述べることにする．ただ，時代区分の境界にばかり目を向けることによって，何かが歪められることはありうることなので注意したい（Blake 1992：20）．

アングロサクソンが大陸からブリテン島に渡来したとされる449年から1100（1150）年までの時期を**古英語**（Old English：OE）期，1100（1150）年から1500年の時期を**中英語**（Middle English：ME）期，1500年から1900年までを**近代英語**（Modern

English：ModE）期，1900年から現在までを**現代英語**（Present-day English：PDE）期と呼ぶことにする．専門的には各時期をさらに下位区分することはあるが，ここでは近代英語期に関してのみ，さらなる下位区分をしておくことにする（OE，MEの下位区分については(2)を参照）．前半期1500〜1700年を**初期近代英語**（Early Modern English：EModE），後半期を**後期近代英語**（Late Modern English：LModE）と呼ぶ．

(2)英語史の時代区分

古英語 OE	初期	449 (700) ——Alfredの没年899——
	後期	1100 (1150)
中英語 ME	初期	1300
	後期	1500
近代英語 ModE	初期近代英語 EModE	1700
	後期近代英語 LModE	1900
現代英語 PDE		

　　まずOEの開始時期449年であるが，2.1で触れたようにOEの資料が出現するのが700年頃なのでそれを開始時期にしても全く問題はない．あくまで，449年を始まりとしたのは，アングロサクソンがブリテン島に渡来したことが，Bedeの*Historia Ecclesiastica Gentis Anglorum*（英国民教会史）—8世紀にラテン語で書かれた著作—に書かれてあり，その記述を信じたうえでの時代区分であることを断っておきたい．

　　OEとMEの区切りを1100年としたのは，いうまでもなくイギリス史上最大の出来事といわれる1066年の**ノルマン征服**（Norman Conquest）が外面史的根拠である．人種的にはアングロサクソンに近いゲルマン人ではあるが母語を捨てて，フランス文化に同化し，フランス語を母語としていたノルマン貴族が，イングランド王位を奪う事件である．それ以後，政治・法律・教育・宗教などの分野でノルマン貴族が支配階級となり，アングロサクソンの英語が庶民（被支配階級）の言葉として「地下に潜る」ことになる大事件である．実際に英語で書かれたものが征服後から1200年頃までわずかしか現れないことになる．

1100年という区切りの内面史的な根拠とされてきたものとして

(3)a. 二重母音のシステムの消失と，多様に保たれていた無強勢母音の種類が乏しくなったこと　［音韻的根拠］

　　b. いわゆる豊富な屈折語尾（full-ending）から水平化語尾（levelled-ending）へ

の変化（たとえば，格（case）や文法性（gender）の区別が一部を除いて衰退したこと）　［形態的根拠］

c. SOV 語順の衰退　［統語的根拠］

などがあるが，これらはいずれも長期的なシフトであって，1100 年を境にして顕著に，加速的に起こったとはいえないし，ましてや，それらがノルマン征服に起因するなどとはいえない（Hogg 1992：9-10）．ただ，後述の長期にわたる北欧人の侵入（8 世紀後半から 11 世紀初め）の影響として ON の借用語が英語文献の中で出現し始めるのも，かなりの時間をはさんで，この区切り（1100 年）のずっと後であることは注目すべき点である．

ME 期と EModE 期を区切る 1500 年については外面史的にはノルマン征服ほどの大きな政治的事件はないが，15 世紀中に国会や都市，町，ギルドでの記録，法令などがすべて英語で行われるようになったことや，William Caxton によって印刷出版が始められ（1476 年），長かった**写本**（manuscript）の時代の終焉を迎えたことなどが根拠としてあげられよう．また，この時期は後述のように「標準語」と呼べるものが出現し始める時期ともいえるかもしれない．内面史的には，大母音推移が 15 世紀を境にして起こったと考えられていることも根拠の一つである（3 章参照）．

EModE 期と LModE 期の区切り 1700 年についても，言及すべき大きな政治的出来事はないが，ここでは 2.1 で述べたように「英語を母語とするふつうの現代人がそれほど苦労なく読める英語になった時期」といった，いささか不真面目に聞こえる「直観的」規定で十分なのかもしれない．16 世紀後半でも，資料が読みやすいと感じることがあるが，それは punctuation や正書法が規則化（1 語 1 綴りの原則）したためであろう．ただ，古い時代の動詞の屈折語尾（2 単現 -st，複数 -(e)n，不定詞 -(e)n，3 単現 -(e)th など）がほぼ消失するのは，やはり 17 世紀なので，さらにいっそう現代英語と近くなっているという印象を受けるのはその頃である．

2.4　古英語の資料（7 世紀から 11 世紀の初めまで）：その特徴と留意点

2.4.1　ルーン文字で書かれた初期資料から Alfred 以前の資料

アングロサクソンの渡来 449 年から 650 年頃までは考古学的・地名学的資料を除くと，英語で書かれた資料はほとんどない．7 世紀頃の初期資料はいずれも小片であり，アングロサクソンが大陸にいたときから用いた**ルーン文字**（5 章参照）でノロジカの距骨などに刻まれた碑銘などであって，言語資料としての価値はあまりない．言語資料として価値のある最古のものは 8 世紀初めの，ルーン文字で古英詩が刻まれているラスワル十字塔（Ruthwell Cross）である．

キリスト教の布教（6世紀末）によって導入されたローマ字で書かれたものも7世紀後半からあるが，多くの散文はラテン語で書かれている．8世紀に書かれた資料に *Epinal Glossary* があるが，これも音韻・語彙的資料としては貴重だが，文レベル（統語法）の資料としては価値がない．9世紀半ばの *Vespasian Psalter* gloss もラテン語テキストであって，その行間注として古英語が使われているだけなので，語彙や音韻情報しか得られない．

2.4.2 Alfred（9世紀）の資料

文レベルの統語論の資料になりうる散文が登場するのは，9世紀後半の King Alfred（在位 871-899）の登場以降であり，それまではほとんどめぼしいものはない．「散文の父」と呼ばれる Alfred は，Boethius（*De Consolatione Philosophiae*（哲学の慰め）を書いたローマの哲学者），Bede（ラテン語の著作があるアングロサクソンの聖職者，2.3 参照），Orosius（5世紀スペインの歴史家），Gregorius I（*Cura Pastoralis*（司牧者の心得）を書いたローマ教皇）などの数多くの翻訳と，*The Anglo-Saxon Chronicle*（アングロサクソン年代記）の編纂を始めたことでよく知られている．言語資料としては後述のようにラテン語からの翻訳が多いという点は注意しなければならない．

2.4.3 10世紀の資料（3人の聖職者の散文）

10世紀は前世紀の Alfred の著作をもっぱら教会の写字室（scriptoria）でコピーをする時期だったといえるが，10世紀末から11世紀初めにかけて，新たな散文テキストが登場する．その中で比較的注目されるのは Ælfric（?955-c1020），Wulfstan（?-1023），と Aldred（?-1069）の3人の聖職者である．

Ælfric は聖人伝や説教集など生産的な散文家として，その注意深い正書法と，明晰な文体でよく知られ，彼の著作は古英語の教科書にも頻繁に引用される．そして何よりも彼が注目されるのは，ラテン語の文法の著作があり，当時のラテン語教育にも寄与したことである．

Wulfstan は北部ヨークの大司教で，デンマーク王・ノルウェー王を兼ねてイングランド王になった Cnut（在 1019-35）の顧問としても知られている．彼の著作の一つ *Sermo Lupi ad Anglos*（1014年）はラテンの修辞法をマスターした独特の文体で書かれた説教として知られている．

Aldred もヨークの大司教で，ノルマン朝のウィリアム征服王の戴冠式を行ったとされる．彼の著作はデーン人の影響力の強い北部で書かれた宗教的資料としても注目され，また，*Lindisfarne Gospels*（7世紀末から8世紀初めにダーラム大聖堂で製作されたラテン語で書かれた福音書．彩色鮮やかな装丁で大英図書館に収容されている）の行間注（interlinear gloss）をつけた人としても知られている．

2.4.4　詩の資料

古英語で書かれた詩の写本がいくつか残されている．上述のラスワルの十字塔もルーン文字で古英詩 *The Dream of the Rood* が刻まれたものであるが，比較的多くの詩が集まった写本が四つほどある．その中で West Saxon 方言で書かれた *Exeter Book* がよく知られている．古英詩自体は 7 世紀以前に書かれていたと想像されるが，現存している写本は 10 世紀後半〜 11 世紀初頭にかけて編集されたものである．よく知られている古英語最大の叙事詩 *Beowulf* も 8 世紀頃に北部で書かれたと想像されるが，現存写本は 1000 年頃に書かれたものである．

2.4.5　古英語資料の留意点：量的・質的制約

歴史言語学では現存する資料が最重要であることはいうまでもない．現代の言語を研究対象とするのであれば，文字資料・録音資料に加えて，話者の言語直観・内省などの言語心理学的資料も含めて実に豊富な資料を使えるのであるが，歴史言語学ではそうは簡単にならない．古い時代の資料を使うことが多い分野なので，この種の限界は当然のように思えるが，実際は，想像以上に厳しい制約があるのを認識しなければならない．特に扱う資料が古ければ古いほど厳しいものがあり，英語史では，特に OE 資料の限界についてはよく認識したうえで，研究を進めていかなくてはならない．特に注意する必要があるのは量的限界と質的限界である．

当然のことながら得られる OE の言語資料の量は決して多くはない．残念なことに，OE 期の北欧人の侵入によって多くの資料が破壊されたこともその理由の一つである．今日までに伝わっている OE 期の写本に含まれる語数は約 300 万語，文献数は約 2000 ほどである（小川 1995：8）．この資料の量は，ノルマン征服以降約 200 年間に書かれた中英語資料の量より少ないのである（Horobin and Smith 2002：28）．北欧人による資料の破壊によって，特に 850 年以前の資料で残っているのは四つのテキストと 35 ほどの法律文書や勅許状など断片的で短い official documents が大半で（Toon 1983：xiii），その多くは考古学的な価値は別として，言語学的な資料的価値は高くない．少なくとも本書の基本となる「言語学的な興味」からすれば，Alfred 以前の時期で使える資料といえるものの萌芽は Mercian で書かれた *Vespasian Psalter* あたりであろうか．しかし，それもラテン語で書かれたテキストの行間注なので，音韻・形態・語彙の資料としてしか使えない．

言語学の研究目標の一つとして，「**理想話者（ideal speaker）の言語知識**」の解明を目指すことにあるのであれば，残念ながら OE の資料は，以下に示す理由で，質的にかなり偏った，限られたものであるというほかはない．標準語はもちろんのこと，口語的資料もない．そもそも標準語というものは中央集権化された組織ができて，はじめて要請されるものであるが，OE 期にはそのような強力な組織はなかったといえる．ただ，

局地的な書き言葉の出現はあったかもしれない．当時の一般庶民の話し言葉に近いものが含まれる資料は皆無に近いといえる．アングロサクソンの初期の学僧はラテン語が最も適した書き言葉の手段であると考えていたのであろうが，OE の書き言葉ですら目立って出現するのは 9 世紀末からであり，書き言葉の標準らしきものの出現は Alfred の時代になってからのことであることを忘れてはならない．Alfred の後の時代に，中央集権化の傾向はあったとはいえ，北欧からの侵入も続き政局は不安定で，それも短命に終わることになり，標準言語がないままに，古英語期は終わるのである．

書き手が限られているというのも OE 資料の特徴の一つである．当時は教会が文化の中心であった．修道院の写字室で多くの写本が産出されたが，当然のことながら内容も宗教的なものがほとんどである．

翻訳が多いというのも OE 資料の特徴である．OE 期はラテン語で書かれたものが多く，Alfred の翻訳作品をはじめ，その翻訳が OE 資料のかなりの部分を占めている．翻訳が多いと，そこでみつかる特定の言語形式（構文）が母語の OE の文法にかなう適格文なのか，それともラテン語の翻訳の影響で出現した新たな（特殊な）言語形式，いわゆる**翻訳借用**（loan translation）なのかが問題となる（ラテン語の**絶対奪格**（ablative absolute）を OE の**絶対与格**（dative absolute）で翻訳した構文もその一例である）．

詩（韻文）が多いというのも見逃せない OE 資料の特徴である．一般的に散文よりも韻文が歴史的に早く出現することが多い．しかし，詩は散文と異なり，その歴史の詳細がわからないことが多い．OE も 8 世紀にはすぐれた詩が書かれていたことがわかっているが（2.4.4），古英詩の大部分は 10 世紀後半から 11 世紀初めに編集された 4 写本にしかみつからないからである．当時の韻律（詩形）に関する詳細は第 4 章に譲ることにするが，韻文の決まりごとは，日常的に用いる言語の決まりごとによって支配されることもあるとはいえ，やはりそれ自体が，独自の決まりごとを持つはずで，その意味ではやはり周辺的な資料といえよう．それに加えて，当時の散文と韻文の区別は必ずしも明確でないという問題もある．以下に Ælfric の散文作品の一つとされる『聖人伝(*Lives of Saints*)』からの一節をあげるが，そこでは 1 行 4 強勢，しかも**頭韻**（alliteration）を含んでいることがわかる．

(4) Mártinus þa *fér*de to þam *fýr*lenan lánde
　　and þa þa he cóm to *mún*tum þa ge*mét*te he scéaðan
　　[Then Martin travelled to the distant land
　　and when he came to the mountains he met some robbers]

(Ælfric's Lives of Saints XXXI. 150-151)

つまり，Ælfric の文体は古英詩にみられるような構造的特徴を持っている．散文と呼ばれている資料にも韻文の特徴を備えていることが少なくないことも注意しなければならない．すなわち，散文資料ですら統語論のデータとして「理想的」とはいえない可能

2.4 古英語の資料（7世紀から11世紀の初めまで）：その特徴と留意点　　　31

性もあることを常に忘れてはならない.

　OE 資料を使う際に，**校訂の信頼性**という問題は避けて通れない. 歴史言語学で引用されているデータ（例文）の多くは写本研究，すなわち写本から校訂・編集を経て活字となった版（edition）か，ないしは，特に最近はその版に基づいた電子コーパスに基づくことが多い. そうした文献学研究の多大な恩恵を受けて，歴史言語学研究が成り立っていることも忘れてはならないが，と同時に，校訂者（editor）の介入がオリジナル写本を歪めることもありうるのである. 一つの作品にいくつか複数の写本があって，異なる写本に基づいた複数の版が刊行されていることもあるので，その点は注意しなければならない. 現代と同じように，構成素の切れ目をわかりやすくしたり，大・小文字の区別をする punctuation の明確な慣習は OE 写本にはない. 行の区切り，文単位の区切りなどが校訂者の判断でなされており，その判断は絶対ではないということを忘れてはならない（Hogg 1992：§1.4）. ここでは深入りしないが，それらの校訂本に基づいて作成された電子コーパスの信頼性もさらに問題となろう. 少なくとも，歴史言語学で使用するデータに関しては，原典（本来は写本ということになるが，せいぜい校訂本）に当たることが不可欠である.

　OE 資料には「等質性」の問題がつきものである.「方言」という用語は「標準語」の存在を前提にして用いることがあるが，OE 期に「標準語」があったという証拠は乏しいので，ここでは**「地域的変種」**という用語を用いるのがよいのかもしれない（Leith 1983）. OE 期のブリテン島において「等質な言語」があったかどうかは議論になるところである. アングロサクソンが大陸にいた頃からすでに部族ごとに方言差異があって，それがそのままブリテン島に定住した後も，アングル族が定住した地域の **Anglian**（**Northumbrian** と **Mercian** の総称），サクソン族が定住した地域の **West-Saxon**（WS），ジュート族が定住した地域の **Kentish** として維持されたのか，それとも，定住後にさらに状況が変わって，その差異が小さくなったのか，それとも大きくなったのか，そのあたりは複雑でよくわかっていない. わかっていることは**七王国時代**（始まりはよくわかっていないが 7 世紀末頃にはいくつかの王国があったと考えられている）に政治的権力の中心が地域的に移動して，それに伴って作品がその地域変種で書かれていることである. 7 世紀はキリスト教が伝わった地である Kentish が中心，7 世紀中頃から北に移動し Anglian に，そして 9 世紀末に Alfred が支配した南部 Wessex に移り WS 変種で書かれた多くの資料が出現することになる. OE 資料の 9 割がこの WS 変種の資料であることも忘れてはならない（Hogg 2002：§9.5）. 歴史言語学で引用されるデータも WS 変種の資料が多いが，それらに混じって他変種のデータが同等に並べられて議論されていることも決して少なくないので，その点も留意する必要がある. なお，上で短い法律文書や王の勅許状などに言語学的資料価値がないことに触れたが，それらが地域変種に関する貴重な情報を提供している点には注意したい（Robertson 1939：xxiv）.

(5) a. アングロサクソン七王国　　　　　　b. OE 方言地図

(Baugh and Cable 2002^5 : 54)

OE 資料には作品特有の文体があるというのも特徴の一つである．たとえば，The Anglo-Saxon Chronicle も歴史言語学でよく引用される散文資料の一つであるが，そこでは次のような相関節（correlative clause）が頻用されている．

(6)　þa hie þa hamweard wendon mid þære here-hyþe, þa metton hie micelne sciphere wicinga [As they were going homewards with the booty, they came upon a great fleet of pirates]

(The Anglo-Saxon Chronicle 885 年の記述)

このような例文が OE の一般的な統語的特徴であるかのように解説している文献も多いが，これが年代記特有の文体的特徴であって，これを「そのまま古英語の統語上の特徴とみなすことは危険である」と指摘する研究者もいる（真鍋 1983：10）．

2.5　中英語の資料（11 世紀から 15 世紀まで）：その特徴と留意点

2.5.1　中英語資料概観

ノルマン征服の直後しばらくは，OE の写本はコピーされ続けたが，新しい資料は少ない（OE 期に書かれたとされる Leechdom などは中英語期になって書き写されたものだけが残っている）．このことは OE 期の書き物の伝統が残っていたことを示す．しかし，この伝統も 12 世紀にラテン学問のルネサンスによってラテン語使用が増大し，Ælfric, Wulfstan に由来する OE 散文の伝統は次第に衰退した．その伝統の最後の例とされる

2.5 中英語の資料（11世紀から15世紀まで）：その特徴と留意点　　　*33*

のが *Peterborough Chronicle*（1154年頃にコピーされたもの）である．そこでは，定冠詞 Þe が使われているのが特徴的で，それを根拠にして OE と ME の区切りを1150年とする説もある（(2)参照；Traugott 1972：18-19）．

ME の資料は，写字生による文語的なものと記録的なものが主流で，末期になると印刷本が登場する．ME 期の資料が OE 期よりも多く残っている理由の一つに Henry VIII が修道院を解散させた際に教会所有の多くの文献を没収したことがある．

ノルマン征服以降，英語は地方の教区などで用いられ，ME 初期に書かれた英語はほとんどが地方の読者のために書かれたものである．ME 期全体的にみて，書き手の出身地の地域変種で書かれているのが特徴的である．たとえば，*Cursor Mundi*（14世紀初期に書かれた詩）は北部変種，ガーウェン詩人は北中部変種，*Piers Plowman*（Langland による頭韻詩）は南西中部変種，*Ayenbite Inwit*（13世紀のフランスの宗教書「良心の痛み」をカンタベリーの修道士が翻訳したもの）はケント変種，Chaucer はロンドン変種というように．

さらに，そのような変種の一例として，13世紀初期に **AB 言語** と呼ばれる南西中部で書かれた変種がある．*Ancrene Wisse*（修道女の戒律）と Katherline Group の英語であり，前述の *Vespasian Psalter* のマーシア変種とつながる作品である．ME 初期の写字生はフランスで訓練を受けた聖職者であったので，フランス語の綴りが影響し，英語の外観を変えた（第5章参照）．なお，宗教界における女性の役割が重視される作品がみられるのも ME 期の特徴である．Richard Rolle の作品（14世紀）も女性の弟子たちによって書かれた作品である．

国内向けに書かれた英語の例として Henry III の *Proclamation*（1258年）が注目される．王室の行政がロンドンに集中するようになり，写字生が役人に代わってゆく．彼らは独特の正書法を使い，その文書が国内に送られ，15世紀半ばには徐々に標準化に貢献した．それが **大法官英語**（Chancery English）と呼ばれるものである．

内容的に大陸からの影響を受けた資料として13世紀初め頃の長詩 *Brut* や *Ancrene Wisse*，13世紀半ば以降のロマンス・バーレスクなどがある．

14世紀後半からは，中産階級の台頭と関連して，いよいよ中世英語文学の大きな開花期となる．中英語の作品で最も広く知られている *Canterbury Tales* の著者 Chaucer（1340?-1400）をはじめ，その弟子の Gower（1330?-1408），Lydgate（1370-1451）などが登場し，ロンドンが文芸の中心となる．彼らはラテン語やフランス語だけでなく，英語で作品を書き始めた．また，教会批判をした Wycliffe（1330-84）が一般大衆に向けて英語で聖書等を書いたことは，標準化はされていなくても，かなり規則性の兆しがみえる言葉で書かれたということであり，注目に値する．

大陸からの影響のもう一つの現れは，脚韻詩の登場である．Chaucer はフランス詩に由来する **弱強5歩格**（iambic pentameter）で英詩を書いた．他方で，Langland 作とさ

れる *Piers Plowman* のような OE の伝統でもある頭韻詩を復活させる動きもあった.

文体的な伝統も, OE から引き継がれているもの (たとえば, Malory (1400?-71) 作品の並列文の文体 (parataxis)) と, フランスをモデルとしている作品 (たとえば, Caxton (1422?-91) のような従属節の多用がみられる文体 (hypotaxis)) もある.

2.4.5 で OE 資料の留意点を述べたが, ME 資料に関しても一言述べておく. 資料の中でも特に価値が高いとされるものに, **自筆の資料** (authorial holograph) がある. これは, いわゆる写字生が書き写した写本ではなく, 著者自筆の資料である. ME 期でもそのような資料はそれほど多くはないことに注意したい. 前述の翻訳作品 *Ayenbite of Inwit* (1340 年頃) や, 詩人 Hoccleve (1370?-1450?) の書き物, そして, イギリス史の貴重な資料としても広く知られている 15 世紀ノーフォーク州の豪族が残した *The Paston Letters* (パストン家書簡集) をはじめ, 同時期に書かれたいくつかの書簡集などがその例である. なお, 本人自筆でなくても, その作家の死後速やかにコピーされた作品の写本であれば, それらも資料価値はそれなりに高いといえる (Chaucer, Gower, Langland などはこの部類に入る).

2.5.2 中英語の変種 (方言地図)

ノルマン征服以降はラテン語やフランス語が**高位言語** (H(igh)-language) になり, 英語は地方の使用に限定されていった. そのため, 自分の住む地域以外の人々と文書でやり取りしたい場合にはラテン語やフランス語を用いた. そうするうちに, 話し言葉も書き言葉もその地方特有なものが発達していった. 地方ごとに綴りが変異するので, 中英語期はその意味では最悪の時期であった. 地域変種の音韻情報については Moore et al. (1935) が 12 世紀から 15 世紀までの 266 に及ぶテキストの調査に基づいて 10 地域の**等語線** (isogloss) を作成した. また, 綴りの変異の多様性については McIntosh et al. (1986) *Linguistic Atlas of Late Mediaeval English* (*LALME*, 後期中英語言語地図) を参照するとよい. 1350 ～ 1450 年の時期にどれだけ綴りが多様化しているかが観察できる ((7b) 参照). 書き言葉ですら方言差異が顕著にみられるというのが, ME の特徴の一つである (Strang 1970 : 224).

(7) a. 後期中英語方言地図　　b. 中英語言語地図 (wh-(左) と qu-(qw-)(右) の分布)

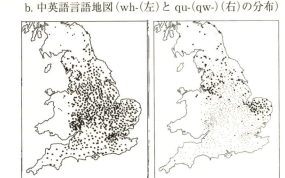

(中尾 1972：95)　　　　　　　(McIntosh et al. 1986：372-373)

なお，言語地図の作製はさらに「初期中英語言語地図 (LAEME)」として引き継がれ，現在，エディンバラ大学から Web 公開されている．これらの localized texts によって，いままで以上に地域を超えた文法記述が可能となった．

2.6　英語と社会（標準語と呼べるものが出現する前の不安定期）

この節では社会（人々）が英語を外からどうみていたか，母語をどのようにみつめていたかという観点から，その歴史を概観したい．特に，英語の変種に対する意識と外国語との接触にどのように人々が対応したかという観点から記述することにする．

2.6.1　英語の変種に対する人々の意識の芽生え

決して面積が広いとはいえないブリテン島の中を人々が行き来をする中で，たがいの言葉とどう向き合ったのであろうか．特に「英語の変種」（ここでは階級方言・地域方言を含めた意味で用いる）ということを人々が意識するようになったのはいつごろなのか，また，その意識はどのような方向に展開したか，などについて資料を交えてみてみよう．

2.4.5 でアングロサクソンが渡来した後の七王国時代に，ほぼその王国の境界に対応した変種があったことについて触れた．その頃すでに階級方言らしきものがあったことを示す最古の文献記録がある．Bede の *Historia Ecclesiastica Gentis Anglorum* IV. 22 に登場する Imma という 7 世紀の若者の話である．その現代英語訳(8)に示されるように，Northumbria 王の支持者であった彼が Mercia で捕らえられた際に百姓を装うが，その言葉遣いで素性を見破られてしまうという話で，当時，社会的に高位の者が用いる話し言葉があったのではないかと想像させる．

(8) Then the gesith called him privately to him; questioned him strictly as to his

origin, and promised to do him no harm or ill, if he would tell him plainly, what
he was. Then he did so: confessed and said, that he was a follower of the king.
Then the gesith answered and said: 'From certain of your answers I felt and
saw, that you were not such a common man, as you asserted.

(Miller 訳 1978：328-329)

ME 期になると，OE 期に起こった北欧人の侵入・定住（北東部中心）の影響で英語
の変種がさらに拡大する．特に北部変種と南部変種の対比に関する文献記録が登場する．

12 世紀末に Gerald of Wales（ウェールズ人の母親とノルマン人の父親をもつ多才な
司教・外交官・神学者）がラテン語で書いた「ウェールズ旅行記」の中で「南部は純粋
な英語が使われているが，北部ではデーン人やノルウェー人によって英語が腐敗してい
る」と述べている（1193 年）．これは英語の「純粋性 purity」について言及した最初の
記録である．

(9) …in the southern parts of England, and especially in Devon, the speech is
nowadays purer than elsewhere. It may well be that it retains more features of
the original language and the old ways of speaking English, whereas the
northern regions have been greatly corrupted by the Danish and Norwegian
invasions. (*The Journey through Wales and the Description of Wales*)

(Thorpe, L. 訳 1978：231)

14 世紀になると英語の変種の広がりについて言及した資料が徐々に増える．修道士
Higden がラテン語で著した *Polychronicon*（総年代史）を英訳した John of Trevisa（コー
ンウォル出身の聖職者）が「北部の英語が南部の人間にはわからない」と述べ，これも
北部変種への蔑みの一例である．その原因として，北欧人の影響，南部の繁栄，国王が
北部を訪れることがなかったことの 3 点を Higden (Trevisa) はあげている（Bailey
1992：25).

北部変種に対する南部の人たちの地政学的差別主義は Chaucer の *Reve's Tale*
(TA4015)，*Parson's Prologue*（X42-43）などにもみつかる．

(10) But trusteth wel, I am a Southren man,
I kan nat geeste "rum, ram, ruf" by letter, (*Parson's Prologue* 42-43)
（だが，わしは南國生まれじゃ，北國ではやるような言葉の頭をそろえる―ルム，
ラム，ルフという口調で話ができないし，… （西脇順三郎訳 1951）

逆にいえば，北部の人が南部の英語に対して「気取った態度」として反感を抱いてい
たともいえる．それをうかがわせるような資料もいくつかある．*The Second
Shepherds's Play*（1385 年，北部作家の戯曲）の中で，主役（羊の盗人 Mak）が南部
訛りを使って，南部の役人になりすますという場面があり，要人が南部訛りを意図的に
使うという考え方が 14 世紀末にあったことをうかがわせる．

1362 年にヨークで起こった重婚訴訟に関する興味深い記録が残されている．スコットランド生まれの毛皮職人の証言が，スコットランド変種・南部変種・北部変種の3種でなされたため，判事が証言の信ぴょう性を疑ったという記録が発見されている（Clark 1981）．当時の教養ある人が国内のさまざまな訛りを聞き分ける能力を持っていたことがわかる．

上記のような地政学上の差別主義は着実に増え，16 世紀末には結局，政治・文化・司法・商業の中心であったロンドンで使われた南部変種が標準語として優位に立つことになる．

2.6.2 外国語との接触

英語史における重要な言語接触はラテン語・ケルト系言語・古北欧語・（ノルマン）フランス語との接触である．以下，時代順にその言語接触についてみることにする．

a. ローマ人とケルト人の接触（紀元前 55-410 年）

アングロサクソンの渡来前の言語状況についても簡単に触れておく必要がある．後で渡ってくる彼らが，先住民のケルト民族の言語と，紀元前 55 年から 410 年まで駐留したローマ軍が残したラテン語と接触することになるからである．

ローマ軍駐留期はラテン語が高位変種，ケルト語が**低位言語**（L(ow)-language）の**二言語変種使い分け**の社会であったと想像される．特に南部と東部がそうであるが，西部と北部はローマ軍の支配は弱かったと思われるので，ケルト語のみであったかもしれない．

410 年に自国が蛮族の侵入の危機にさらされたため，ローマ軍が撤退することになるが，その際に「残していった」と考えられるラテン語彙は，数々の地名（-chester, -caster）だけでなく，port, wine, cheese などもあったと考えられている．つまり，後で間接的にケルト人を介して，アングロサクソンに取り込まれた語である．

b. アングロサクソンとケルトの接触

アングロサクソンの渡来はケルト族間の争い事の解決のために，ケルトの傭兵として大陸から渡ったのがきっかけであるという記録があるが，詳細はよくわからない．アングロサクソンの移住・開墾・農業はかなり遅い進度で進み，ケルト族からの抵抗もあったであろうが，結果的にはケルト族はいわゆるケルト外辺（Celtic fringe）と呼ばれる Scotland, Ireland（いまは Northern Ireland のみがイギリスの一部），Wales, Cornwall（いまは England の一部），Brittany（フランスのブルターニュ地方）に追いやられることになった．

アングロサクソンがケルトとどう接触したかの詳細は不明である．わかっていることは，碑銘などにルーン文字を使っていたこと，侵入の歴史を自らが書くことはなかったこと，また，ゴール（ガリア）にいたゲルマン人（フランク族）と異なり母語を捨てな

かったということぐらいである．また，不思議なことに，ケルト語からの借入語は地名・川の名前などを除くと，ほとんどないのである．地名を取り入れたというのは両民族が平和共存した可能性を示すが，逆に，借入語の少なさは両者が対立していたことを示しており，他の情報が得られない限り言語証拠の評価は難しい（Leith 1983）．

上述のラテン語に関しても同様で，6世紀末にキリスト教が伝わるまでは，彼らがラテン語を使ったということはもちろんのこと，学んだという証拠もない．ラテン文化に興味がなかったせいなのか，ケルトに伝わっているはずのラテン文化が，ケルトとの関係が悪かったせいで，伝わらなかったのかはわからない．アングロサクソンとケルトは，ケルトとローマ人の接触のような diglossic でなかったことは間違いない．

なお，ノルマン征服以降，イングランド王は外交の中心がフランスに向けられたが，他方，ケルト（スコットランド，ウェールズ，アイルランド）とも長い間戦わなければならなかった（ウェールズの併合は 1536 年，スコットランド併合 1707 年）．その結果として，多くのイングランド人にとって，ケルト系言語はわからない言語となった．

c. アングロサクソンと ON の接触（古英語期）

北欧人の世界的侵略は 8 世紀後半から 11 世紀中頃まで長期にわたるがヨーロッパ各地だけでなく北アメリカ，ロシアにも及んだ．ブリテン島も 8 世紀後半からその侵略の標的となり，1016 年にデンマーク王 Cnut がイングランド王位に就くことで，頂点に達した．したがって，250 年にわたって彼らの古北欧語（ON）と接触したことになる．北欧人は，あまり肥沃でない地域では，アングロサクソンを定住地から追い出すのではなく，彼らの近くに固まって定住したといわれている．イングランドのおよそ 1/3 がデーン人によって占領されたが，Danelaw の独立性は，デーン人首領の洗礼によって弱められ，さらに，Alfred 率いる Wessex の巻き返しによってさらに弱められた．Cnut 王も短命に終わり，デーン語が公用語になるようなこともなかった（ただ，オークニー諸島・シェトランド諸島ではノルウェー語が 1000 年間ほど残った）．

ON は OE 同様，ゲルマン語派なので言語構造もそれほど隔たりはなく，互いの意思の疎通はある程度可能だったと推測される．一例をあげると「骨」は OE ではバーン，ON ではベインのように発音された．そのような状況で，いわゆる**ピジン化**（pidginization）によって OE の豊富な屈折語尾が消失したと考えられている．ただ，ケルトとの接触と同様，デーン人との接触の詳細がわかる記録もないが，ON 語彙借用の証拠については**二重語**（whole-hale，rear-raise，shear-score など）の存在など，わかっていることも多い．しかし，ON の英語統語法への影響に関しては，懐疑的な研究者も少なくない（Kirch 1959）．純粋な ON の文化がいつごろまで残っていたのかについては 11 世紀の Cumbria に ON ルーン文字の碑があり，ヨークが彼らの交易の中心だったことも考えると，昔の Northumbria に彼らの文化が残っていたのかもしれない．したがって，この時期に 2 か国語使用があったとしたら，それはイングランド全域では

なく，地域的なものであった可能性がある．

d. アングロサクソンとフランス語との接触：3言語社会とその崩壊（ME期）

ノルマン征服が言語学的に重要なのはブリテン島に**3言語社会**（trilingual，フランス語・ラテン語・英語）をもたらしたことである．人口動態的にはノルマン人は1〜2万人（当時イギリスの全人口が150万人ほどと推定されている）程度ではあるが，フランス語の英語（特に，語彙）への影響は計り知れないものがあった（第6章参照）．

ノルマン人のフランス語については一言断っておかなければならない．彼らの用いたフランス語はフランス語の1変種（**Norman French**：NF）である（当時の NF とパリを中心に使われていた **Central French**（CF）がどれほど異なっていたかの詳細についてはよくわかっていないが，特に14世紀後半から15世紀の文書にみられるフランス語については，正書法も含めて統語法（文法）に関しても英語の影響か，CF のそれとずれがあったらしい．つまり，かなり「英語化されたフランス語」であったらしい（Rothwell 2001：546-547；556）．ノルマン人というのはもともと人種的には北欧人，つまりブリテン島に侵入した上述のデーン人と同族なのであるが，10世紀初めにフランス北部に定住したあと，母語のゲルマン語を捨てて，フランスに同化した北ゲルマン族なのである（Norman（＜ north ＋ man）は Northmathr（ON）＞ Normant（OF）に由来する）．12世紀の半ば頃には，政治・宮廷・法律・教育の分野では Norman French（Anglo-Norman（AN）あるいは Anglo-French（AF）ともいう）が使われた．

神学・歴史（年代記を含めた文書など）の学術的世界（オックスフォード・ケンブリッジ大学の設立もそれぞれ12世紀半ばと13世紀初頭），そして教会での祈祷ではラテン語が使われた．1087年の *The Doomsday Book*（土地台帳）も，英国憲法の基礎となった1215年の *Magna Carta*（大憲章）もラテン語で書かれた．

そして一般庶民の日常では英語が使われた（なお，書き言葉としての英語は地方の宗教的書き物以外ではほとんど使われなかった）．

以上のような3言語のバランス状況であったが，ケルト系の言語（ゲール語（Gaelic），ウェールズ語（Welsh）など）も含めるのであれば多言語社会というべきであろうか．すべての人が3言語とはいわないが，北部・中部イングランドの大衆を除けば，多くの人が少なくとも日常的に2言語に触れる機会が多かったと推測される．

上層階級を占めたノルマン人は確固として NF を用いたが（prior, cardinal, castle, prison などの権力者の職位・機関名の用語は征服直後に借入されている），アングロサクソンに対してフランス語を押し付けることをしなかった．アングロサクソンの方もフランス語を学ばなければならないと考えるものが限られていたということであろう．国王ですら第一言語をフランス語とするのは14世紀末までである．商業に携わる人々や，兵士もフランス語を使ったかどうかもよくわかっていない．宗教界でも，フランス語が強固に使われた気配もない．アングロサクソン年代記も征服後100年ほど英語で書き続

けられた．学問の場としての教会はバイリンガルが奨励される傾向があったが，それを除けば，説教も英語で書かれていた．

しかし，征服後150年も経つと，3言語の勢力図（競合状況）は変わりつつあった．その原因の一つとなったのは John 王がフランス王 Phillipe II と争い，敗北の結果ノルマンディーの領地を失ったことである（1204年）．それ以後フランスとの不和が続いた．この1204年以降のフランス語との接触は，NF から CF に切り替わるという言い方もできるかもしれない．すでに NF から借入した catch, warrant に加え，14世紀までに，CF から同語源の chase, guarantee を借入して，二重語（doublet）を残している事実や，法律用語でも arrest, accuse は CF にもあるが，try（「裁く」），convince（「有罪を証明する」），sentence（「刑を宣告する」）が CF にない NF の語である事実（Rothwell 2001：558）などがその証拠である．政治的にフランスと離れたとはいえ，フランスは13世紀末にはヨーロッパ最強国となっていたので，フランス王との接触は続いた．国内のフランス語使用は衰えず，1300年くらいまでに，ほとんどの公的文書（勅許状，嘆願書，法律文書）の記録はラテン語からフランス語に切り替えられた（なお，議会が完全にフランス語を取り除いたのは18世紀前半である）．この時期は「個人のバイリンガル」が拡大したと想像される．1300年頃に書かれた Robert of Gloucester の *Chronicle* には「フランス語を使えないと軽んじられる」という記述がある（Horobin and Smith 2002：27；McCrum et al. 1986：75）．

支配階級はフランス語とフランス文化に傾倒すると同時に，英語をしっかり身につけるようになった．フランス風宮廷の趣味は英詩にも反映され，そこではフランス風のテーマ，技術，言語すべてを借入したので，「文化的バイリンガル」と呼ぶことができる．

12～13世紀に専門職業化した法律分野でもフランス語へのこだわりは強く，17世紀でも Law French が使われた．議会においても14世紀半ば頃まで AN が使われた（詩などではもっと遅くまで AN が使われた）．

ただ，その一方でフランス（語）への反発も強まっていたことは否めない．その一つの原因が英仏戦争（**百年戦争** 1337～1453年）である．それにより英語への関心が強くなり，英語は「英国らしさ」の象徴となりつつあった．

3言語のバランスを変えたもう一つの大事件は1348年の**黒死病**である．当時の人口は450～600万人と推定されるが，半数近くが亡くなり，100年後の1448年には200～250万人に激減したといわれている．1人当たりの資産が増え，上流階級も多く亡くなったので，英語（話者）の地位が向上した．その結果の一つか，フランス語で書かれた法律がわからない人が増えたため，法を破る事件が多発したという背景で，1362年から法廷での口語が英語となった．議会の討論もその頃英語となった．公文書記録は1425年頃から英語が出現することになる．この時点でラテン語とフランス語はもはや記録文書目的の言語と化した．法廷のみならず，教会でも同様のことが起こり，英語を

理解できない牧師に対する苦情などが出始めていた.

ノルマン朝の封建制から貨幣経済に移行し,14世紀のイギリス社会は,毛織物業者・商人・中小地主階級などが発言力を増してきて,都市が発達し,階級間・地域間の人の流動が急速に高まりつつあった.いよいよ彼らがロンドンを拠点に使っていた英語が後に標準英語となる時期が到来しつつあった.

2.7　16世紀～17世紀概観

2.7.1　標準語の必要性とその出現（16世紀初期近代英語期）

中央集権化された社会であれば,行政・法律・宗教・教育制度が作られ,新しい言語への要請が生ずる.それが標準語である.標準語があるとはいえなかったOEとME期の英語はoral vernacularというべきものである.

すでに15世紀半ばに南部の人が南部変種に依拠した国家的な標準英語の確立が必要であることを述べた記録もある.Caxton の *Eneydos*（1490）の序文では,「標準英語」がなかった時期であるがゆえに,彼が Virgil のラテン詩を英訳しようとした際,どのような英語で訳せばよいのか,その選択に苦慮したことが書かれている.

標準語への意識の高まりは,ルネサンス・**啓蒙思想**（Enlightenment）が言葉の安定化を熱望していたこととも関わっている.

16世紀になると,それまではラテン語などの古典語に重点を置いていた学校教育が,英語に注目するようになった.Palsgrave は1540年に英語の多様性が社会的不和につながると考え,言語を安定させるのに適した英語を選択する必要があると考えた.その後,Bullokar の *A Short Introduction or Guiding to Print, Write, and Reade Inglish Speech*（1580）や,Puttenham の *The Arte of English Poesie*（1569）は結局どんな英語の変種も何らかの社会的蔑みを持たれているので,規範とする特定の英語の変種を選択することに苦労した.彼らは「理想的な純粋な英語」像を抱いていたが,同世紀末には,そのような英語像を実現する試みとして,「理想的な英語」の文法書・辞書が出版された.為政者だけでなく,一般大衆にも向けた,綴り・発音の規範を示す *English School Maister*（1596）と,難解なラテン語源の英単語の辞書 *Table Alphabeticall*（1604）である.

このように,16世紀までに書き言葉の標準らしきものが出現したといえよう.その標準化は,英語がラテン語やフランス語に代わって,国内で使える機能を持ち始めたこと,16世紀に英語翻訳事業が拡大したことの影響であろう（Benskin 1992）.英語は地方の教区を超えた媒体となったのである.その証拠に,異国的なつづりも急速に減少していった.

2.7.2 愛国主義と英語（17世紀）

17世紀になると，文人・知識人が英語や古典語に対して積極的に発言するようになった．中には，かなり極端な意見を述べる人もいた．その1人として愛国主義者 Richard Verstegan (1550-1620) がいる．彼はゲルマン語礼賛説で単音節語の多い英語をたたえ，多音節語の多いギリシャ・ラテン起源の語が英語の中に入ってきたことで，英語が汚されたという主張をした（多音節語のいくつかは16世紀に inkhorn terms（インク壺語）と呼ばれ，衒学的であると揶揄されたが，16世紀末には評価されていたと指摘する人もいる）．それに対し，外来語に対して反対の意見を持つものも多くいた．つまり，借入語は英語を豊かにした価値あるものであると主張した．同時に，英語の変種の多様化に対しても，肯定的にとらえる意見もあった．

このように，英語の純粋さと画一性を強化すべきという議論と，英語の多様性と豊富さを称賛する議論とがあった．この二つの妥協点，つまり英語の純粋さと豊富さを両立させる必要が生じてきて，そのために英語文法に古典語同様の厳格さを与える必要が出てきた．そのような背景で生まれたのが Ben Jonson のラテン語をモデルにした英文法書（1623）であり，また，John Hewes のラテン語の辞書（1624）も，英語にもラテン語同様の秩序を与えるという目的で書かれたものである．

このような英語を見直す風潮の中で，学者や文人たちは，自らの著作をラテン語で著すのが唯一の手段なのかという疑いを持ち始めた．Francis Bacon (1561-1626)，Newton (1642-1727) はラテン語で書いたが，Milton は迷って英語で *Paradise Lost*（1667年）を書いた．Dryden (1631-1799) もラテン語が英語の豊かさに寄与したと述べている．だからこそ，ラテン語が英語の文法指導の中心となったのである．

1676年に出版された Elisa Coles の辞書は当時の地域方言，学術用語，隠語，古語（Chaucer, Gower, Shakespeare などの）も多く含まれている点で注目される．

なお，17世紀半ばには英国王立協会（Royal Society）が設立された（1660年）．その協会員の1人でもあった Newton がラテン語で *Principia* を1686年に出版し，現代経験科学の始まりを導いた．その協会でも「よい英語」を確立するという提案はなされたが，結実はしなかったらしい．多音節語の「雄弁さ」と短い語の「素朴さ」とのはざまで，その中庸さを選択するというのが17世紀に出現したコンセンサスであった．

2.8 18世紀〜21世紀概観（近代後期〜現代）

徐々に規範的となっていった社会的雰囲気の中で，18世紀は政治と言語（英語）の秩序と安定を指向する時期である．Baugh and Cable（1951；2002[5]；9章）は1650〜1800年を「権威に訴える時期」と呼ぶ．英文学では18世紀初頭に文芸黄金時代（Augustan Age）を迎え，その後はその仕上げの時期になる．

2.8 18 世紀～21 世紀概観（近代後期～現代）

18 世紀の後半 1770 年頃までには英語はアメリカ，インド，オーストラリア，南アフリカに広がっていた．New Englishes の拡大である．

規範文法（prescriptive grammar）が誕生するのは 18 世紀後半である．イタリアやフランスではそれぞれ 16 世紀，17 世紀に辞書や文法を作るアカデミーが発足するが，イギリスは Dryden，Swift など一部の文人が提唱したが，そこまでに至らなかった．言語について発言する作家たちは「よい英語」として許容されるものについて発言が強まり，ついに辞書学者・文法学者・正書法学者が立ち上がった．18 世紀末には規格化した標準語みたいなものが存在した（なお，口語標準英語を普及させるきっかけとなる初等教育制度の制定は 1870 年である）．それは，19 世紀になると，**容認発音**（Received Pronunciation）に加えて，いわば文法特性をも取り入れた Received English として発展していった．

19 世紀ヨーロッパのナショナリズムを形成するのに中心的だったのが *Oxford English Dictionary*（*OED*）を編纂した James Murray（1837-1915），*The English Dialect Dictionary*（1896-1905）を編集した Joseph Wright であった．19 世紀は英語の辞書・方言学・文献学・文法の黄金時代であり．Murray の *OED* 編集期間は大英帝国の時代（The Age of Empire(1875-1914)）と大体一致するのである．*OED* は，1888 年に *A New English Dictionary*（*NED*）として第 1 巻を出版し，1928 年に完結し，その後補遺を加えて全 11 巻として，1933 年に完成した．収録語数は約 40 万語である．その後，1989 年には第 2 版が出版された．世界最大最高の辞書で「英学」に携わる人々のみならず，学界に広く貢献してきた．

大英帝国の拡張と言語科学の発展が並行している．Furnivall（1825-1910）が初期英語テキスト協会（The Early English Text Society：EETS）を設立したのも 1864 年，イギリス方言協会の設立も 1873 年のことであった．Anglo-Saxon を Old English と呼び変えたのも，このような国家と言語を一体化する傾向と無関係でないかもしれない．

20 世紀に入ると，科学用語の増加がみられたが，Murray は *OED* 編集で科学用語を外した．たとえば，appendicitis（虫垂炎）は 1888 年の *NED* には載っていないが，Edward VII が虫垂炎で戴冠式を 1902 年に延期したことをきっかけに，一般的に知られる病名となった（Willinsky 1994：124-125）．

20 世紀後半には，コンピューター時代の到来で大量のコーパスが言語研究に活用されることになる．Murray は *OED* 編集に当たって，400 万の用例を持っていたといわれているが，編纂の 40 年間にさらに増え，1100 万を超えた（Romaine 1999：3）．彼の後継者たちは 5 億語のコーパスを，ものの数分で検索できる時代となった．コーパスは今日では経験科学としての言語学研究に寄与する道を開き，言語学の多岐にわたって活用されている．

今世紀になって，2001 年にミシガン大学で編集された *Middle English Dictionary*

（*MED*）が完成し，さらに，トロント大学にて，現在，編集中の *The Dictionary of Old English*（*DOE*）の完成が俟たれている．この二つの辞書が今後の歴史言語学のさらなる発展に寄与することは間違いない．

🔍 文献案内

・太田朗編集『英語学大系』東京：大修館書店．

　・小野茂・中尾俊夫（1980）『英語史 I（古英語）』第 8 巻

　・中尾俊夫（1972）『英語史 II（中英語）』第 9 巻

　・荒木一雄・宇賀治正朋（1984）『英語史 IIIA（近代英語）』第 10-1 巻

　時代ごとに分冊として編集されており．国内の英語史専門書としては，質的にも最も優れ，量的にも最も豊富な情報が得られるシリーズ．内面史・外面史とも情報が正確で，かつ豊富である．なお，アメリカ英語については第 10-2 巻として収められている．

・Hogg, Richard M.（ed.）*The Cambridge History of the English Language*, Cambridge: Cambridge University Press.

　・Hogg, Richard M.（ed.）（1992）Vol. I. *The Beginnings to 1066*.

　・Blake, Norman（ed.）（1992）Vol. II. *1066-1476*.

　・Lass, Roger（ed.）（1999）Vol. III. *1476-1776*.

　・Romaine, Suzanne（ed.）（1999）Vol. IV. *1776-1997*.

　英語史専門書の最高峰．編集・執筆スタッフは各分野の第一線で活躍している専門家で構成されている．タイトルにある時代区分は独特で 1 巻が英語の始まりからノルマン征服まで，2 巻は Caxton がウェストミンスターに印刷所を開設した年まで，3 巻はアメリカの独立宣言まで，4 巻は現在（執筆時）までの時期が記述の対象となっている．外面史と内面史の両面から記述されており，後者については，4 巻とも音韻，正書法，語彙と意味，形態，方言，統語論などがほぼカバーされている．

　なお，このシリーズは全 6 巻で，5 巻は『イギリスと海外における英語』，6 巻は『北米の英語』というタイトルになっている．

・Edinburgh University Press の Introduction Series

　・Hogg, Richard M.（1992, 2012²）*An Introduction to Old English*. revised by Rhona Alcorn, Edinburgh：Edinburgh University Press.

　・Horobin, Simon and Jeremy Smith（2002）*An Introduction to Middle English*, Edinburgh：Edinburgh University Press.

　OE と ME の初学者向けのテキストとして良書．いずれも 200 頁を超えない分量で，練習問題もついている．近代英語期以降も続刊として発刊されている．全体的に，当該時期の前後の言語状況を踏まえた記述になっている．

📖 引用文献

小川浩（1995）「古英語」松浪有（編）『英語の歴史』東京：大修館書店，3-38.

引　用　文　献　　　　　　　　　　　45

真鍋和瑞（1983）『中世の英語散文とその文体』東京：開文社出版.

中尾俊夫（1972）『英語史 II（中英語）（英語学大系 9)』　東京：大修館書店.

Bailey, Richard W.（1991）*Images of English: A Cultural History of the Language*, Cambridge: Cambridge University Press.

Baugh, A. C and T. Cable（1951, 2002⁵）*A History of the English Language*, London and New York: Routledge.

Benskin, M.（1992）"Some New Perspectives on the Origins of Standard Written English," in J. A. van Leuvensteijn and J. B. Berns（eds.）*Dialect and Standard Language: Seventeen Studies in English and German*, Royal Netherlands Academy of Arts and Sciences, 71-105.

Blake, Norman（1992）"Introduction," in Norman Blake（ed.）*The Cambridge History of the English Language*, Vol II, Cambridge: Cambridge University Press, 1-22.

Clark, Cecily（1981）"Another Late-Fourteenth Century Case of Dialect-Awareness," *English Studies* **62**: 504-505.

Coles, Elisha [1676]（1971）*An English Dictionary*, Facsimile, English Linguistics, 1500-1800 no. 268, Menston: Scholar Press.

Gerald of Wales [1978] *The Journey through Wales and the Description of Wales*, translated by L. Thorpe, London: Penguin Books.

Hogg, Richard（1992）"Introduction," in Richard M. Hogg（ed.）*The Cambridge History of English Language* Vol. I, Cambridge: Cambridge University Press, 1-25.

Hogg, Richard（2002）*An Introduction to Old English*, Edinburgh: Edinburgh University Press.

Horobin, Simon and Jeremy Smith（2002）*An Introduction to Middle English*, Edinburgh: Edinburgh University Press.

Kirch, Max S.（1959）"Scandinavian Influence on English Syntax," *PMLA* **74**: 503-510.

Lass, Roger（1999）"Introduction," *Cambridge History of English Language*, Vol. III. Cambridge: Cambridge University Press, 1-12.

Leith, Dick（1983）*A Social History of English*, London: Routledge and Kegan Paul.

McCrum, R. et al.（1986）*The Story of English*, London & Boston: Faber & Faber.

McIntosh, A., M.L. Samuels amd M. Benskin, with M. Laing and K. Williamson（1986）*A Linguistic Atlas of Late Mediaeval English*, Aberdeen: Aberdeen University Press.

Miller, Thomas（ed.）（1978）*The Old English Version of Bede's Ecclesiastical History of the English People*, Oxford: Oxford University Press.

Moore, S., S. B. Meech and H. Whitehall（1935）"Middle English Dialect Characteristics and Dialect Boundaries," *Essays and Studies in English Comparative Literature* **13**: 1-60, Ann Arbor: University of Michigan Publication, Language and Literature.

Oxford English Dictionary（OED）（1989²）Oxford: Oxford University Press.

Robertson, A. J.（ed.）（1939, 1956²）*Anglo-Saxon Charters*, Cambridge: Cambridge University

Press.

Romaine, Suzanne (1999) "Introduction," in Suzanne Romaine (ed.) *The Cambridge History of the English Language* Vol. IV, Cambridge: Cambridge University Press, 1-56.

Rothwell, W. (2001) "English and French in England after 1362," *English Studies* **6**: 539-559.

Strang, Barbara M. H. (1970) *A History of English*, London: Methuen.

Toon, Thomas E. (1983) *The Politics of Early Old English Sound Change*, New York: Academic Press.

Traugott, Elizabeth C. (1972) *A History of English Syntax*, New York: Holt, Rinehart and Winston.

Willinsky, John (1994) *Empire of Words: The Reign of the OED*, Princeton: Princeton University Press.

第3章 音　変　化

服 部 義 弘

キーワード：音変化，リズム構造，強化，弱化，音声的偏り，グリムの法則，ヴェルナーの法則，
中英語開音節長音化，大母音推移，上代特殊仮名遣，音便，四つ仮名

3.1　音変化総説

　本章では英語史および日本語史上に起こった主要な音変化を取り扱う．言語の歴史的
研究が始まって以来，音変化の問題は常にその中心的テーマであり，以後，多くの研究
が積み重ねられてきている．本章では，紙幅の関係で，両言語の音変化について網羅的
に，その詳細を論じることはできないが，両言語の音体系に大きな影響を与えたと思わ
れる重要な音変化を重点的に取り上げ，可能な限り，そのメカニズム，原因等を明らか
にしたい．論述は英語音韻史に重点を置くが，日本語音韻史についても，音変化史上重
要と思われるものはできる限り取り上げ，両言語の音変化を概観することにする．現
代英語・現代日本語に起こっている音変化については，将来の定着の可能性など不分明
な点も多いため，ここでは割愛する．

　以下，まず，音変化の全体像について概説したのち(3.1)，3.2で英語史上に起こった
各種音変化を，そして，3.3において日本語音韻史における基本問題を検討したうえで，
最後に3.4で，両言語に起こった重要な音変化に内在する相違点や共通点を明らかにし
たい．

3.1.1　音変化とは何か

　単なる音声上の変化現象は各個人の発話において日常的に頻繁に起こっている．しか
し，本章でいう**音変化**（sound change）とは，ある個人が発した，個々の音素を構成
するいずれかの異音が言語集団の他の成員によって模倣され，その模倣した個人の音韻
体系に変更が生じた場合をいう．すなわち，ここでは音変化を**音韻変化**（phonological
change）と同義に用い，単なるその場限りの**音声上の変化**（phonetic change）と区別
する．音変化のタイプとして，以下の三つをあげることができる．①**融合**（merger）：
複数の音素が対立を失い，一つの音素に合体すること．②**分裂**（split）：単一の音素が
二つ（以上）の音素に分裂すること．分裂はさらに二つのタイプに下位区分され，分裂
によって生じた結果音が他の音素と融合し，音素の総数に変化が生じないものを一次分
裂（primary split），分裂の結果，新たな音素が生じ，もともと異音であったものに対

立が生じる場合を二次分裂（secondary split）と称する．そして，③**推移**（shift）：ある分節音（母音・子音）がその音質を変化させた場合，音韻体系のひずみを回復すべく，別の分節音が連鎖的に音質を変えること．ここで，①と②は音韻体系全体の変化に関わるものであり，③は体系自体が変化するというより，当該言語のレキシコンを構成する各語の発音の再分布に関わるものである．

音変化の生じる原因として，次の二つが考えられる．①言語内的動機づけによるもの（endogenous or internal motivations）と②言語外的動機づけによるもの（exogenous or external motivations）である．前者は主として音声学的・音韻論的な要因によるもので，後者は他言語・他方言との接触，社会的・文化的状況などの社会言語学的な要因に基づくものである．多くの音変化は言語内的動機づけによって，かなりの程度に説明が可能であるが，音声学的・音韻論的な動機づけがあっても，必ず当の音変化が起こるとは限らない．なぜ，特定の時期に，特定の場所で当該の音変化が起こり，その他の時期・場所では起こらないのかという，いわゆる「**始動問題**」（'actuation problem', Weinreich et al. 1968）に答えるためには，社会言語学的な要因等を考慮に入れない限り解明の糸口は見出せない．

3.1.2　音変化のメカニズム

音変化の発端は実際の発話において生じる．もちろん，発話内で生じた音の変容がすべて音変化として確立するわけではないが，発端はあくまで実時間上の発話内で生じると考えられる．発話に際して，特定の形態・統語構造を持った語彙項目（の連鎖）が実際の発話において当該言語の**リズム構造**（rhythmic structure）に写像される．リズム構造その他の**音律**（prosody）特性は幼児の言語獲得において分節音より早く獲得されることが知られており，部分的には胎児の段階から獲得が始まるとされている．この事実からも明らかなように，リズム（および，その他の音律）構造は，一般に考えられている以上に，分節音体系と深く結びついており，われわれが発話する際には，特定のリズム構造に合わせて分節音連鎖を配置していると想定される．その際，**韻脚**（foot, 強勢音節から次の強勢音節の直前までを一まとめにした単位）や**音節**（syllable）などのリズム上の単位の知覚しやすさや分節音連鎖の調音の容易さを高めるような形で各種音韻過程が働く．多くの規則的音変化の要因は言語音の調音と知覚の要請によって動機づけられているといってよい．いうまでもなく，音声学的動機づけがあっても，その変化が確立するかどうかは，社会言語学的要因その他をも考慮に入れない限り，断定できないことは先にも述べた．

変化の言語外的要因は別として，多くの音変化の動機は調音・知覚に関わる音声学的なものであると考えられる．後に述べる連鎖的推移などの体系全体に及ぶ変化も，音体系に空白が生じた場合，その穴を埋めるために別の音が変化を開始するという説明がな

されるが，その場合も，変化してゆくそれぞれの音が特定の方向に変化しやすいという特性をそもそも持っていなければ，変化する可能性はないと思われる．体系上の空白は音変化の誘因にはなりうるが，最終的に変化が起こることを保証するものではない．

3.1.3　音変化の音声学的タイプ

　音変化はその音声学的特徴の点から二つのタイプに分類できる．**①強化**（fortition, strengthening）：知覚上の観点から聞き手が理解しやすいように，隣接する分節音との対立を強めたり，個々の分節音の際立った特性を強めることをいう．発話に際し，調音エネルギーの負荷を伴う．たとえば，異化（dissimilation），長母音化（vowel lengthening），二重母音化（diphthongization），音添加（addition），音節化（syllabification），無声化（devoicing），帯気音化（aspiration）などがこれに含まれる．一般的に，調音時の口腔内の狭窄をせばめる方向に向かうため，子音的特性を強めることになる．**②弱化**（lenition, weakening）：話し手による調音をより容易にすることをいう．強化に比べ，調音エネルギーは少なくて済む．同化（assimilation），短母音化（vowel shortening），単一母音化（monophthongization），非音節化（desyllabification），音消失（elision），摩擦音化（spirantization），たたき音化（tapping），非口音化（debuccalization），有声化（voicing），鼻音化（nasalization），無気音化（deaspiration），重複子音削除（degemination）などを含む．強化とは逆に，子音性を弱め，母音性を高めることになる．強化と弱化は前項で述べたリズム構造に合わせる形で生じるものと考えられる．

3.1.4　音変化の非対称性と音声的偏り

　次に音変化の方向性について概観する．たとえば，前舌母音の前の位置で軟口蓋音[k]が直後の前舌母音の影響で硬口蓋化して[ʧ]となるような音変化は言語史上頻繁に起こりうるが，その逆の方向，すなわち，同じ前舌母音の前という環境で，硬口蓋化音[ʧ]が[k]に変わるような音変化は知られていない．このような音変化の非対称性を Garrett and Johnson（2013）は**音声的偏り**（phonetic bias）と呼んでいる．音声的偏りは音声産出と知覚における四つの要因によって生じるとされる．すなわち，**①調音企画**（motor planning）：発話に先立って行われる脳内での調音運動企画．実際の発話において調音企画とは異なる音声が具現化されると，いわゆる「言い間違い」（speech error）が生じ，音変化の原因となりうる．**②空気力学的制約**（aerodynamic constraint）：声道内の気流が関与する調音の難易の差によって生じる制約．たとえば，閉鎖子音の調音時に有声化は困難だが，母音調音時には容易である，など．有声閉鎖音は無声化という音変化を生じやすい，といったことが説明される．また，摩擦音の調音には狭窄部分の十分な空気圧を必要とするが，それが不足すると摩擦音はわたり音（glide）になりやすい．たとえば，古英語（Old English：OE）後期の *lagu* [lɑɣʊ] 'law' の母音間の有声軟口蓋摩

擦音[ɣ]がわたり音化し，中英語（Middle English：ME）で *laue* [lɑwə]となったのはこの制約により説明される．③**調音動作機構**（gestural mechanics）：各調音器官間の相互作用によって起こるもので，二つのタイプに下位区分される．③a.調音動作重複（gestural overlap）：たとえば *hand grenade* において[-nd]の部分の舌頂による調音は後続の[g]の舌体による調音がかぶさることにより，背後に隠されてしまい，聴者には[hæŋ ɡɹəneɪd]のように聞こえてしまう．また，OE から ME にかけて起こった，円唇母音に後続する摩擦音[x]＞[f]の変化があるが（*cough, laugh, rough*），[x]から[f]への変化の途上に，円唇化した摩擦音[xʷ]の段階があったことが知られている．この音は円唇母音と[x]との調音動作重複により起こったものとされる．③b.調音動作融合（gestural blend）：一つの調音器官が同時に二つの調音を行うことをいう．たとえば *keep* の[k]は *cot* などの[k]と異なり，後続の前舌母音の影響で，やや硬口蓋化した軟口蓋音となる．④**知覚時の解析過程**（perceptual parsing）：音変化は知覚上の類似性によっても生じる．聴者による知覚時の聴き取りの混同により，聞き違いが生じた結果，それが一般化して音変化に至ることがある．聞き違いは両方向的・対称的に起こりうる（つまり，A を B と聞き違えれば，同様に B を A と聞き違えることも同程度に起こる）ように思われるかもしれないが，たとえば，英語の短母音（弛緩母音）の知覚実験で，当該母音より開口度の広い母音に聞き違える場合は多いが，その逆の事例はほとんどないことが知られている．現代英語（Present-day English：PDE）の各種変種にみられる[θ]から[f]への置換（たとえば，*think*[θɪŋk]＞[fɪŋk]）は知覚解析上の錯誤に端を発するものと考えられる．

3.2　英語における音変化

以下，英語の歴史上に起こった代表的な音変化について，時代を追ってみてゆくことにするが，まず，録音技術のない過去の発音の推定方法を整理しておく．古い時代の発音，いわゆる「古音価」を推定する資料としては，次のようなものが考えられる．

(1)a. 綴字：近代英語（Modern English：ModE）以前には綴字は原則として表音的であったため，過去の発音を推定する手がかりとなりうる．また，ModE 以降であっても，いまだ国語教育が一般に普及していない時代には，各個人の私信や日記の類いで発音通りに綴られたものがしばしば見出される．これらのいわゆる「**臨時綴字**」(occasional spelling) は音価推定の資料となりうる．

　　b. 詩の**韻律**（prosody）：詩人は詩作する際に，当時の発音を拠り所として頭韻や脚韻を用いるであろうから，それにより，韻を踏んでいる当該の語同士の発音の異同を確認することができる．また，詩の律格（meter）によって，そのリズム型から強勢位置を推定することも可能である．

c. **正音学者**（orthoepist）の言説：ModE 以降になると文法家や正音学者の手になる文法書や発音辞典が登場し，当時の発音を記述しているため，音価推定の手がかりを与えてくれる．

以上の資料に加え，さらに，音声学的根拠によって過去の音価を推定したり，卑語や方言音から類推したり，語族・語派を同じくする言語からの証拠を用いたりして古音価を推定することになる．もちろん，19 世紀末以降であれば，録音された音声の記録も利用可能となる．

3.2.1 英語史以前から古英語へ

まず，英語史以前の音変化の状況をみておこう．

ゲルマン語派に属する他の言語とともに OE は，一般に「**グリムの法則**（Grimm's Law）」として知られる第一次ゲルマン語子音推移（the First Germanic Consonant Shift）を受ける．ここで，「第一次」というのは，のちにゲルマン語派のうち，古高地ドイツ語（Old High German：OHG）のみに起こった変化があり，それを「第二次ゲルマン語子音推移」(the Second Germanic Consonant Shift) と呼ぶのに対して用いられたものである．グリムの法則は，ドイツの言語学者 Jacob Grimm（1785-1863）によって体系化された法則で，ゲルマン語派に属する言語と他の印欧語族の言語との間にみられる子音の規則的対応関係を明らかにしたものである．表 3.1 に，印欧祖語からゲルマン語への子音の発達関係を示す．

印欧祖語から発達したゲルマン語派以外の諸言語は，表 3.1 の左側の子音の発音をとどめたのに対し，ゲルマン諸語では対応する右側の子音へと発音が推移した．対応関係の一部を具体例によって示すと，表 3.2 のようになる．

しかし，グリムの法則には重大な例外が存在する．すなわち，ゲルマン語派の /f, θ, x/ は /s/ とともに，時に有声摩擦音[β, ð, ɣ, z]として具現化することがある．それはこれらの子音が語中にあって，その語の強勢がそれぞれの子音に先行する音節にない

表 3.1　グリムの法則（Fulk 2008. 音声記号一部改変）

	印欧祖語				→		ゲルマン語			
	唇音	歯音	軟口蓋音	唇軟口蓋音			唇音	歯音	軟口蓋音	唇軟口蓋音
無声閉鎖音	p	t	k	kʷ	→	無声摩擦音	f	þ[θ]	x	xʷ
有声閉鎖音	b	d	g	gʷ	→	無声閉鎖音	p	t	k	kʷ
有声帯気閉鎖音	bh	dh	gh	ghʷ	→	有声無気摩擦音 /閉鎖音	β/b	ð/d	ɣ/g	ɣʷ/gʷ

表3.2 グリムの法則によるゲルマン語と非ゲルマン語の対応（Smith 2015）

	Germanic examples	Non-Germanic examples
/f/ - /p/	English *fish*, Norwegian *fisk*	Latin *piscis*, French *poisson*, Welsh *pysg*
/θ/- /t/	English *three*, Icelandic *þrír*	Latin *trēs*, French *trois*
/h/- /k/	English *hound*, German *Hund*	Latin *canis*, Welsh *ci*, Tocharian *ku*

場合である．たとえば，ラテン語の *pater* と OE *fæder* を比較すると，語頭の /p-f/ の対応はグリムの法則で説明がつくが，語中の /t-d/ の対応はグリムの法則から予測される /t-θ/ にそむくものである．実は，これは印欧祖語本来の強勢規則により，ゲルマン語以前には，強勢は後の音節にきて**fapér* であったため，þ[θ]が有声化し，ゲルマン語で**fa[ð]ér* となり，のちに強勢移動により，**fá[ð]er* となって，西ゲルマン語にあった ð > d 規則を経て，OE *fæder* になったものと考えられる．この強勢位置による子音変化（「子音の直前に強勢がない場合，その子音は有声化される」）が，デンマークの言語学者 Karl Verner（1846-96）によって解明された**ヴェルナーの法則**（Verner's Law）である．

3.2.2 古英語の分節音体系

OE では分節音体系を構成する音素の目録が PDE とは異なっていた．以下，Smith (2009)，Fulk（2014）などにしたがって，OE の分節音体系を概観する（表3.3）．

まず，比較的資料の多く残るウェストサクソン方言における**単一母音**（monophthong）体系をみておく．以下は母音の長短が弁別的であったと仮定した場合の母音体系表である（二重母音については後述）．

音質が音素的対立に寄与していたかどうかについては確たる証拠がなく，議論の余地はあるが，ここでは通説に従い，長さによって対立していたと考えておく．たとえば，短母音の *god* 'god' と長母音を含む *gōd* 'good' では意味が異なる．また，母音体系は PDE では狭-狭中-広中-広の4段階を区別するが，OE では狭-中-広の3段階であった．さらに，PDE では前舌母音はすべて唇が横に開く**平唇**（spread lips）であり，奥舌母音は**円唇**（rounded lips）ないし**普通唇**（neutral lips）であるが，OE には前舌でありながら円唇性を持つ /y(ː)/ が存在していた．早い段階では前舌中母音の /ø(ː)/ もあっ

表3.3 OE 母音体系（ウェストサクソン方言）

	前舌	奥舌
狭	i(ː)　y(ː)	u(ː)
中	e(ː)	o(ː)
広	æ(ː)	ɑ(ː)

たようであるが，すぐに /e(:)/ に融合された．長母音と短母音は長さのみで対立し，PDE の *bit* /bɪt/ と *beat* /biːt/ にみられる音質の対立はまだなかったとしておく．長母音は一般に短母音に比べ，母音空間の周辺部・上方に向かう傾向があるため，長母音は狭い緊張母音，短母音は広い弛緩母音となるのが一般的である．英語史を通じてその傾向は続いていると思われるので，OE においても長母音・短母音には音質の差があると考えるのは十分納得のゆくものである．ただ，母音の緊張・弛緩による音質の差が弁別的になるのがいつごろであったかについては意見が分かれ，Lass（1992）のように16〜17世紀という遅い時期を設定するものから，Stockwell and Minkova（2002）のように OE 当初からであるとする立場までさまざまあり，最終的結論は得られていない．

　二重母音については，〈ea, eo, ie〉と綴られる3種があったとされる．当初は〈io〉も存在したが，のちに〈eo〉に統合される．〈ea, eo, ie〉の音価については諸説あり，実際に二重母音であったのか，などについて研究者間でさまざまな解釈がなされ，英語史上の謎の一つとされてきた．OE のウェストサクソン方言には〈ea, eo, ie〉と綴られる**長二重母音**（long diphthong）が存在し，*bēon* 'be', *brēost* 'breast', *lēaf* 'leaf' などの語に現れる．これらはゲルマン語から引き継がれた二重母音や，OE 期の各種二重母音化規則により派生されたものであるとする点で，多くの研究者の意見は一致している．長二重母音は音節の重さの点では2モーラの長さの**重音節**（heavy syllable）を構成するもので，音節量は，いわゆる長母音と等価とされる．これに対し，問題となるのは，「**短二重母音**（short diphthong）」と呼ばれる音の存在である．これらも長二重母音と同様に綴られるが，主として，直後に［-rC, -lC, -x］が後続するものである（*earm* 'arm', *healf* 'half', *nieht* 'night' など）．これらは，ゲルマン語の二重母音から発達したものではなく，後述する(3a)などの音変化により生じたものとされ，音節量は短母音と等価の1モーラの軽音節であると考えられる．しかしながら，問題は，このような短二重母音の存在は世界の言語ではきわめてまれであるという点である．そこで，短二重母音をどう解釈するかが問題となる．一つの手がかりは次のような事実である．当時，ウェストサクソン方言では，〈ea〉という綴りを持つ語と，〈æ〉という綴りを持つ語は異なって知覚されていた．たとえば短二重母音を持つとされる *earn* 'eagle' は，短母音を持つ *ærn* 'house' とは区別されて知覚されていたようである．ここでは，Smith（2009, 2015）にしたがって，次のように想定しておく．①いわゆる短二重母音は，軟口蓋子音（ここでは *earn* の /r/．/r/ は軟口蓋化していたと考えられる）の前という環境で，短母音のあとにわたり音が挿入されたもので，音節量は弱いわたり音も含めて1モーラとみなされる．② *earn* は［æᵊrn］に近く発音され，*ærn*［ærn］とは区別して知覚されていた．つまり，OE 期には音節量の点から，2モーラの長さを持つ長二重母音（長母音と等しい音節量）と，1モーラの長さの短二重母音（短母音と等価の音節量）が区別され，短二重母音と短母音とは，同じ音節量であるが，わたり音の有無によって知覚上区別されていたというこ

とになる. 長二重母音の音価については, ここでは〈ea, eo, ie〉がそれぞれ, [æu, eu, iu]に近いものであったと想定しておく. この三者はのちにそれぞれ第二要素が[ə]に移行し, [æə, eə, iə]となり, OE 末期には既存の長母音と融合し, [æ:, e:, i:]になったと推定される（Minkova and Stockwell 2008：29-30）. 一方, 短二重母音の音価は先の推定により, [æᵊ, eᵊ, iᵊ]のようなものであったと考えられる. 要するに, 長二重母音は, PDE に一般にみられる二重母音のことであり, 短二重母音は厳密には二重母音でなく, 短母音＋わたり音の連鎖ということになる. 長二重母音[æu]もしくは[æə]と, 短二重母音[æᵊ]との知覚上の差はごくわずかであるが, 識別可能であることが, 近年の音声学的実験の結果, 確認されている.

次に, OE の子音体系を示す（表3.4）.

OE の子音体系の特徴として以下をあげることができる.

(2)a. 摩擦音の無声／有声の音素的対立がない. 異音としては有声／無声とも存在する.

b. 音素としての /ŋ/ を持たない.

c. 音素 /x/ は異音として[x, h, ç]を持つ.

d. 長子音と短子音が音素として区別された：*mann* 'man' vs. *man* 'one（pronoun)'

表3.4 OE 子音体系（ウェストサクソン方言）

	唇音	唇歯音	歯音	歯茎音	後部歯茎音	硬口蓋音	軟口蓋音
閉鎖音	p, b			t, d			k, g
摩擦音		f	θ	s	ʃ		x
破擦音					tʃ, dʒ		
鼻音	m			n			
流音				r, l			
わたり音	w					j	

3.2.3 古英語から中英語への音変化

以下, OE に起こった主要な母音変化を列挙する.

(3)a. **割れ**（breaking）：有史以前の OE において生じた音変化で, ゲルマン祖語における前舌母音 /i, e, æ/ が /l, r/＋子音の前, あるいは /x/ の前でわたり音を生じた現象をいう. *eald* 'old'（OHG *alt*）, *eahta* 'eight'（OHG *ahto*）, *bearn* 'child'（OHG *barn*）など.

b. **アングロフリジア語明音化**（Anglo-Frisian Brightening または First Fronting）：/ɑ/＞/æ/：西ゲルマン語に属する OE と古フリジア語に起こった変化で, ゲルマン祖語の奥舌広母音 /ɑ/ が鼻子音以外の子音の前で前舌化（「明音化」）した現象をいう. *dæg* 'day', *glæd* 'glad'. ただし *land* は鼻子音の前であるため奥舌

のまま変化しなかった. 前述 *fæder* の /æ/ もこの結果音.

c. **/ɑ/ の復活**（restoration of /ɑ/）：アングロフリジア語明音化により前舌化した /æ/ が後続音節の奥舌母音の影響で再び奥舌化して /ɑ/ に戻る. *dagas* 'days', *gladost* 'most glad, gladdest'.

d. **I-ウムラウト**（I-Umlaut）または**前舌母音変異**（front mutation）：ゴート語を除くゲルマン語に起こった変化で, 一種の**母音調和**（vowel harmony）であって, 奥舌広母音が後続の無強勢音節の /i/ または /j/ の影響を受け, 前舌狭母音の特徴を受け継ぐ変化をいう. 影響を与えた当の前舌狭母音はのちに削除される. これにより, たとえば, ゲルマン祖語の *manniz* 'men' は OE で *menn* となる. その他, PDE の *foot-feet, goose-geese, mouse-mice, tooth-teeth* などの不規則複数や, *food-feed, full-fill, long-length* などの品詞交替, *old-elder-eldest* などの比較変化はいずれも I-ウムラウトの名残である.

e. **同器官的（連鎖）長音化**（homorganic(cluster)lengthening）：OE 期 8 世紀から 9 世紀頃に始まったとされる音変化で, 短母音（特に狭母音）のあとに鼻音ないしは流音が続き, さらにそのあとにそれと調音位置を同じくする（「同器官的」）有声子音が後続した場合, すなわち, /ld, rd, rl, rð, rn, rs, mb, nd, ŋg/ の前で当該の母音が長音化した過程をいう. たとえば, *cild* 'child' > *cīld*, *bunden* 'bound' > *būnden* など. ただし, 方言差などさまざまな理由で, この規則の適用環境にありながら長音化されない場合も多い. 当時, /ld/ などの同器官的子音連鎖は 2 モーラでなく, 単一モーラの長さを持つものとみなされるようになり, その結果, たとえば *cild* という一音節語のライム（*-ild* の部分）の尾子音は重音節ではなく, 軽音節を構成すると考えられるようになった. そこで 1 モーラ分の埋め合わせをするために, 母音が長音化されることになった. 同器官的子音連鎖が単一モーラとみなされることは, たとえば PDE において *handbag* が [hæmbæg] と発音される事例などから確認できる（この点については, 3.1.4 で述べた「調音動作重複」をも参照）. なお, 2 子音連鎖でなく 3 子音連鎖の前では長音化は起こらなかったため, *cild* の複数形 *cildru*（PDE の *child-children* の長短の対応を参照）や *hundred* では短音を保持した. 3 子音連鎖は複数モーラの重音節とみなされ, 長母音化による代償の必要はないとみなされたためと考えられる. また, 通例, 強勢を持たない機能語の *and* や *under* などにも長音化は起こらない. 同器官的長音化は, 韻脚の長さを一定に保とうとする, 韻脚拍リズム（foot-timed rhythm, いわゆる「強勢拍リズム」）を持つ英語の特徴の現れとみることができよう（Hogg 1992；Smith 2007 などを参照）.

f. **閉音節短音化**（closed syllable shortening）あるいは**子音連鎖前の短音化**（pre-consonantal shortening）：後期 OE から初期 ME にかけて生じ, 今日にもその

影響をとどめている変化で，歴史的には長母音であったものが，接尾辞付加により，閉音節とその後続音節との間に子音連鎖が生じた際に，当該の母音が短音化する過程をいう．ここでいう子音連鎖は上記の同器官的長音化の際にあげた連鎖とは異なるものである．PDE にみられる *keep-kept, mean-meant, lose-lost, deep-depth, steal-stealth, wise-wisdom, wide-width, five-fifth* などの各組の長短の差はこの過程によってもたらされた．通例は 2 子音連鎖の前で生じるが，*Christmas*（＜ Christ-mass）など 3 子音連鎖の前でも起こることがある．

g. **3 音節短音化**（trisyllabic shortening）：OE 末期から ME 期にかけて起こった変化で，長母音を含む音節に二つあるいはそれ以上の無強勢音節が後続した際に語の内部で起こる短母音化の過程をいう．PDE の *profound-profundity, divine-divinity, sane-sanity, serene-serenity, vine-vinegar, vain-vanity* などの母音の交替現象はこの過程により説明できる．ただ，*obese-obesity, code-codify* などのように短音化しない場合もある．

OE から PDE への子音変化の概要は以下のようにまとめられる．

(4) a. 長子音（二重子音）が単純化し，単一子音となる．*mann > man* など．

b. 有声摩擦音[v, ð, z]は OE まで位置的異音であったが，のちに無声摩擦音と対立する音素となる．PDE の *fine-vine, house*(n.)*-house* (v.), *thigh-thy* などの対立を参照．

c. [ɣ]，[x]，[ç]が消失ないし母音化された．

d. 音節末尾子音の[-r]が母音化された方言が現れる（現代標準イギリス英語など）．

e. [kn-]，[gn-]，[wr-]などの語頭で，また，[-mb]，[-ŋg]などの語末で，子音連鎖の単純化が起こり，語頭の左端，語末の右端の子音が消失する．たとえば，*knight, gnaw, write, climb, sing* など．

3.2.4　古英語から中英語への母音体系の変化

OE から ME への短母音および長母音の体系の発達を図示すれば図 3.1，3.2 のようになる（Minkova and Stockwell 2008 による．音声表記一部改変）．

その他，OE 後期から ME 初頭にかけて，新たな二重母音が登場する．すなわち，硬口蓋摩擦音がわたり音化したことにより，第一要素から第二要素へと前舌方向に移行する**前向き二重母音**（fronting diphthong）と，軟口蓋摩擦音から変わったわたり音を第

OE		ME		Examples		
i → y	u	ɪ	ʊ	OE[synn]		ME[sɪn] 'sin'
e	o	ɛ	ɔ			
æ	ɑ	→ æ/ɑ		OE[θæt]		ME[θæt/θɑt] 'that'

図 3.1　OE から ME への短母音の発達（囲みは融合を表す）

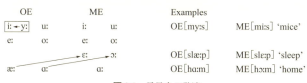

図 3.2 長母音の発達

二要素とし，奥舌方向に移行する**奥向き二重母音**（backing diphthong）の出現である（*dæi* 'day'，*þein* 'thegn, thane'，*grei* 'gray'，*greow* 'grew'，*cnāwan* 'know'，*Tewisdai* 'Tuesday' など）。

3.2.5 中英語から初期近代英語へ

ME 期を代表する音変化としてあげるべきは**中英語開音節長音化**（Middle English Open Syllable Lengthening：MEOSL）である．ME 期における最もよく知られた音量変化であって，13 世紀初頭から 14 世紀末にかけて起こったとされる．具体的には，2 音節語の強勢音節の短母音が開音節に生じ，後続音節の頭子音が一つのみのときに起こった長音化の過程をいう．ほとんどは語末が弱母音シュワー（schwa）で終わる 2 音節語における開音節の短母音が長音化するものである．はじめ広母音および中母音が長音化し，少し遅れて狭母音も同様の過程を辿った．表 3.5 に具体例を示す．

従来，MEOSL の過程は長音化とともに，広母音以外は下降化が同時に起こったとされてきた．しかし，これはもとの短母音が緊張母音（母音空間における，より周辺的な母音）の /i, u, e, o/ であったと想定したために一段階ずつの下降が起こったようにみえたのであって，もともと /ɪ, ʊ, ɛ, ɔ/ であったのなら，それぞれ /eː, oː, ɛː, ɔː/ となり，もとの短母音と変化後の長母音の音質は同じか，違ってもごくわずかである．Ladefoged and Maddieson（1996）も指摘するように，/ɪ, ʊ/ が長音化した[ɪː, ʊː]と，[eː, oː]との音響的差異はきわめて近似している．OE 末期以来，短母音の音価は[i, u, e, o]でなく，すでに母音空間の非周辺的で内寄りの[ɪ, ʊ, ɛ, ɔ]となっていたと考えれば，長／短母音の対応関係がすっきりと説明できるように思われる．このことを論拠として，ここでは，OE の短母音の音質がやや中央寄りの弛緩母音となり，それが弁別的な機能を持つよう

表 3.5 MEOSL（Minkova 2014．一部改変）

OE *talu* [tɑlə]	ME *tale* [tɑːl(ə)]	'tale'
OE *nosu* [nɔzə]	ME *nose* [nɔːz(ə)]	'nose'
OE *medu* [mɛdə]	ME *med(e)* [mɛːd(ə)]	'mead'
OE *wicu* [wɪkə]	ME *weke* [weːk(ə)]	'week'
OE *wudu* [wʊdə]	ME *wode* [woːd(ə)]	'wood'

になるのは，MEOSL の開始時期の少し前であったと仮定しておく．以降，英語では，母音の長短の差は予測可能な異音としての性格を持つものとなった．

MEOSL が起こった原因としては，①語末のシュワーの消失の代償と，②強勢音節が一般に重音節を好むという傾向があったことをあげることができる．①において，**代償長音化**（compensatory lengthening）の及ぶ領域は音節でなく，語全体であると Minkova and Stockwell（2008）は考えている．語内部の最終音節の弱母音が消失したために，その代償として先行する強勢音節の母音が重音節となると考えるわけである．しかし，すでに，3.1.2 でも論じたように，ある種の音変化は言語のリズム構造が誘因となって生ずるという本章の基本的主張からすると，代償長音化の適用領域は語というより，リズム構成上の基本単位たる韻脚であるとしたほうが適切であると思われる．上記の例にみられる *tale, nose, med(e)* 等の代償長音化適用前の領域は語であると同時に韻脚でもある．代償長音化は OE *niht*（< *nieht*）[nɪçt] が [ç] の消失の代償として，ME で *nīt* [niːt] となる場合のように音節内部で起こることもあるし，強勢音節とそれに続く弱音節のまとまり（すなわち，韻脚）を領域としても生ずると考えるわけである．

3.2.6　近代英語から現代英語へ

a.　近代英語の母音変化

ModE 期の音変化として逸することのできないのは，一般に，**大母音推移**（Great Vowel Shift，以下 GVS）という名称で知られる大規模な母音変化である．この変化の発端は ME 期にあるが，ModE 期に至って終息したとされていること，また，その影響が ModE 期のかなり遅い時期までみられることから，便宜上，ここで取り上げることにする．長年月にわたり研究者の中心的な研究テーマとなっている，英語史上最大の謎とされるものである．この変化は，強勢音節のすべての長母音が，前後の環境にかかわりなく変化した文脈自由の変化で，母音体系の構成要素に多大な影響を及ぼしたものである．すなわち，母音体系を構成する各母音のうち，非狭母音は母音空間を上昇し，最上段の狭母音は，それ以上上昇すれば母音空間からはずれてしまうため，二重母音化した，母音の大規模な推移現象である．議論を進めるに当たって，まず，ME 期から初期近代英語（Early Modern English：EModE）期を経て，PDE 期に至る変化の過程を，その変化を被った具体例とともに表 3.6 に示す．

これらの変化を俯瞰的に眺めて，この大規模な変化全体を 'Great Vowel Shift' と命名したのが，デンマークの言語学者 Otto Jespersen（1860-1943）である．Jespersen による GVS の全体像を概略的に示せば図 3.3 のようになる．

GVS を構成する各変化は同時に起こったわけではなく，上二段の変化（eː → iː，oː → uː，iː → əɪ，uː → əʊ）は下二段の変化に比べかなり早く，1400 年頃に始まり 1550 年頃までには完了していたと考えられる．一方，下二段の変化については，それから数十

3.2 英語における音変化

表 3.6 ME 長母音の発達経路（PDE の音価は GVS 以後の音変化も含めた発達形）

ME		EModE			PDE	語例
iː	→	əɪ	→	ʌɪ	aɪ	child, find, time, wife
eː	→	iː		→	iː, ɪi	feet, fiend, keep, see
ɛː	→	eː	→	eː	→ iː, ɪi	beat, meal, sea, wheat
				↘	eɪ	break, great, steak, yea
aː	→	æː	→	ɛː, eː	→ eɪ	day, face, name, take
ɔː	→	ɔː	→	oː	→ oʊ, əʊ	boat, home, nose, stone
oː	→	uː		→	uː, ʊu	fool, goose, moon, tooth
uː	→	əʊ	→	ʌʊ	→ aʊ	cow, house, loud, mouse

年遅れて開始され，1700 年代中頃まで変化の過程が継続していたとされる．上二段のうち，狭母音の二重母音化と狭中母音の上昇化のいずれが先に起こったかについては，意見が分かれ，Jespersen (1909) は，まず狭母音が二重母音化を開始し，次いでその結果生じた空白を埋めるべく，一段下の狭中母音が引き上げられたと主張した．これを**引き上げ連鎖説**（drag-chain theory）という．他方，オーストリアの Karl Luick (1865-1935) はその著書 (1914-1940) において，Jespersen とは逆に，狭中母音の上昇化が先に起こり，/iː/, /uː/ の位置まで高められたため，/iː/, /uː/ は新しい狭母音との融合を回避するため，いわばそれに押し上げられる形で二重母音化したとする説を提唱した．これを**押し上げ連鎖説**（push-chain theory）と称する．押し上げ連鎖説に関して，母音空間の最下段，すなわち広母音からの連鎖的押し上げを主張する論者が少なからずいるが，GVS に関する限りは，上述の上二段と下二段の時期的ずれからみて，最下段から連鎖推移が始まったと考えるのは無理である．また，GVS の開始時期についても意見が分かれており，近年では 13 世紀にまで遡らせることができ，しかも上二段の変化はほぼ同時に始まったとする論者もいる（Stenbrenden 2010, 2016 など）．ME /iː/, /uː/

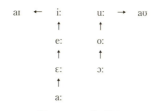

図 3.3 GVS 概略図

の EModE の音価についても，Lass（1999）は /əɪ/, /əʊ/ でなく，/ɛɪ/, /ɔʊ/ の可能性を強く主張し，第一要素の中舌化はさらにそのあとの時期であるとしている．

上記の上二段と下二段の変化の時間的隔たりを考慮すると，Jespersen の考えるような大規模な母音推移現象（図 3.3 参照）を想定することは，興味深いものではあるが，早計には受け入れがたいところがある．そこで次に，Minkova and Stockwell（2008）の GVS に対する考え方をみることにする．図 3.4 をみていただきたい．

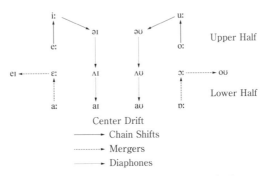

図 3.4 Minkova and Stockwell による GVS 改訂版

図 3.4 において，母音空間の上二段（Upper Half）の実線で示した変化のみが真の意味で連鎖的推移と呼べるものであると Minkova and Stockwell（2008）は主張する．それに対し，破線で示された下二段（Lower Half）の変化は融合（merger）の過程を表し，彼らが diaphone と称する，点線で示された部分は各種方言に分布する異音の変化を表し，それを Center Drift と呼んで，連鎖的推移とは別のものであると考えている．上二段の連鎖的推移は一定の順序に従って，融合することなく，いわば玉突きのように順次に変化するものである．これらの変化は 1550 年頃までには終息していたとされるのに対し，下二段の変化は 18 世紀まで継続的に起こっており，Center Drift については各種の方言で今日に至るも引き続き起こっているとされる．以上のことから，これら 3 種の変化を一括して GVS と称するのは，無理があるようにも思われる．どこからどこまでを GVS として一括できるのか，性急な判断は差し控えなければならない．

b. 近代英語の主な子音変化

次に，ModE 期の代表的な子音変化をまとめておこう．

(5) a. /j/ の前の位置で /s, z, t, d/ は硬口蓋音化し，一音に融合化した：/sj/ > /ʃ/：*mission, passion*；/zj/ > /ʒ/：*measure, occasion*；/tj/ > /tʃ/：*nature, mutual*；/dj/ > /dʒ/：*soldier, procedure*．同様の融合現象は PDE においては語境界を隔てて生じている：*this year*[-ʃ-], *as you know*[-ʒ-], *not yet*[-tʃ-], *did you*[-dʒ-]

など．PDE の例は具体的音声レベルの子音融合現象であって，音素の変更をもたらすものではない．

b. 3.2.1 で述べたヴェルナーの法則の英語版が 16 ～ 17 世紀に起こる：*obsérve, presúme, posséss* の下線部の有声性や，*lúxury-luxúrious* の[-kʃ-]と[-gʒ-]の対応はこれにより説明される．

c. /f, v, k, m/ の前で /l/ 音の消失が起こる：*half, halve, talk, calm* など．

その他，前述の(4d), (4e)の音節末の /r/ の消失や子音連鎖の単純化もこの時期に起こる．

3.2.7　英語強勢体系の変化

母音・子音の分節音に対して，音節構成，強勢，リズム，イントネーション，句切りなどを総称して音律という（本章では，prosody の訳語として，音韻論における超分節的特徴の総称という意味では「音律」を，詩の押韻や律格の総称の意味では「韻律」を用いて区別する）．以下，本項では英語の強勢体系の変化にしぼって考察する．

ゲルマン祖語において強勢は語の第一音節に置かれた．これが OE にも引き継がれることになり，英語の強勢規則も当初，語の左側から数えて，強勢位置を決定する**ゲルマン語強勢規則**（Germanic Stress Rule：GSR）にしたがっていた．GSR は語根の初頭音節に強勢を付与するものであるが，時に無強勢の接頭辞がその前に付加されることもある．この規則は語の長さにかかわらず適用される（*lágu* 'law', *lóppestre* 'lobster'）．接頭辞は通例無強勢となる（*ge-wríten* 'written', *wiþ-sácan* 'contend'）．ただし，ある種の接頭辞は，全体が複合語を形成するときには主強勢をもち，語根は第二強勢となる（*wíðer-sàca* 'adversary'）．複合語は主強勢＋第二強勢の型となる（*mánn-hàta* 'man-hater'）（以上 Lass 2006）．

英語はそののち，主としてフランス語やラテン語との接触を経て，語の右側から数えて強勢位置が決定される**ロマンス語強勢規則**（Romance Stress Rule：RSR）の影響を受けることとなる．したがってフランス借入語では語末に強勢が置かれるものが多い．また，RSR の大きな特徴は音節の重さ（長さ）が強勢付与に深く関わっているという点である．二つのタイプの規則は ME 期以来，競合関係にあるといってよい．RSR が適用される場合，語の右から数えて三つ目の音節に至るまでいっさい強勢が現れないということは通例，なく，ほとんどの場合，右から三つ目までの音節のいずれかに強勢が付与される．また，4音節以上の長さをもつ語には通例，二つの強勢がある（*ànthropólogy, ànthropológical*）．これは英語の韻脚拍リズムを保持するためであると考えられる．

句強勢規則と複合語強勢規則は，OE 期以来今日に至るまで，ほとんど変わっていないと考えられる．複合語については PDE 同様，原則として，複合語前項の第一音節に主強勢がくる．右側要素は第二強勢に格下げされる．この原則は PDE 以上に徹底して

おり，そのことは詩の韻律上の証拠などによって確認することができる．

また，派生語に関しては，ME以来，ロマンス系の接辞の借入により，語基の強勢位置を変更させる派生語形成が盛んになるが，OE期の本来語系の接辞が大多数を占める時代には，語基の強勢位置と派生語の強勢位置は変わらない．

3.3 日本語の音韻体系と音変化

以下，日本語史上に起こったさまざまな音変化を概観する．語族も異なり，文法の各部門にわたって，英語とは大いに異なる特徴を示す日本語であるが，音韻体系や歴史的音変化の型の点でもさまざまに異なる様相をみせることが予想される．

3.3.1 五十音図の歴史

まずは，現代語の五十音図をみることから始めてみよう．五十音図の各行をみてみると，他の行と異なり，ヤ行，ワ行には空欄が目立つ（表3.7）．ヤ行に関しては，イ段，エ段が欠けており，ワ行についてはイ，ウ，エの各段を欠いている．しかも，オ段のヲは文字としては存在するが，実際の発音はア行のオと同音である．

ひるがえって，平安時代の状況をみてみると，ヤ行の江[je]とワ行のヰ[wi]，ヱ[we]，ヲ[wo]が存在していたことがわかっている．なお，当時，ア行の[e]とヤ行の[je]とを区別する文字は用意されていなかったため，ここでは肥爪（2015）に従って，それぞれ，ア行は衣，ヤ行は江と表記しておく．当時，ヤ行イ段とワ行ウ段のみが空欄であった．論理上考えられる[ji]と[wu]という発音はPDEにも存在する音連鎖であるが，当時の日本語に存在していたかどうかは不明である．平安の人々が，今日の英語 east と yeast, ooze と woos の対立にみられる[i]と[ji]，[u]と[wu]とを発音し分け，聞き分けられたかは定かではない．少なくとも，表記上の区別は残っていない．ウ段が円唇の[u]であったか，非円唇の[ɯ]であったかについてもはっきりしない．また，五十音図各行のうち，ア行のみ頭子音がなく，母音のみの音節構成になっているが，古代語ではア行も頭子音（声門閉鎖音）を持つ，[ʔa], [ʔi], [ʔu], [ʔe], [ʔo]という構成であった可能性があるが，推論の域を出ない．

現代語と平安時代の五十音図とを見比べて，さらに気づくことは，ア行のイ[i]とワ

表3.7　ア，ヤ，ワ3行の変化（肥爪2015）

現　代		平安時代
アイウエオ	←	アイウ衣オ
ヤ○ユ○ヨ	←	ヤ○ユ江ヨ
ワ○○○○	←	ワヰ○ヱヲ

行のヰ[wi]が現代語ではア行のイ[i]に融合していることである. おそらく, 鎌倉時代初期には[i]に融合されていたと考えられる. また, ア行の衣[e]とヤ行の江[je]は10世紀中葉には[je]のほうに融合され, さらに鎌倉期にはワ行のヱ[we]をも取り込んで, すべて[je]に統一されたと考えられる. 現代語のように[e], あるいは[ʔe]となるのは江戸時代以降のことであると推定される. オ段のオ[o]とヲ[wo]は11世紀初頭頃, [wo]に融合されたらしく, 現代語のように[o]もしくは[ʔo]となるのは江戸時代以降のようである. このように数次にわたる融合作用を経て, 現在の五十音図にみられる体系ができあがったと考えられる.

3.3.2 上代特殊仮名遣と古代母音体系

『古事記』や『日本書紀』などの上代文献にはある種の文字の使い分けがなされていることが知られている. 現代人の視点からみれば, 「君」のキと「霧」のキは全く同じ発音であるが, 上代の文献では, これらには一貫して別の万葉仮名が用いられている. もちろん, この文字の使い分けはここにあげた2語だけに限られるのではなく, 多くの語群にこのような万葉仮名の使い分けがみられるのである. このことから, 上代語には平安時代以降には失われてしまった発音の区別があり, その区別を表すために別の万葉仮名が用いられていたことがわかる. このような発音の相違による文字の使い分けは「**上代特殊仮名遣**」と呼ばれ, 甲類, 乙類という名称で区別される慣例となっている. 万葉仮名の使い分けはキ, ギ, ケ, ゲ, コ, ゴ, ソ, ゾ, ト, ド, ノ, ヒ, ビ, ヘ, ベ, ミ, メ, ヨ, ロにみられ, 『古事記』にはモについても区別があったとされるが, 奈良時代にはすでに消滅しかかっていたようである. この2種類の文字の使い分けは平安時代以降には失われたが, 上代語の発音の違いを反映したものである. これらの2種類の音が音声学的・音韻論的にどのような音価を持つものであったかについては, 有坂 (1955) を始めとして, さまざまな論考があるが, ここでは詳細には立ち入らない (肥爪 2010, 2015；木田 2013；高山 2016 などを参照).

上代特殊仮名遣に関連して, ここで古代語の母音体系に触れておく. 当時の母音がいくつあったかについては諸説あるが, 主なものは以下の通りである.

(6) a. **8母音説**：ア・イ甲類・イ乙類・ウ・エ甲類・エ乙類・オ甲類・オ乙類からなる8母音であったとするもの.

b. **5母音説**：イ段, エ段の甲類・乙類の別は先行子音の硬口蓋性の有無によるものであり, また, オ段についても相補分布の関係にある異音であるとして, 甲・乙の音韻的相違はないとする5母音説.

c. **6母音説**：オ段の甲・乙の対立のみが音韻的対立であるとするア・イ・ウ・エ・オ甲類・乙類の6母音からなるとするもの.

d. **7母音説**：エ段乙類は複合母音であったとみなし, 母音体系を構成しないとす

るア・イ甲類・イ乙類・ウ・エ・オ甲類・オ乙類の7母音とするもの.

上記の4説のいずれが正しいか,あるいはさらに別の可能性があったのか,いまだに最終的結論には至っていないといえる.

3.3.3 音便の発達（撥音便，促音便，イ音便，ウ音便）と音節構造の変化

上代語には単一子音（C）と単一母音（V）とからなるCV音節のみが存在していたと考えられる.Vのみからなる音節も音節頭部に声門閉鎖音があったと仮定すれば[ʔa],[ʔi]などのCV音節とみなすことができる.平安時代に入り,**音便**（イ音便,ウ音便,撥音便,促音便）が発達することによって,CVV,CVCといった,2モーラからなる重音節が出現することになる.音便の発達による音節構造の改変は日本語音韻史における特筆すべき事件であるといってよい.以下に音節構造と各種音便の対応関係を示す.

(7)a. CVV音節 ①**イ音便**：書キテ→書イテ，ツキタチ（月立）→ツイタチ

②**ウ音便**：速ク→速ウ（ハヤウ）（のちに長母音化して「ハヨー」）

b. CVC音節 ③**撥音便**：摘ミタル→摘ムタル（摘ムダル），足リヌ→足ンヌ

平安時代には2種の撥音が区別されていた（m音便,n音便）.m音便はビ,ミ,へ,モなどから変化したもの,n音便はニ,リなどから変化した撥音である.この区別は鎌倉時代に入ると失われた.

④**促音便**：立チテ→立ッテ，ヨリテ→ヨッテ

3.3.4 ハ行子音の変化とハ行転呼

古代語のハ行子音が[p]であったことを示す直接的証拠は見出せないが,バ行子音[b]との無声・有声の対応関係から論理的に推定される.「はは（母）」は[papa]と発音されていたことになる.[p]は両唇摩擦音[ɸ]を経て,今日の[h]となったと考えられている.[ɸ]から[h]への変化は3.1.3で見た**非口音化**（声門より上の調音を失い,声門での調音となること）という弱化過程の一つである.[p]の両唇の閉鎖が緩み,いつの時点で両唇摩擦音[ɸ]となったかについては諸説あり,奈良時代8世紀とする説から平安時代初期あたりではないかとする説などあり,いまだ確定されていない.おそらく,平安時代後期には摩擦音化が完了していたものと推測される.室町末期のポルトガル人宣教師の日本語の記録では〈f〉と表記されている.もちろん,この表記が表す音が欧米系言語にみられる唇歯摩擦音[f]であったとは考えにくく,[ɸ]であったとするのが一般的である.[p]がかつて[ɸ]であった証拠として頻繁に引き合いに出される室町時代のなぞなぞ集『後奈良院御撰何曾』（1516）の「母には二たびあひたれども父には一度もあはず」(唇)を参照されたい.現代語のように[ha, çi, ɸu, he, ho]となるのは江戸時代以降である.

語頭以外の位置でも,ハ行はもと[ɸa][ɸi][ɸu][ɸe][ɸo]と発音されていたが,11世

紀に入った頃にワ行に合流して，[wa][wi][u][we][wo]と発音されるようになった．これを「ハ行転呼」と呼ぶ．たとえば，「ウヘ」は「ウエ」と発音されるようになったということである．これは，母音間で[ɸ]が有声音化し，さらに狭めが緩んで接近音に転じた弱化過程であると考えられる．ただし，母音間であっても複合語の後項冒頭のハ行音はワ行音化しない（「アサヒ」など）．ハ行転呼によってワ行音となったこれらの音も，前述したア行とワ行の融合により，[wa]を除いてア行音と同一になった．

3.3.5 サ行・タ行子音の変化と四つ仮名

サ行子音は一貫して摩擦音であったのか，あるいはもと破擦音であったのかはっきりしない．異音として摩擦音と破擦音の両形が併存していたのではないかと推測される．調音位置についても歯茎音[s]，[ts]と硬口蓋化した[ɕ]，[tɕ]の両方が存在した可能性がある．特にエ段音については室町時代末期には，[ɕe]，濁音についても[ze]（シェ，ジェに類する音）であった可能性が高い．

タ行子音は古くはすべて破裂音であり，イ段，ウ段についても[ti]，[tu]であった．[tɕi]，[tsu]への破擦音化は 15 〜 16 世紀前半の頃と推定される．対応する濁音は前鼻音化した破裂音[ⁿd]で，ヂ[ⁿdi]，ヅ[ⁿdu]も同時期に破擦音化して，[ⁿdʑi]，[ⁿdzu]となったものと思われる．これらの変化は音韻体系に影響を及ぼすものではない．破擦音化した[ⁿdʑi]，[ⁿdzu]は，さらに前鼻音が脱落した結果，ザ行のジ[zi]，ズ[zu]と音声的にきわめて近似したため，江戸時代以降は，ジとヂ，ズとヅの区別がなくなることになる．この四つの仮名文字，またはそれらが表す音を「**四つ仮名**」と呼ぶ．江戸時代には，「しじみ，ちぢみ，すずみ，つづみ」を代表とする四つ仮名の使い分けを論じた『蜆縮涼鼓集』(1695)が出版され，当時すでに四つ仮名の使い分けが相当混乱していたことがわかる（四つ仮名および『蜆縮涼鼓集』については高山 2014 に詳しい）．四つ仮名の混乱には，3.1.4で述べた知覚時の解析過程における混同が関与しているものと考えられる．

3.3.6 日本語アクセントの変遷

周知のとおり，日本語は高さアクセントの言語である．この点は英語が強勢アクセントを基本とする言語であることと対照的である．日本語では，高低の音節の組合せにより語のアクセント型が決定される．アクセント型は方言によって異なるが，英語の語強勢は，基本的には方言による差はほとんどみられない．この点も日本語と英語の大きな相違の一つである．

分節音同様，アクセントも時代とともに変化する．古い時代のアクセント体系は当時の各種文献によって知ることができる（詳しくは「第 1 章日本語史概観」を参照）．全体的な傾向としては，時代が下るにつれて，アクセント型の種類が減少してゆくことがわかっている．アクセントは語ごとに個別に変化するのでなく，何らかの型ごとにまと

まって変化する.

　平安時代末期の京都アクセントは今日と比べて，アクセント型も豊富で，きわめて複雑であったことが知られている．平安末期から現代に至る京都方言のアクセント型の変遷を表3.8に示す．表3.8において，[は声の上げ，[[は拍内上昇，] は声の下げ，]]は拍内下降，無印は低平を示す．

　日本語のアクセント機能については，語の識別機能を示す体系から徐々に，語のまとまりや境界を表示する機能を持つ体系へと変化したとされている．

表3.8　アクセントの変遷（肥爪2015）

語　例		平安末期	江戸初期	現代京都
一音節名詞	子・戸・柄・蚊など	[○	[○	[○
	名・葉・日・藻など	[○]]	[○]]	[○]]
	木・手・絵・火など	○	[[○	[[○
二音節名詞	庭・鳥・鼻・飴など	[○○	[○○	[○○
	橋・紙・歌・川など	[○]○	[○]○	[○]○
	山・髪・花・耳など	○○	[○]○	[○]○
	船・松・箸・糸など	○[○	○[○	○[○
	雨・猿・鶴・琴など	○[○]]	○[○]]	○[○]]

3.4　音変化の日英対照

　以上，英語と日本語の両言語について，主要な歴史的音変化を概観してきたが，両言語の音変化には，もちろん，多くの共通する特徴がある．たとえば，英語以前のゲルマン語に生じたグリムの法則に属する音変化の一つである，無声閉鎖音 /p/ が摩擦音化して /f/ となる過程と，日本語ハ行子音の古代語の発音 /p/ が両唇摩擦音 /ɸ/ となる変化は，いずれも調音器官の閉鎖が緩んで摩擦音化した弱化過程であり，この種の音声学的動機づけを持つ音変化は両言語の歴史上，かなりの頻度で起こっていると考えられる．しかし，それに劣らず，両言語には多くの相違点もみられる．たとえば，英語，およびその祖先語であるゲルマン語には，グリムの法則，GVS をはじめとする母音・子音の連鎖的推移現象が多く見出されるのに対して，日本語の音変化には目立った音推移過程がみつからないのである．また，英語には強勢音節内の分節音を強化する二重母音化や子音の帯気音化などの過程が多く，他方，無強勢音節の母音を弱化させ，母音の音質をシュワー系統の音価に変質させる過程がきわめて多い点も目立った特徴である．このような，強勢音節と無強勢音節に含まれる要素の音質の際立った差異化の現象は，日本語にはほとんどみられない．このような相違はどこからくるのであろうか．

　英語と日本語の言語上の相違点でとりわけ目立つのは，両言語のリズム構造の相違で

あろう．よく知られているように，世界の言語はそのリズムの観点から，それぞれの韻脚がほぼ等時間で発音される**韻脚拍リズム**（foot-timed rhythm）を持つ言語と，音節（あるいはモーラ）がほぼ等しい時間で発音される**音節拍**（あるいは**モーラ拍**）**リズム**（syllable-timed rhythm, mora-timed rhythm）を持つ言語とに二分（ないしは三分）されるといわれる．世界の言語はその歴史的過程を通じて，このリズムタイプのいずれかに属すと考えられ，ある一つの言語において，歴史上のいずれかの時点で，そのタイプが別のリズムタイプに変わるという事例はほとんど知られていない．もっとも，たとえば同じ韻脚拍リズムに属する言語でも，そのリズムが，韻脚拍リズム的特性を強く持つ時代と，その程度が弱まり，やや音節拍リズム寄りに近づく時代とが変容する，というようなことはありうるようである．上記のリズムの３類型は画然と三分されるものというより，一種の連続変異（cline）をなしているというべきかもしれない．リズムと音変化の関連という観点からみると，一般に韻脚拍リズムを持つ言語は音節拍（あるいはモーラ拍）リズムの言語に比べ，母音推移・連鎖的推移という音変化が起きやすいという事実が明らかになってきている．確かに，韻脚拍リズム言語である英語は，モーラ拍リズムの日本語と比べて，母音推移現象が圧倒的に多いといえる．さらに韻脚拍言語は二重母音化や母音弱化といった変化が多いこともわかっている．韻脚拍言語の特徴として，各韻脚の等時間隔性を保持しようとして，強勢音節は強く，長めに，無強勢音節は弱く，時間的にも短縮されて発音されるため，強勢母音は強化過程が働き，長母音化，上昇化，二重母音化の過程をたどることが多くなり，一方，無強勢母音は逆に弱化されてゆく，という筋道は十分納得のゆくものである．近年，GVS のような分節音の変化に関する事象を分節音体系内部の問題としてではなく，リズムなどの音律現象との関わりで分析しようとする研究が現れてきた．Ritt（2012）や Kaźmierski（2015）などがその代表的なものである．言語は本来，話されるものであり，言語変化の発端も話すという言語行為の中で生ずるものであると考えられる．話す際には必然的にリズムを伴うはずだから，その影響で分節音の発音に変化が生じるのは当然といえる．先に，英語では母音の音素的弁別性を，当初，OE 期では長短に担わせ，ME 期の始めあたりから，音質の差がその役目を果たすようになったことを述べたが，その原因は英語のリズム構造に帰せられるものと考えられる．つまり，韻脚拍リズムを基盤とする英語は，各韻脚をほぼ同程度の長さにする必要があるため，長さがリズムの調整役として重要な役割を果たす．そのため母音の弁別的特徴は音質（緊張・弛緩）に託し，長さの方はリズム調整のために弁別性から解放したと解釈することができる．

　英語と日本語における音声上の第２の相違点は，両言語のアクセント体系の差であろう．一般に，英語は強さ（強勢）アクセントの言語，日本語は高さ（ピッチ）アクセントの言語といわれる．英語をはじめとする強勢アクセントの言語では，強勢体系は英語の各種変種・方言間でほとんど変わらない．つまり，ある語の強勢位置が方言によって

異なるということは，少数の例外を除けば，ほとんどない．一方，日本語のような高さアクセントの言語では，各語のアクセント型は方言によって著しく異なるというのが実態である．この差がいかなる原因で生じるのかは判然としない．今後の研究が俟たれるところである．

🔍 文献案内

・沖森卓也編著（2010）『日本語史概説（日本語ライブラリー）』東京：朝倉書店．
　　文字史，語彙史，文法史，文体史，その他日本語史の全体像をわかりやすく解説した入門書．本章でも言及した肥爪周二「音韻史」の章を含む．

・高山倫明・木部暢子・松森晶子・早田輝洋・前田広幸（2016）『音韻史（シリーズ日本語史 1）』東京：岩波書店．
　　各種文献資料その他を手がかりとして音変化のメカニズムを探るべく，音声学，文献学，生成音韻論，最適性理論などさまざまな角度から音韻史を考察した論考を収める．

・Honeybone, Patrick and Joseph Salmons（eds.）(2015) *The Oxford Handbook of Historical Phonology*, Oxford: Oxford University Press.
　　オックスフォード大学出版の言語学ハンドブックシリーズの 1 冊．世界の著名な歴史音韻論研究者たちを結集して編まれた，音変化・音韻史に関わる多岐にわたる分野の現状を把握し，さまざまな問題を俯瞰できる，文字通りのハンドブック．当該分野の研究を志す者には必携の書．

・Minkova, Donka（2014）*A Historical Phonology of English*, Edinburgh: Edinburgh University Press.
　　次に紹介する Smith の著作と双璧をなす英語音韻史上の画期的著作．英語音変化・音韻史の分野で数多くの研究を発表してきた著者の，長年にわたる研究の集大成ともいうべき労作．豊富な資料に基づいて，英語音韻史研究の全体像を提示している．

・Smith, Jeremy J.（2007）*Sound Change and the History of English*, Oxford: Oxford University Press.
　　英語の音変化について，その原因やメカニズムを，言語内的な観点と，言語外の要因との双方を考慮に入れつつ考察した，近年の英語音韻史研究を代表する著作．Philologist である著者の面目躍如たるところが随所に垣間見える優れた論考．

📖 引用文献

有坂秀世（1955）『上代音韻攷』東京：三省堂．

木田章義（2013）「音韻史」木田章義（編）『国語史を学ぶ人のために』京都：世界思想社，99-141．

高山知明（2014）『日本語音韻史の動的諸相と蜆縮涼鼓集』東京：笠間書院．

引　用　文　献　　　　69

高山倫明（2016）「音韻史」高山倫明・木部暢子・松森晶子・早田輝洋・前田広幸『音韻史（シ
　　リーズ日本語史 1)』，東京：岩波書店，37-67.

肥爪周二（2010）「音韻史」沖森卓也（編著）『日本語史概説』東京：朝倉書店，9-28.

肥爪周二（2015）「日本語の音韻の変遷」月本雅幸（編）『日本語概説』東京：放送大学教育振
　　興会，38-50.

Fulk, R. D.（2008）"English as a Germanic Language," in Haruko Momma and Michael Matto
　　(eds.) *A Companion to the History of the English Language*, Chichester: Wiley-Blackwell,
　　142-150.

Fulk, R. D.（2014）*An Introductory Grammar of Old English with an Anthology of Readings*,
　　Tempe: Arizona Center for Medieval and Renaissance Studies.

Garrett, Andrew and Keith Johnson（2013）"Phonetic Bias in Sound Change," in Alan C. L.
　　Yu（ed.）*Origins of Sound Change: Approaches to Phonologization*, Oxford: Oxford Uni-
　　versity Press, 51-97.

Hogg, Richard M.（1992）*A Grammar of Old English I: Phonology*, Oxford: Blackwell.

Jespersen, Otto（1909）*A Modern English Grammar on historical principles, Part I*, Copenha-
　　gen: Munksgaard.

Kaźmierski, Kamil（2015）*Vowel-Shifting in the English Language: An Evolutionary Account*,
　　Berlin: Mouton de Gruyter.

Ladefoged, Peter and Ian Maddieson（1996）*The Sounds of the World's Languages*, Oxford:
　　Blackwell.

Lass, Roger（1992）"Phonology and Morphology," in Norman Blake（ed.）*The Cambridge His-
　　tory of the English Language, Volume II: 1066-1476*, Cambridge: Cambridge University
　　Press, 23-155.

Lass, Roger（1999）"Phonology and Morphology," in Roger Lass（ed.）*The Cambridge History
　　of the English Language, Volume III: 1476-1776*, Camridge: Cambridge University
　　Press, 56-186.

Lass, Roger（2006）"Phonology and Morphology," in Richard Hogg and David Denison（eds.）
　　A History of the English Language, Cambridge: Cambridge University Press, 43-108.

Luick, Karl（1914-1940）*Historische Grammatik der englischen Sprache*, 2 vols. , Oxford: Basil
　　Blackwell.

Minkova, Donka（2014）*A Historical Phonology of English*, Edinburgh: Edinburgh University
　　Press.

Minkova, Donka and Robert Stockwell（2008）"Phonology: Segmental Histories," in Haruko
　　Momma and Michael Matto（eds.）*A Companion to the History of the English Language*,
　　Chichester: Wiley-Blackwell, 29-42.

Ritt, Nikolaus（2012）"How to Weaken One's Consonants, Strengthen One's Vowels and Re-
　　main English at the Same Time," in David Denison, Ricardo Bermúdez-Otero, Chris Mc-
　　Cully and Emma Moore（eds.）*Analysing Older English*, Cambridge: Cambridge Univer-

sity Press, 213-231.

Smith, Jeremy J. (2007) *Sound Change and the History of English*, Oxford: Oxford University Press.

Smith, Jeremy J. (2009) *Old English: A Linguistic Introduction*, Cambridge: Cambridge University press.

Smith, Jeremy J. (2015) "The Historical Evolution of English Pronunciation," in Marnie Reed and John M. Levis (eds.) *The Handbook of English Pronunciation*, Chichester: Wiley Blackwell, 3-18.

Stenbrenden, Gjertrud Flermoen (2010) *The Chronology and Regional Spread of Long-Vowel Changes in English, c. 1150-1500*, Doctoral dissertation, Oslo: University of Oslo.

Stenbrenden, Gjertrud Flermoen (2016) *Long-Vowel Shifts in English, c. 1150-1700: Evidence from Spelling*, Cambridge: Cambridge University Press.

Stockwell, Robert and Donka Minkova (2002) "Interpreting the Old and Middle English Close Vowels," *Language Sciences* **24**: 447-457.

Weinreich, Uriel, William Labov and Marvin Herzog (1968) "Empirical Foundations for a Theory of Language Change," in Winfred Lehmann and Yakov Malkiel (eds.) *Directions for Historical Linguistics: A Symposium*, Austin: University of Texas Press, 95-195.

第4章 韻律論の歴史

岡崎正男

キーワード：韻律の鋳型，詩脚，詩行，頭韻，脚韻，短歌，長歌，俳句

　本章では，詩形の変遷を概観する．リズム，押韻，詩行構造，詩形の種類という視点から，英語の詩形と日本語の詩形の約1500年間の変遷を記述する．詩形の変遷の言語構造に関連する側面を記述するため，文化的要因には触れない．4.1から4.6は英語の詩形の変遷を，4.7から4.11は日本語の詩形の変遷を，それぞれ扱う．

4.1　英詩の形式の変遷

　英語では，古英語以来約1500年間にさまざまな詩形が出現し，リズム，押韻方法，詩行構造，詩形の種類に大きな変化が生じた．その変化をまとめると，(1)のようになる．

(1) a. リズム：強弱から弱強へ

　　b. 押韻：頭韻から脚韻へ

　　c. 詩行構造：不定の長さ（音節数）から定まった長さ（音節数）へ

　　d. 種類：単一の形式から多様な形式へ

(1a)〜(1d)の変化は，古英語から中英語にかけて生じた音韻変化が主たる要因となり生じた．また，古英語の詩形と中英語以降の詩形の間に継続性はないという特殊な事情もある．以下，(1a)〜(1d)について，詩形の種類ごとに時代を追って，具体的に記述する．

4.2　古英語頭韻詩と中英語頭韻詩の形式

　古英語期（〜11世紀）には，ゲルマン民族特有の頭韻詩が唯一の詩形だった．古英語頭韻詩の形式については，いままでに(2a)〜(2d)の特徴が明らかになっている．

(2) a. 1行（長行，long-line）は，二つの半行（half-line）から構成されている．

　　b. 半行の音節数は3音節以上だが，一定していない．

　　c. 頭韻する分節音は，第1半行（前半）に最大二つ，第2半行（後半）に一つ．

　　d. 半行中で頭韻する分節音を含む音節が強音部となり，強弱の韻律が実現される．

　(2)の特徴を確認するため，古英詩 *Beowulf* の冒頭の11行を現代英語散文訳とともに示す．

72　　　　　　　第4章　韻律論の歴史

(3) HWÆT, WĒ GĀR-DEna　　in gēardagum,　　　1

　　þēodcyninga　　　þrym gefrūnon,　　　　　　2

　　hū ðā æþelingas　　ellen fremedon!　　　　　3

　　Oft Scyld Scēfing　　Sceaþena þrēatum,　　　4

　　monegum mǣgþum　　meodosetla oftēah,　　 5

　　egsode eorlas,　　　syððan ǣrest wearð　　　6

　　fēasceaft funden;　hē þæs frōfre gebād,　　　7

　　wēox under wolcnum　weorðmyndum þāh,　　 8

　　oð þæt him ǣghwylc　ymbsittendra　　　　　9

　　ofer hronrāde　hȳran scolde,　　　　　　　　10

　　gomban gyldan;　　þæt wæs gōd cyning!　　　11　　　　　(Klaeber 1950：1)

'Lo! The glory of the kings of the people in Spear-Danes in

days of old we have heard tell, how those princes did deeds

of valour. Oft Scyld Scefing robbed the hosts of foemen,

many peoples, of seats where they drank their mead, laid

fear upon men, he who first was found forlorn; comfort for

that he lived to know, mighty grew under heaven, throve in

honour, until all that dwelt nigh about, over the sea where the

whale rides, must hearken to him and yield him tribute –

a good king was he!'　　　　　　　（現代英語（散文）訳：Tolkien 2014：13）

　まず(2a)の特徴は，詩行の中間に空白があることで確認できる．空白の左右のテクス
トが半行である．ただし，半行の認定には，テクスト編者の解釈が加わる．

　(2b)の特徴は，半行の長さのばらつきにより確認できる．4音節，5音節，6音節の
半行がある．2行は前半後半とも4音節だが，3行は前半6音節で後半5音節，5行は
前半5音節で後半6音節，という具合である．ただし，4音節半行の出現率が最も高い．

　(2c)の特徴は，行中における同じ子音の繰り返しで確認できる．たとえば，2行[θ]
(þēodcyninga：þrym)，4行[sk](Scyld：Scēfing：Sceaþena)，8行[w](wēox：
wolcnum：weorðmyndum) など．違う子音同士の頭韻もあり，具体例は1行（[ɣ]
GĀR-DEna：[j]gēardagum) と11行（[ɣ]gomban：[j]gyldan：[ɣ]gōd) である．語
頭の子音字 〈sc-〉 と 〈g-〉 の発音には諸説あるが，Minkova（2003：130)（〈sc-〉) と
Minkova（2003：115, 119)（〈g-〉) の推定に従う．また，母音同士の頭韻と解釈される
行（3行，9行）もあるが，違う母音同士を合わせている．

　なお，頭韻は同じ子音の単なる繰り返しではない．内容語（名詞，形容詞，動詞，副
詞）が頭韻語になる優先順位が高く，機能語（代名詞，助動詞，前置詞，接続詞）は優
先順位が低い．特に第1半行ではその優先順位が厳格に守られる（Sievers 1893；藤原

1990）.

　最後に，(2d)の特徴を 10 行（[h]の頭韻）で確認する．この行の韻律構造は(4)になる．

(4) <u>W</u>　S <u>W</u>　　<u>S W</u>　　　　

　　ofer <u>h</u>ronrāde　<u>hȳ</u>ran scolde,

頭韻する子音を含む音節（hron- と hȳ-）が強音部 S となり，それ以外の部分は語構造
や統語構造とは無関係に，全体が相対的に弱音部 W となる．

　以上の特徴を勘案すれば，古英語頭韻詩の詩行の鋳型は(5)のように表示できる．

(5)　　　　　　S　(S)　　　　　　S

　　[_{Line} [_{Half-Line} ...σ... (σ) ...] [_{Half-Line} ...σ...]]

　　(S ＝強音部；σ ＝頭韻する分節音を含む音節；（　）は随意要素を示す；… ＝音節
　　数不定の弱音部)　　　　　　　　　　　　　　　　　　　　　　　　　（岡崎 2014）

1066 年のノルマン人の征服（Norman Conquest）以後，頭韻詩は西イングランドな
ど一部の地域で作られていた（松浪 1977：167）ものの，徐々に脚韻詩に取って代わら
れた．後期中英語期（14 世紀〜 15 世紀）に一時的に盛んに作られた時期（**頭韻詩の復
興**(alliterative revival)）があるが，詩形は古英語頭韻詩と違っている．中英語頭韻詩
の詩形の特徴は(6)のようにまとめられる（岡崎 2014：13）．

(6)a. 音節数不定の長行が基本単位（の可能性が高い）．

　　b. 頭韻する子音を含む語が 1 行に最小で二つ，最大で四つ．三つの場合が多い．

　　c. 頭韻詩ごとに個々の独自の詩形がある．

(6)の特徴を確かめるために，中英語頭韻詩の代表作である *Sir Gawain and the Green
Knight*（*SGGK*）の 1290 行から 1293 行（1313 行まで続く頭韻詩行の一部）の構造を
考える．

(7)Þenne ho gef him god day, and wyth a glent laȝed　　　1290

　　And as ho stod, ho stonyed hym wyth ful stor wordez:　　1291

　　'Now he þat spedez vche spech þis disport ȝelde yow!　　1292

　　Bot þat ȝe be Gawan, hit gotz I mynde.'　　　　　　　　1293

　　　　　　　　　　　　　　　　　　　　（Tolkien and Gordon 1967：36）

　　"The lady gave him good-day, then laughed and looked sly,

　　And as she stood she surprised him with stern words:

　　'May He who speeds our speech pay you well for my pleasure;

　　But as for your being the brilliant Sir Gawain — I wonder.'"

　　　　　　　　　　　　　　　　　　　　（現代英語訳：Gardner 1965：275）

　まず(6a)の特徴は，詩行の分かち書きがないことで確認できる．中英語頭韻詩テクス
トでは，詩行の分かち書きをしない．写本にも分かち書きをすべき証拠はない（藤原
1990：364）．中英語頭韻詩に半行を認める研究者も多いが，ここでは長行を基本単位と

する.

(6b)の特徴は, 古英詩と同様, 行中の同じ子音の繰返しで確認できる. 引用部分では, 頭韻語が三つの行 (1290, 1291) と二つの行 (1292, 1293) がある. それぞれ, [g](gef: god∶glent), [st](stod∶stonyed∶stor), [sp](spedez∶spech), [g](Gawan∶gotz) の頭韻である.

(6c)の特徴は, 形式に多様性がない古英語頭韻詩との大きな違いである. たとえば, *SGGK* には, 「不定行数の頭韻詩行 + **ボブ・ウィール連** (bob-wheel stanza)」という独自の構造がある. ボブ・ウィール連は5行の脚韻詩行で, ボブ (1行) は1強勢, それに続くウィール (4行) は3強勢で, 脚韻型は ababa である (Tolkien and Gordon 1967∶152). (8)に, (7)で一部を引用した頭韻詩行に続くボブ・ウィール連をあげる (*SGGK*, 1314-1318). 1314行がボブで, 1315行〜1318行がウィールである. (8)では, 1314行末, 1316行末, 1318行末 (gáme∶dáme∶sáme) と 1315行末, 1317行末 (fónge∶ ʒónge) が, それぞれ, 脚韻している.

(8)   with gáme.   1314   'With pleasure.

        Watz neuer fréke fáyrer fónge.   1315   There never was a knight more bold

        Bitwene twó so dýngne dáme,   1316   Between two ladies more clever,

        Þe álder ánd þe ʒónge;   1317   The young one and the old,

        Much sólace sét þay sáme.   1318   And great was their joy together.'

        (Tolkien and Gordon 1967∶36-37)(現代英語訳∶Gardner 1965∶275)

他の中英語頭韻詩にも詩ごとに独自の形式があり, 長行と頭韻を除き全体で統一感はない.

以上の記述をもとに, 中英語頭韻詩の韻律構造を1291行で例示する.

(9)<u>W</u>_____   S   <u>W</u> S <u>W</u>_____   S   <u>W</u>___

        And as he **st**od, ho **st**onyed hym wyth ful **st**or wordez:

頭韻する分節音を含む語が強音部 S を, その他はまとまって弱音部 W を, それぞれ構成し, 全体で強弱のリズムが具現される (行頭弱音部は付加的なものと解釈される). この解釈が妥当なら, 中英語頭韻詩の詩行の鋳型は, (10)に示す単純なものである.

(10)   S   S   (S)   (S)

      $[_{\text{Line}} \dots \sigma \dots \sigma \dots (\sigma) \dots (\sigma) \dots]$

      (S = 強音部;σ = 頭韻する分節音を含む音節;(　) は随意要素を示す;… = 音節数不定の弱音部)

4.3　中英語期のさまざまな脚韻詩の形式

1066年のノルマン人の征服以後, 英語自体の変化とともに新しい詩形が登場したが,

4.3 中英語期のさまざまな脚韻詩の形式　　　　75

それは12世紀以降である（松浪 1977：160）．中英語期に登場した詩形（松浪 1977：164-176）を(11)にあげるが，それらはフランスから「輸入された」弱強格の**詩脚**（foot）を基礎とする脚韻詩で，ゲルマン的要素は皆無である（(WS) = 詩脚；S = 脚韻する音節）．

(11) a. 8詩脚の脚韻付連句：1行16音節，弱強8詩脚．2行1組．第4詩脚のあとに**行中休止**（caesura）．半行末で脚韻．

　(WS)(WS)(WS)(W<u>S</u>)　(WS)(WS)(WS)(W<u>S</u>)

b. **アレグザンダー詩行**（Alexandrine）：1行12音節．弱強6詩脚．行末で脚韻．

　(WS)(WS)(WS)(WS)(WS)(W<u>S</u>)

c. **弱強5歩格**（iambic pentameter）：1行10音節．弱強5詩脚．行末で脚韻．

　(WS)(WS)(WS)(WS)(W<u>S</u>)

d. **弱強4歩格**（iambic tetrameter）：1行8音節．弱強4詩脚．8脚詩半行が独立．

e. **弱強3歩格**（iambic trimeter）：1行6音節．弱強3詩脚．アレグザンダー詩行を二分割したもの．

f. **連**（stanza）：複数行からなる詩行の意味上のまとまり．

g. **2行連**（couplet）：2行から構成される詩行の意味上のまとまり．

h. **尾韻**（tail rhyme）：6行1組で脚韻型が aabccb の詩．ラテン語の讃美歌から．

i. **帝王韻**（rhyme royal）：7行連の弱強5歩格の詩で，脚韻型が abcbbcc．

j. **ボブ・ウィール連**（bob-wheel stanza）：4.2節を参照．

k. **バラッド律**（ballad meter）：**4行連**（quatrain）が基本の詩形．弱強4歩格と弱強3歩格の2行連二つから構成される．3歩格詩行の行末が脚韻．

(11)に共通する特徴を抽出すると，(12)のようになる．

(12) a. 詩脚は2音節で弱強．詩行中で繰り返しがある．　b. 押韻の方法は脚韻．

これらの特徴を，13世紀後半に作られたといわれている *The Owl and the Nightin-gale* で確認する．(13)に，冒頭の4行を強勢表示と韻律解釈とともに示す（<u>V</u> = 韻律に関与しない共鳴音直前の弱母音；<u>VV</u> = 韻律上1母音と解釈される弱母音の連鎖）．

(13) Ich wás in óne súmmer<u>e</u> dále;　　1　'I was in a summery valley,

　　In óne súþe dí<u>з</u>ere hále　　　　　2　In a very secluded nook;

　　Ihérd<u>e</u> <u>i</u>ch hólde gréte tále　　　3　I heard holding sharp debate

　　An Húl<u>e</u> <u>a</u>nd óne Níзtingále.　　 4　An owl and a nightingale.'

　　　　　　(Stanley 1972：49)　　　　　　　　(現代英語訳：中尾 1972：507)

(13)から，この詩は弱強の詩脚が1行で4回繰り返される弱強4歩格の詩であると分析できる．また，脚韻は2行ごとで，1-2[aːlə]（dále：hále），3-4[aːlə]（tále：níзtingále）である．

4.4 近代英語期以降の脚韻詩

中英語期が終わり，近代英語期（16世紀〜）に入ると，現代までさらに多くの詩形が出現した．Finch and Varnes eds. (2002：15-104) によれば，近代英語期以降，弱強格だけではなく，**弱弱強格**（anapestic meter），**強弱格**（trochaic meter），**強弱弱格**（dactylic meter），**自由詩**（free verse）など少なくとも11種類の詩形が出現した．しかし，すべてが同列ではなく，弱強格が中心的な存在である．Ridland (2002：41) は，"... iambic meter fits the language［＝English］better than any other accentual-syllabic meter." （弱強格は最も英語と相性がよい）と述べている．そして，弱強格の中でも弱強5歩格が中心にある．松浪（1977：166）は，「…結局のところ，弱強や5歩格というのは，英語ではもっとも安定した詩形であったと言ってよかろう．というのも他の長い詩形（8歩格や6歩格のこと：岡崎注）は，さらに分割されて短い詩形が生み出されるようになったからである」と述べている．弱強5歩格の安定性は，16世紀に登場した**無韻詩**（blank verse）に利用され，さらに弱強5歩格無韻詩の形式で劇も作られている事実からもわかる．

さらに，近代英語期以降の弱強五歩格の形式には，(11c)に加えて，(14)の特徴がある．

(14) 詩脚と実際のリズムの間に**不一致**（mismatch）がある．詩脚のW位置に強勢音節が配置される不一致型には規則性があり，統語構造をもとに一般化できる．

(14)の特徴を，Shakespeare のソネット（sonnet）60で確認する．Shakespeare のソネットは，弱強5歩格「4行連×3+2行」という構成で，ababcdcdefefgg の脚韻型を示す．(15)にソネット60を語強勢，脚韻，(14)の不一致型の例（下線）とともに示す．脚韻の発音は，便宜上，現代英語の発音を示す．

(15) Like as the wáves <u>máke</u> towards the pébbled shóre　　1　[ɔː]　　a

So dó our mínutes hásten to their énd;　　2　[end]　　b

Each chánging pláce with thát which góes befóre,　　3　[ɔː]　　a

In séquent tóil all fórwards dó conténd.　　4　[end]　　b

Natívity, once in the máin of líght,　　5　[aɪt]　　c

<u>Cráwls to</u> matúrity, wherewith béing crówn'd,　　6　[aʊnd]　　d

<u>Cróoked</u> eclípses 'gainst his glóry fight,　　7　[aɪt]　　c

And Tíme that gáve, doth nów his gíft confóund.　　8　[aʊnd]　　d

Tíme doth transfíx the flóurish sét on yóuth,　　9　[uːθ]　　e

And délves the párallels in béauty's brów;　　10　[aʊ]　　f

<u>Féeds on</u> the rárities of náture's trúth,　　11　[uːθ]　　e

And nóthing stánds but for his scýthe to mów:　　12　[aʊ]　　f

4.4 近代英語期以降の脚韻詩　　　　　　　77

And yét, to tímes in hópe, my vérse shall stand　　　13　　[ænd]　　g

Práising Thy yóuth, despíte his crúel hánd.　　　14　　[ænd]　　g

(15)では，(14)の不一致が五つある．単音節内容語の不一致が一つ（1行），行頭の詩脚位置に [WORD σsσw] または [WORD σs] σw がある例が四つ（6行，7行，11行，14行）ある．

詩脚と実際のリズムの不一致は，近代英語期以降の英詩の最大の特徴で，その不一致の研究こそ，近代英語期以降の英詩韻律研究そのものであるといってよい．(14)の不一致型は，脚韻詩無韻詩を問わず生じるが，いままで主に研究されてきたのは(16)の型である．

(16) a. (W S)⇔[XP (...) [X σs]] σ　　　b. (W S)⇔[XP [X σs] σw ...]

　　　c. (W S)⇔[WORD σs σw]

(16a)は，名詞句右端で句強勢がある名詞(17)と単独で句強勢を担う二次述語の形容詞(18)が典型例である．この型は，強勢の不一致に加え，詩脚境界と統語境界の不一致（詩脚左境界と統語句右境界）もあり，見かけより複雑な不一致型である．

(17) (W S)　　(W S)　　(W　S)(WS)　(W S)

　　And as [NP the bright [N sún]] glorifies the sky,

　　　　　　　　　　　　　　　　　(Shakespeare, *Venus and Adonis* 485)

(18) (W S)(W　S)　　　　(W　　S) (W S) (W S)

　　And see thy blood [AP [A wárm]] when thou feelst it cold

　　　　　　　　　　　　　　　　　(Shakespeare, *Sonnet* 2.13)

(16b)は，動詞句左端の動詞が代名詞目的語や前置詞に先行する場合が典型例である．

(19)　(W S)　　(W　　S) (W S) (W　　S)　(WS)　　φ

　　Thou dost [VP [V lóve] her], because thou knowst I love her

　　　　　　　　　　　　　　　　　(Shakespeare, *Sonnet* 42.6)

(16c)には下位類が四つある．一つは行頭の場合(20)で，あらゆる詩人が利用する典型的な不一致型である．他の下位類は，行中の統語句左端(21)，行中の統語句中間(22)，そして統語句右端(23)に生起するが，その分布は詩人ごとの差が大きい．

(20)　(W S)　(WS)(W　　S) (WS)(W　　S)

　　[V Máking] a famine where abundance lies,　　(Shakespeare, *Sonnet* 1.7)

(21) (W S)　　(W S)　　　(W S)　(W S)(W　　S)

　　Of Eve, whose Eye [VP [V dárted] contagious Fire]

　　　　　　　　　　　　　　　　　(Milton, *Paradise Lost* IX, 1036)

(22)　(WS)(W　　S)(W　　　S) (W S)　　(W S)

　　Created thee in [NP the [N ímage] of God]　　(Milton, *Paradise Lost* VII, 527)

(23) (W　　S) (W　　　S) (W　　　　S)　(W　S)　　(W　S)

　　　The dove sleeps fast that [NP this [N níght-òwl]] will catch,

　　　　　　　　　　　　(Shakespeare, *The Rape of Lucrece* 360)

付言すれば，例外的とされ，ほとんど研究されていない不一致型もある．それは，鋳型の SW に弱強の 2 音節語が配置される... S) (W...⇔ [WORD σwσs] という型である．この不一致型は，初期近代英語期に Donne などが利用し，後期近代英語期以降は Dickinson や Frost などが利用しているが，少数派である．具体例を (24) に示す．

(24) a. (W　　S) (W　　　S)　(WS) (W　S)　(WS)

　　　Weake [Adv enóugh], now into our world to come (Donne, *La Corona* III. 4)

　　b. (W　　S) (W　　　S) (WS) (W　S)

　　　Could [V behóld] so far a Creature –　　　　　(Dickinson, 762.27)

　　c. (W　S) (W　　S) (W　S) (W S)　(W　S)

　　　If [N desígn]　govern in a thing so small　　　　(Frost, *Design* 14)

4.5　無韻詩と自由詩における句またがり

近代英語期以降の詩行構造の際立った特徴として，「**句またがり**」(enjambment) がある．句またがりは，詩行末が統語節末に対応しない現象で，行末が統語節末に対応する「**行末終止行**」(end-stopped line) と対比される．特に 16 世紀に登場した**無韻詩** (blank verse) と主に 20 世紀以降に登場した**自由詩** (free verse) で多用されるが，脚韻詩でも利用される場合がある．

無韻詩の代表作の一つである Milton の *Paradise Lost* の冒頭の 16 行では 10 行に句またがりがある．その 10 例では，行末に名詞句の主要部 (25)，従属節の主語名詞句 (26)，動詞 (27)，および主語・副詞の連鎖 (28) が配置されている (‖ ＝ 行境界)．

(25) [NP the fruit‖ [PP of that forbidden tree]]]　　　(ll. 1-2)

(26) [S [whose mortal taste] ‖ [VP brought ...　　　(ll. 2-3)

(27) [VP pursues‖ [NP things unattempted ...]]　　　(ll. 15-16)

(28) ... I thence‖invoke thy aid to ...　　　　　　　(ll. 12-13)

アメリカ自由詩における句またがりでは，詩行末に次のような要素が配置される．主語名詞句 (29)，動詞 (30)，助動詞 (31)，前置詞 (32)，関係詞 (33)，決定詞 (34)，名詞前位置の形容詞 (35)，接続詞 (36) (岡崎 2014：167-172)．

(29) where the new grass‖flames as it flamed

　　　　　　　　　　(Williams, *The Widow's Lament in Springtime*)

(30) ...They hold‖pink flames in their right hands.　(Williams, *The Lonely Street*)

(31) yellow color is‖going to...

　　　　　　　　　　　　　　　(Creeley, *The Window*)

(32) The red brick monastery in‖the suburbs over against the dust-

(Williams, *The Semblables*)

(33) supine to the wind which‖cannot waken anything　　(Williams, *The Storm*)

(34) cutting my‖life with　　　　　　　　　　　　　(Williams, *Death the Barber*)

(35) weeping — and moans for his lost‖departed soul the tears falling

(Williams, *Morning*)

(36) on his way down as if‖there were another direction　　(Williams, *The Dance*)

岡崎 (2014) によると，句またがり詩行末は，可能な音調句末（随意的休止が可能な位置）と一致する．行末終止行でも，行末が音調句末と一致するという事実を考慮にいれると，英詩の行末は，句またがりの有無と無関係に，次の簡潔な原則に従っていることになる．

(37) 英詩の行末⇔可能な音調句末　　　　　　　　　　　　（岡崎 2014：159）

(37) が正しければ，「行末終止対句またがり」という差は，本質的な差ではない．詩作の背後にある文化的要因により生じるきわめて表層的な差にすぎない．

4.6　英詩の押韻に関する問題

英詩における押韻の問題とは，具体的には (38a) と (38b) である．

(38) a. 英詩において音声的に違う分節音同士が押韻することがあるのはなぜか？

　　 b. 頭韻詩において子音連結同士しか頭韻できない場合があるのはなぜか？

(38a) に関連して，まず違う子音同士の頭韻がある (39)．例は，Minkova (2003) より．

(39) a. [ɣ]-[j]: godes dome. Geomor siððan 'to god's judgment mournful since'

(*Genesis A* 1610)

　　 b. [j]-[j]-[ɣ]: geong in geardum ðone god sende 'young in yards him God sent'

(*Beowulf* 13)

(39) では，[ɣ] は軟口蓋有声摩擦音で調音点が後方だが，[j] と [j] の調音点は前方である．同様の現象が子音字〈c-〉で始まる語で観察されるが，詳細は Minkova (2003) を参照されたい．

近代英語期以降は，違う母音同士の脚韻が観察される．Dickinson, Yeats, Thomas などが多用していることが知られている．たとえば，Dickinson の詩には (40)～(42) のような例がある（岡崎 2014:113-122）．(40)～(42) で，たとえば，tell/steel (238.1 2/4) は，238 番の詩の 1 番目の 4 行連の 2 行に tell が，4 行に steel が，それぞれあることを示す．また，(40)～(41) のおのおのの例の 2 行目の括弧内は，形態音素的母音交替が観察される実例を示す．

(40) 接辞付加により生じる母音交替に対応する型

[iː]〜[e] (44 例)：tell/steel (238.1 2/4)   [eɪ]〜[æ] (23 例)：date/that (354.3 2/4)
(ser*e*ne〜ser*e*nity)   (n*a*tion〜n*a*tional)

[eɪ]〜[e] (30 例)：paid/said (396.1 2/4)   [aɪ]〜[ɪ] (40 例)：Kidd〜testified (561.1 2/4)
(ret*ai*n〜ret*e*ntion)   (div*i*ne〜div*i*nity)

[aʊ]〜[ʌ] (12 例)：one〜town (166.1 2/4)   [uː]〜[ʌ] (24 例)：done 〜Noon (302.3 2/4)
(prof*ou*nd〜prof*u*ndity)   (ass*u*me〜ass*u*mption)

[oʊ]〜[ɑ] (14 例)：odd〜road (439.3 2/4)   [ɪə]/[ɛə]〜[æ] (1 例)：hear〜back (753.2 2/4)
(t*o*ne〜t*o*nic)   (cl*ea*r〜cl*a*rity；comp*a*re〜comp*a*rison)

(41) アプラウトにより生じる母音交替に対応する型

[ɪ]〜[eɪ] (60 例)：Him/name (280.1 2/4)   [iː]〜[eɪ] (25 例)：weed/laid (146.1 2/4)
(g*i*ve〜g*a*ve)   (*ea*t〜*a*te)

[eɪ]〜[oʊ] (20 例)：again/home (511.2 2/4) [aɪ]〜[eɪ] (33 例)：Time/Fame (536.1 2/4)
(br*ea*k〜br*o*ke)   (l*ie*〜l*ay*)

[aɪ]〜[oʊ] (15 例)：home/time (585.2 2/4) [aɪ]〜[aʊ] (19 例)：skies/Town (358.1 2/4)
(dr*i*ve〜dr*o*ve)   (f*i*nd〜f*ou*nd)

[uː]〜[oʊ] (41 例)：sown/June (596.4 2/4)
(ch*oo*se〜ch*o*se)

(42) 形態音素的母音交替とは対応しない型で出現頻度が高いもの

[e]〜[ɪ] (31 例)：tell/still (728.1 2/4)   [iː]〜[aɪ] (32 例)：These/eyes (253.1 2/4)
[æ]〜[e] (20 例)：Hat/forget (315.2 2/4)   [ʌ]〜[ɑ] (17 例)：Love/of (713.1 2/4)
[ʌ]〜[oʊ] (20 例)：Sun/alone (619.1 2/4)   [ɪə]〜[ɛə] (23 例)：near/Hair (679.1 2/4)

(39)〜(42)でおもしろいのは，二つの「違う音」が「同じ音」とみなされる点である．押韻で「違う音」同士が「同じ音」とみなされる理由として，①抽象的な基底表示が同じ，②音声的類似性，③同一性／類似性とは無関係の要因の関与，などの可能性がある．古英詩の違う子音同士の頭韻については，Minkova (2003) が音声的類似性に基づく分析を提案している．Dickinson の違う母音同士の脚韻については，岡崎 (2014) が基底表示と「介在母音」という概念をもとにした説明を提案している．ただし，違う音同士の押韻については，事実の記述も含めてより詳細な研究が待たれる．

(38b) の論点は，古英語頭韻詩において，子音連結 [sp-]，[st-]，[sk-] がそれ自体としか頭韻せず，決して [s] とは頭韻しないという事実に関連する．この事実については，当該子音連結が見かけは 2 子音だが実態は単子音であるという議論があり，それは妥当な結論だと思われる．この点については，Minkova (2003) が詳しい．

4.7　日本語定型詩の詩形の変遷概観

　本節から，日本語定型詩の形式の変遷を概観する．まず，奈良時代からの日本語詩形の大まかな変遷を，(1)で示された要素ごとに(43)にまとめる．

(43) a. リズム：5拍もしくは7拍からなる韻律単位のみが関与．変化なし．

　　 b. 押韻：押韻の慣習はない．変化なし．

　　 c. 詩行構造：詩行構造を認めるべきか否か不明．

　　 d. 種類：多様な形式から，短歌と俳句に収斂（したようにみえる）．

　日本語詩形の変遷は，表面の変化がない点で，英語詩形の変遷と対照的である．(43a)は，日本語では，奈良時代から現代までアクセント要素（高低）が詩形に関与しないことを意味する．「長さ」（拍数）だけが詩形の必須要素である点に日本語詩形の独自性（特殊性）がある．その独自性を，「音数律」と呼ぶことがある（川本 1998；山中 2003）．

　(43b)も，英語と対照的な特徴である．日本語詩の場合，奈良時代から，原則，押韻の慣習はない．押韻があるものは，例外的とみなすことができる．

　(43c)の特徴は，アクセント要素も押韻も詩形成立に無関係であるため，日本語定型詩の5拍や7拍の韻律単位は英語の詩行と同類か否か不明である，ということを意味する．

　(43d)は，日本語詩形に関して，唯一目にみえる変化である．奈良時代に編まれた『万葉集』には，出現頻度にかたよりはあるが，複数の詩形がある（長歌，短歌，旋頭歌，連歌，仏足石歌）が，時代を経ると，短歌と新たに登場した俳句だけになった．

　以下，日本語定型詩の変遷を，際立った特徴である(43a)と(43d)を中心に記述する．

4.8　『万葉集』の詩形

　奈良時代に編まれた『万葉集』には，複数の詩形が認められる．その形式を(44)にまとめて示すが，5拍と7拍の韻律単位から構成されていることが共通している．

(44) a. 長歌：五七五七……五七七（他に3種の変異形があるが省略）

　　 b. 短歌：五七五七七

　　 c. 旋頭歌：五七七五七七

　　 d. 連歌：A：五七五　B：七七（短歌の前半(A)と後半(B)を別の人が詠む形式）

　　 e. 仏足石歌：五七五七七七

　長歌は，始まりと終わりの形式が規定されているが，長さ不定の詩である．「……」の部分では五七が繰り返される．吾味（1951：9-10）によれば，各詩形の『万葉集』における分布は次のようになる．長歌は全体で 260 首あり，(44a)が完成形で省略した 3

種は古い型である．長さは不定で，7句から149句まである．短歌は『万葉集』全体の93％を占める．旋頭歌は60首ある．連歌と仏足石歌は，ともに1首のみである．長歌，短歌，旋頭歌が『万葉集』の主たる詩形になるが，それぞれの具体例を(45)，(46)，(47)にあげる．なお，『万葉集』の原本は万葉仮名（漢字）表記だが，分かち書きをした仮名混じり書き下し文で示す．

(45)天地の　分れし時ゆ　神さびて　高く貴き　駿河なる　富士の高嶺を　天の原
　　　振り放け見れば　渡る日の　影も隠らひ　照る月の　光も見えず　白雲も
　　　い行きはばかり　時じくぞ　雪は降りける　語り継ぎ　言ひ継ぎ行かむ
　　　富士の高嶺は　　　　　　　　　　　　　　　　　　　　　（『万葉集』317）

(46)たまきはる　宇智の大野に　馬並めて　朝踏ますらむ　その草深野
　　　　　　　　　　　　　　　　　　　　（『万葉集』4）（山中 2003：10-11）

(47)住吉の　小田を刈らす子　奴かもなき
　　　奴あれど　妹がみために　私田刈る　　　　　　　　　（『万葉集』1275）

4.9　『万葉集』以後の詩形

『万葉集』の複数の詩形のうち，後の時代まで残ったのは，短歌のみだといってよい．10世紀に編まれた『古今和歌集』には1100首あまりの歌が収められているが，すでに短歌以外の形式は衰退しており，長歌は5首，旋頭歌は4首しかない（吾妻 1951：225）．

日本語詩形の中で，短歌の形式だけになった後，あらたに登場するのが，俳句である．俳句は，短歌の形式の前半の3句（17拍）分を独立させた形式である．

(48)　五七五

具体例を(49)に示す．

(49)古池や　蛙飛こむ　水の音　　　　　　　　　　　　　　　（松尾芭蕉）

以上が日本語詩形の変遷の概略である．日本語では，新詩形は出現しなかったようにみえる．長歌や旋頭歌が衰退し俳句が登場するが，5拍と7拍の韻律単位は変化せず，韻律単位の組合せにより生じる変異形の消滅と出現とみなすことも可能である．

4.10　音数律の本質と詩形の内なる変化

前節で，日本語では詩形に表面的な変化はなかったようにみえると述べたが，詩形の「内なる変化」が生じたといわれている．この点について，日本語詩形について，いままで議論されてきた次の二つの論点をもとに考える．

(50)日本語定型詩の基底の鋳型はどのようなものか．

4.10 音数律の本質と詩形の内なる変化 83

(51) 日本語定型詩は，五七調なのか七五調なのか．

まず，(50)の基底の鋳型は詩形研究の基盤だが，多数の論考がある．そして，論考の背後には，明示されない場合が多いが，5拍や7拍の韻律単位は表面の具現形であって，具現形のもとには表面には具現しない抽象的な鋳型が存在している，という共通の前提がある（高橋 1932，別宮 1977，坂野 1996，川本 1998，山中 2003 など）．日本語定型詩の鋳型についていままでの提案の共通項を抽出すると，(52)になる．

(52) a. 日本語定型詩の鋳型は8拍．2拍で左主要部の詩脚四つから構成される．

b. 具現形の5拍と7拍の単位は，実際の音声と休止から構成されている．

まず，(52a)で述べられている鋳型は，(53)のように表示できる．

(53) (XX)(XX)(XX)(XX)（X = 1拍分の位置；$\underline{X}$ = 詩脚の主要部；( ) = 詩脚境界）
そして，この鋳型は，奈良時代以来全く変化していない．詩脚の主要部 $\underline{X}$ は，日本語定型詩ではアクセント要素が詩形に関与しないため，アクセント要素ではなく，詩脚の始まりを表示するものと規定される．

(53)を前提にすると，5拍と7拍の韻律単位は，特別の事情のない限り，休止が右端（前者は3拍分，後者は1拍分）にある(54)のごときものになる（φと φ とは別種の休止．(54)設定の根拠は，別宮 1977，坂野 1996，川本 1998，山中 2003 などを参照）．

(54) a. 五：$(\underline{X}X)(\underline{X}X)(\underline{X}\,\phi)(\phi\,\phi)$

b. 七：$(\underline{X}X)(\underline{X}X)(\underline{X}X)(\underline{X}\,\phi)$

(54a)の右端にある休止2拍分は固定だが，第3詩脚の φ は，「しかるべき事情」が生じれば移動する．同様に，(54b)の右端にある φ も，「しかるべき事情」が生じれば移動する．

川本（1998）や山中（2003）によれば，(54)と実際のテクストを対応させる際に，(55)の制約により，「しかるべき事情」が特定され，休止 φ の位置が決定される．

(55) a. [WORD μ ⇔ (X　　　　b. φ ⇔ X)　　　（μ = 拍）

(55a)は，語頭境界と詩脚左境界一致の原則で，*[WORD μ ⇔ X) という語頭境界と詩脚境界の不一致を禁止する．(55b)は，休止 φ は詩脚の非主要部に配置され* φ ⇔(X という構造を禁止する，という原則である．

具体例として，山中（2003：31）が提示している(56)とその韻律構造(57)を考える．

(56) 世の中は　常にもがもな　なぎさ漕ぐ　あまの小舟の　綱手かなしも

（『新三撰』源実朝）

(57) 五　$(\underline{よ}の)(\underline{な}か)(\underline{は}\,\phi)(\phi\,\phi)$

　　七　$(\underline{つ}ね)(\underline{に}も)(\underline{が}も)(\underline{な}\,\phi)$

　　五　$(\underline{な}ぎ)(\underline{さ}\,\phi)(\underline{こ}ぐ)(\phi\,\phi)$

　　七　$(\underline{あ}ま)(\underline{の}\,\phi)(\underline{こ}ぶ)(\underline{ね}の)$

　　七　$(\underline{つ}な)(\underline{で}\,\phi)(\underline{か}な)(\underline{し}も)$

（山中 2003：31）

（57）で重要な点は，休止 ϕ が句中にあることである．まず，第3句で，ϕ は「なぎさ」の直後にあるが，これは第2詩脚のX)位置に「漕ぐ」の[ko]がくると，*[WORD μ⇔X)という（55a）により禁止される構造が生じるからである．ϕ を第2詩脚の非主要部に配置することにより，[ko]が第3詩脚の主要部に配置され，（55a）に従う構造が生成される．第4句と第5句で，ϕ が第2詩脚のX)位置に配置されているのも同じ理由である．このように，五七五七七で単純にみえる短歌も，韻律単位と言語構造の緻密な対応関係のもとに成立している．

　次に，（54）と（55）をもとに，（51）の五七調か七五調か，という論点に移る．先行研究によれば，日本語定型詩では，五七調から七五調への変化が生じた（山中2003）．『万葉集』は五七調が優勢で，『古今和歌集』以降は七五調が優勢になった．『万葉集』では，七五調は五七調の8割弱の生起率だが，『古今和歌集』では七五調は五七調の1.65倍，『新古今和歌集』では約4倍である（山中2003：35）．

　『万葉集』には「二句切れ」の短歌が多くそれを**五七調**と呼び，『古今和歌集』以後は「**初句切れ**」や「**三句切れ**」の短歌が多くそれを**七五調**と呼ぶ（来嶋2003など）．山中（2003：34-35）によれば，この五七調の衰退（「二句切れ」の減少）は，短歌中の韻律構成素境界の変化ではなく，統語境界の位置の変化により生じた．『万葉集』では第2句の直後に統語境界があることが多く，『古今和歌集』以降は第1句の直後と第3句の直後に統語境界があることが多い（山中2003）．具体例を（58）と（59）にあげる（山中2003：35より）．

（58）［五七］五七七

　　a. 春過ぎて　夏来たるらし　白妙の　衣ほしたり　天の香具山（『万葉集』28）

　　b. ひんがしの　野にかぎろひの　立つ見えて　かへり見すれば　月かたぶきぬ

　　　　　　　　　　　　　　　　　　　　　　　　　　　　　　（『万葉集』48）

（59）［五］［七五］七七

　　a. 秋はきぬ　今やまがきの　きりぎりす　夜な夜な鳴かむ　風の寒さに

　　　　　　　　　　　　　　　　　　　　　　　　　　　　（『古今和歌集』432）

　　b. 更けにけり　山の端ちかく　月冴えて　十市の里に　砧うつ声

　　　　　　　　　　　　　　　　　　　　　　　　　　　（『新古今和歌集』485）

（58a）では，「春過ぎて　夏来たるらし」が文である．（58b）は，名詞句「ひんがしの野」が第1句から第2句にまたがっており，第3句の「立つ」の主語で終わっている．それに対して，（59）では，第1句末に文境界がある．（59a）は，第1句が文，第2句と第3句が第4句の主語である．（59b）は，第1句が文，第2句と第3句で文を構成している．

　このように，日本語定型詩では，5拍と7拍という韻律単位は不変だが，最初の統語境界が，第2句末から第1句末に移動する変化が生じ，五七調から七五調への変化が生じた．この点，12世紀以降さまざまな詩形が生じた英詩の形式の変遷とは様相を全く

異にする.

4.11 その他の論点

　最後に,日本語詩形に関連する二つの現象に触れる.最初の現象は,「**字余り**」である.この現象は,5拍と7拍の韻律単位が表面的に6拍や8拍になる現象で,『万葉集』から現代まで観察される(佐藤1983;山中2003;毛利2011など).これまでの研究の結論は,字余りの句は表面的には1拍多くみえるが,少数の例外を除き,5拍または7拍の韻律単位として解釈可能である,というものである(山中2003:15-27).

　『万葉集』の字余りの具体例を(60)〜(61)に挙げる((60b),(61a, b)は山中2003:16-18より).

　　(60) a. いまだ逢はぬかも　(2895)　　　b. 死にも生きも　(3819)

　　(61) a. われに寄るべしと　(684)　　　b. 嘆きそわがする　(714)

(60)では,母音連続がある.「だ逢はぬ」と「も生きも」の下線部に,[aa]と[oi]という連鎖がある.(61)には,母音+[j/w]+母音という連鎖がある.「に寄る」と「そわが」の下線部に,[ijo]と[owa]という連鎖がある.それゆえ,『万葉集』には次のような韻律規則を設定することが可能で,表面の2母音が韻律上一つに解釈される(山中2003:17-18など).

　　(62) a. VV → V/ [句...＿＿...]　　b. [i, e]jV → V/[句...＿＿...]　　c. [u, o]wV → V/[句...＿＿...]

(62a)が(60a, b)を,(62b)が(61a)を,(62c)が(61b)を,それぞれ説明する.現代日本語の短歌の字余りもこの規則に従っているようにみえる.

　付言すれば,字余りは日本語の詩だけで観察される特殊な現象ではない.(62a)のような場合は,英詩において連続する弱母音が一つと解釈される場合(たとえば,(13)の3行目のI herde ichの下線部)があるのと平行的である.(62b, c)は,英詩で弱母音+共鳴音+弱母音の連鎖が1音節(母音一つ)と解釈される場合(たとえば,(13)の1行目のsummereの下線部)があることと平行的である.それゆえ,字余りは,ある程度の普遍性をそなえた規則性のもとに成立する現象と考えるべきである.

　日本語定型詩に関連するもう一つの現象は,「**句またがり**」である.句またがりは,統語単位が,5拍や7拍の韻律単位におさまらず,二つの韻律単位にまたがっている場合を指す.この現象も,『万葉集』の時代から現代まで観察される.『万葉集』の例を(63)に示す.

　　(63) ひんがしの　野にかぎろひの　立つ見えて　かへり見すれば　月かたぶきぬ

　　　　　　　　　　　　　　　　　　　　　　　　(『万葉集』48)(=(57b))

この例では,韻律単位と統語単位の不一致がある.(64)に示すように,第1句が名詞句の形容詞要素で終わっており,主要部の名詞は第2句にある(‖＝短歌の句境界).

(64) [PP [NP ひんがしの‖[N 野]]に] [NP かぎろいの]‖……

句またがりは，現代の短歌でも多くみられる．例は，来嶋（2003：25-27）より．

(65) a. 四歳の　わが手ひき海を　わたりける　母幸うすく　吾にしたがふ

（『布雲』山本友一）

　　 b. 凍てはじめ　たる雪道を　踏みかえる　持続は冥き　ちからなるべし

（『島』来嶋靖生）

(65) の例には，次のような統語構造と短歌の句の不一致がある．

(66) a. ‖わが手ひき [VP [NP 海を]‖[V わたりける]]‖　　動詞句の中間

　　 b. ‖[NP [V 凍てはじめ‖たる]雪道を]‖　　　　　動詞の連体形の中間

来嶋（2003：25-27）によれば，詩作の観点から，句またがりはよくないという評価があるという．しかし，英詩の句またがりと同じように，言語構造を利用した技法である可能性が高く，短歌における句またがりと言語構造との対応関係の研究が今後の課題となる．

まとめ

以上，英語と日本語の詩形の変遷と関連する論点について概観した．英語と日本語の言語構造がそれぞれの言語の詩形とその変遷に反映されていることが重要である．

Q 文献案内

・Finch, Annie and Katharine Varnes (eds.) (2002) *An Exaltation of Forms: Contemporary Poets Celebrate the Diversity of Their Art*, Ann Arbor: University of Michigan Press.

詩の形式についての包括的解説書．主に英詩について，詩脚の種類，連の種類，および詩形の種類の視点から解説が豊富な実例とともに提示され，古英詩から現代英語の自由詩に至るまでの全容が把握できる．個々の詩形の基本的でかつ際立った特徴だけではなく，詩形の相対的な位置づけや詩形間の関係などが把握でき，詩形に興味のある人にとっては利用価値が高い．

・Minkova, Donka (2003) *Alliteration and Sound Change in Early English*, Cambridge: Cambridge University Press.

生成音韻論の枠組みに基づく古英語と中英語の頭韻詩の頭韻の型についての包括的研究書．議論の中心は，違う子音同士の頭韻の記述とその説明にある．古英語の違う子音同士の頭韻，母音同士の頭韻の本質，そして中英語期の子音連結の頭韻型の分布などについて，豊富な事実を基盤にして，最適性理論の視点から詳細な分析が提示されている．

・Fabb, Nigel and Morris Halle (2008) *Meter in Poetry: A New Theory*, Cambridge: Cambridge University Press.

生成音韻論の枠組みによる詩の韻律に関する研究書．強勢に関する括弧つき韻律格子理論

を基盤にして，生成音韻論を基盤とする韻律論の初期から提案されている最大強勢点（stress maximum）という概念に改良を加えて，それを最大限活用することにより，英詩の韻律特性だけではなく，ギリシャ語，フランス語，スペイン語などの詩の韻律特性を説明する統一的な理論を提案している．

・川本皓嗣（1998）『日本詩歌の伝統—七と五の詩学』東京：岩波書店．
　　日本語の詩の本質について，意味と形式の両面から探求した研究書．詩形については，最終章において，英語などヨーロッパの言語の詩形との比較や明治以来の日本語詩に関する先行研究の詳細な紹介と批判的検討もしながら，7と5という単位の本質を探求し，明言はされていないが，結果として，抽象的な基底詩脚構造と表層形の対応関係を説明する理論を提案している．

・山中桂一（2003）『和歌の詩学』東京：大修館書店．
　　日本語の和歌の形式と意味に関して，一般詩学の視点から分析を提示している研究書．特に，第一章「和歌の詩的カノン」において，和歌の音韻論的側面のみならずテクストの統語構造との対応まで言及しつつ，和歌の5拍と7拍の単位の詩脚構造の本質を抽象的な基底の鋳型と表層形の対応という視点から抽出し，和歌の形式に関する理論を構築している．

引用文献

岡崎正男（2014）『英語の構造からみる英詩のすがた—文法・リズム・押韻』東京：開拓社．

川本皓嗣（1998）『日本詩歌の伝統—七と五の詩学』東京：岩波書店．

来嶋靖生（2003）『韻律・リズム—短歌の技法』東京：飯塚書店．

吾味智英（1951）『古代和歌』東京：至文堂．

坂野信彦（1996）『七五調の謎をとく—日本語リズム原論』東京：大修館書店．

佐藤栄作（1983）「万葉集の字余り，非字余り—形式面，リズム面からのアプローチ—」『国語学』**135**：1-15.

高橋龍雄（1932）『國語音調論』東京：中文館書店．

中尾俊夫（1972）『英語史Ⅱ』東京：大修館書店．

別宮貞徳（1977）『日本語のリズム—四拍子文化論』東京：講談社．

藤原保明（1990）『古英詩韻律研究』広島：渓水社．

松浪有（1977）「中世英文学」松浪有・御輿員三『講座英米文学史1　詩Ⅰ』東京：大修館書店，1-298.

毛利正守（2011）「萬葉集の字余り—音韻現象と唱詠法による現象との間」『日本語の研究』**7**（1）：1-15.

山中桂一（2003）『和歌の詩学』東京：大修館書店．

Finch, Annie and Katharine Varnes (eds.) (2002) *An Exaltation of Forms: Contemporary Poets Celebrate the Diversity of Their Art*, Ann Arbor: University of Michigan Press.

Gardner, John (1965) *The Complete Works of the Gawain Poet: In a Modern Version with a Critical Introduction*, Chicago and London: University of Chicago Press.

Klaeber, Frederick J. (ed.) (1950) *Beowulf and the Fight at Finnsburg*, Boston: D.C.Heath.

Minkova, Donka (2003) *Alliteration and Sound Change in Early English*, Cambridge: Cambridge University Press.

Ridland, John (2002) "Iambic Meter," in Annie Finch and Katharine Varnes (eds.) *An Exaltation of Forms*, Ann Arbor: University of Michigan Press, 39–45.

Sievers, Eduard (1893) *Altgermanische Metrik*, Halle: Max Niemeyer.

Stanley, Eric Gerald (ed.) (1972) *The Owl and the Nightingale*, Manchester: Manchester University Press.

Tolkien, J.R.R. (edited by Christopher Tolkien) (2014) *Beowulf: A Translation and Commentary*, London: Harper Collins.

Tolkien, J.R.R. and E.V.Gordon (eds.) (1967) *Sir Gawain and the Green Knight*, Oxford: Oxford University Press.

第5章 書記体系の変遷

堀 田 隆 一

キーワード：単音文字，句読法，正書法，綴字，表語文字，漢字仮名交じり文

　文字とは，言語社会の成員が，慣習的に定められた規則に基づいて，言語形式を記録するために残す視覚的な痕跡である．文字やその他の補助符号を，規則に基づいて用いることを**書記**（あるいは**表記**）と呼ぶ．そして，書記と言語形式の間にあるさまざまな関係の総体を**書記体系**と呼ぶ．

　日英両言語の書記体系の変化を比較対照するにあたって，両者の根本的な相違点について触れておきたい．それは，英語書記に用いられる文字体系が単音文字であるローマン・アルファベットのみであるのに対し，日本語では表語文字である漢字，音節文字である平仮名と片仮名，単音文字であるローマ字という四つの文字体系が用いられることである．したがって，同じ書記体系と呼ぶにせよ，英語と日本語の場合には，その水準が異なる．日本語の書記体系を考察するには，まず漢字や仮名などの各文字体系を独立して検討し，次にそれらの組合せ方を検討することが必要となる．さらにその歴史的変遷をたどろうとするならば，きわめて複雑な事情が関与してくることは容易に想像されるだろう．本章で扱う日英語書記体系の歴史的な比較対照は，そのような広い領域の中の一部にすぎないことを断っておく．その制限の中で，共時的な観点から，日英語書記体系の間にいかなる相違点と類似点がみいだされるか，また通時的な観点から，その変遷の背後に何らかの共通するメカニズムが作用しているか，という問題にとりわけ注目したい．

　さて，書記体系と歴史言語学は，本来，切っても切れない関係にある．録音機器が発明される前の時代からの言語証拠は，ほとんどすべてが書記によって伝えられており，それをもとに過去の言語の状態を復元するのが，歴史言語学の基礎的な作業である．伝統的な言語学や文献学の一次資料は，書き残された言語であることが多く，その内容を正確に解釈するためには書記体系の理解が欠かせない．

　しかし，19世紀以降，音声を重視する言語学が著しく発展し，それによって言語学が得たところは大きかったが，相対的に書き言葉への洞察は鈍くなるという結果を招いた．この傾向は，現代語の研究のみならず，驚くことに古い言語の研究にも顕著にみられる．むろん書記言語についての考察は，人類の文字の発明の当初から，現代に至るまで連綿と続いているのは確かであるが，言語科学の中では，冷遇されてきた領域といってよい．本章では，書記言語を音声言語と同等の価値を持つ媒体として位置づけ，日英

両言語の書記体系を歴史言語学の観点から比較対照する.

5.1 書記言語と音声言語

5.1.1 言語の二つの媒体

音声重視の現代言語学において比較的広くみられる見解は,書記言語は音声言語の写しにすぎないという認識である.確かに,音声言語が書記言語に先立つものであることは事実である.第1に,ヒトの言語は話し言葉として発生した.前者が10万年ほど遡るのに対して,後者はせいぜい6千年ほどにすぎない.第2に,幼児はまず話し言葉を習得する.書き言葉の習得は常にその後であり,習得されないこともある.第3に,話し言葉の能力はヒトという種に先天的だが,書き言葉は常に後天的に習得される.第4に,過去にも現在にも,文字を持たない言語のほうが文字を持つ言語よりもずっと多い.

このように,通時的観点に立つ限り,音声言語が書記言語よりも時間的に先立つことは認めざるをえない.しかし,通時的に先行することは,必ずしも共時的に優先されるべきことと同義ではない.音声言語がより本質的で一次的であるのに対して,書記言語がより付随的で二次的であるという見解が広く聞かれるが,書記言語が常用されている社会に関していうのであれば,両媒体は共時的な意味において各々独立しているとみる必要がある.Smith(1996:4)は,人間は伝えようとする**意味**(Semantics)を,**文法**(Grammar)と**語彙**(Lexicon)によって組み立て,それを**書記**(Writing)あるいは**音声**(Speech)という媒体に乗せて外在化させるという言語モデルを考えた.

両媒体は原理的に互いに独立していると考えられるが,実際上は,互いの間に密接かつ複雑な関係が生じてくるのが常である.書記が音声に依存している状況は,容易に想像できる.そもそも表音文字といわれる英語のアルファベットは,原則として音声を表す文字である.〈cat〉という綴字は,/kæt/ という発音が先にあり,それを文字上に表記したものであるから,書記は音声に依存しているといえる.**正書法**(orthography)における〈light〉や〈through〉が,より簡便に〈lite〉や〈thru〉とつづられることがあるが,これも書記が音声に歩み寄った事例であり,前者の後者への依存を示す例といってよい.しかし,逆に音声が書記に依存している例もある.その典型例は,**綴字発音**(spelling pronunciation)である.近年〈forehead〉を伝統的な /fɒrɪd/ ではなく/fɔːhɛd/ と発音したり,〈often〉の t を発音するなどの傾向がみられる.文章校閲などで,文章中の句読記号〈,〉や〈.〉を単語として"comma"や"period"と読み上げる場合にも,本来書記に属する要素を音声に移し替えているという点で,音声の書記への依存を示す例といえる.NASA(= National Aeronautics and Space Administration)など英語の頭字語や,「落語研究会」を略した「落研(おちけん)」なども,書記が基盤となった省略語である.「落研」の例では,まず文字上の省略が起こり,その後に第1文字目

が本来の音読みではなく訓読みで発音されるようになったものである．ここには，書記と音声の複雑な相互作用が働いている．

　歴史的にみても，両方向の依存・影響関係がみられ，音声の変異や変化が書記のそれの引き金になることもあれば，その逆の場合もあった．英語では中英語期のように書き言葉の標準が発達しなかった時代においては音声上の変異や変化はほぼそのまま書記のうえに反映された．一方，アメリカ英語の発展期において，むしろ綴字が発音の変化を牽引し，上述のような綴字発音が増加した事実もある．音声言語と書記言語の媒体は，半ば独立しながらも半ば依存しあっており，つかず離れずで共存している．

5.1.2　書記言語の特徴

　音声と書記という媒体について改めて考えよう．音声言語においては，話し手は典型的に調音器官を用いて音波という物理信号を作り出し，それを聞き手の聴覚に訴えかける．一方，書記言語においては，書き手は手や筆記用具を用いて砂や紙などの上に痕跡を作り，それを読み手の視覚に訴えかける．音声と書記の本質的特性はこのように物理的に異種のものであるから，各々に基づいて構築される音声体系と書記体系もおのずから性質の異なるものとなる．

　エスカルピ（1988：41-44）によると，書記言語の基本的な機能として，次の3点が重要である．一つ目は口頭の言説を写す言説的機能，二つ目は情報の記憶装置としての資料的機能，三つ目は文字の形や大きさ，文字列の空間的な配列によるコミュニケーションの働きをなす図像的機能である．先に話題にした書き言葉が話し言葉の写しであるという見解は，書記の言説的側面のみに着目した意見であり，書記の持つ残りの二つの機能を考慮に入れていない点に問題がある．資料的機能が最大限に発揮されたテクストは，辞書やカタログなどのデータベースと呼びうる参考図書の類いであり，そこでは情報が整理され，相互参照などの機能が実装されている．このような機能は，話し言葉では容易にまねできない．図像的機能に関しては，たとえば新聞の1面のレイアウトがテクストの読まれ方に影響を与えるということがある．文字列の配置によって表現力を得ようとする具象詩においても，手紙の末尾の高い位置に宛名を大書する際にも，書記の図像的機能が活用されている．この機能も，話し言葉に明確に対応するものはなく，書き言葉の独立性を示すものである．

5.2　書記体系の歴史

5.2.1　文字の起源と発達

　人類史において文字の誕生がいつのことだったかは，論者によって数千年の開きがある．紀元前3万年頃に陰画手像が出現し，遠く後世の文字につながる可能性が指摘され

ているが，後世の文字にどのようにつながってゆくのかは判然としない．しかし，少なくとも紀元前 4000 年頃までにはスサ（現イラン）で土器に書かれた文字らしき記号が現れ，前 3300 年頃にはメソポタミア南部でも文字と解釈できるような記号が出現していた．**絵文字**（pictogram）あるいは**象形文字**（hieroglyph）と呼ばれるこれらの文字は，その絵が指し示す事物そのものに対応し，たとえば鳥の輪郭であれば「鳥」という語を表すなど，最も原始的な文字として世界各地から発見されている．エジプト聖刻文字，シュメール楔形文字，中国の甲骨文字（最古の漢字）などがその典型である．これら最初期の文字は，語という言語単位と密接に結びついていることから，**表語文字**（logogram）と呼ばれる．漢字が表語文字の典型であるが，そこには語の数に匹敵する文字があるといってよく，実に 5 万種ほどもあるといわれる．基本文字に限れば 2 千種程度に収まるものの，相当な数ではある．

　表語文字の次の段階として，**表音文字**（phonogram）が生まれた．表語文字は語という記号を表すが，語には必然的に音形が内包されているので，その文字をもって音形を直接に表そうという契機が生じた．最初は複数音のまとまり，典型的には音節を文字に対応させた**音節文字**（syllabic）が発達することが多い．日本語の仮名はそのようにして生じた典型的な音節文字である．表語文字に比べて文字数は格段と少なくなり，数十から数百の間に収まることが多い．

　音節文字からさらに分節化が進むと，文字と音素が結びつく**単音文字**（alphabet）が生まれた．これは非常に経済的な文字体系で，文字数は 20 〜 30 個ほどに収まることが多い．ギリシャ・アルファベット，ローマン・アルファベット，ルーン文字，オガム文字など複数の単音文字体系が存在するが，いずれも起源は**北部セム文字**（North Semitic）と呼ばれる，パレスチナやシリアなどで紀元前 1700 年くらいに用いられた原初アルファベットに遡る．

　このように，古今東西の文字の発達は表語文字から表音文字へと進んできたのであり，その反対の方向ではない．表語文字の段階で体系的にとどまっているものは漢字くらいであり，ほとんどの文字体系が表音性を指向してきたことは事実である．しかし，このことは表音文字の方が表語文字より優れているということを意味するわけではない．文字体系の評価は，それが対象となる言語をいかによく書き表すことができるかという点にかかっているのであり，その文字体系の類型的な区分によって自動的に定まるものではない．また，それは対象となる言語の性質にも依存する．

　さて，英語書記体系に関係することとして，**原初アルファベット**の発生以降の発展史も述べておきたい．北部セム諸語の話し手によって発明された原初アルファベットは 22 個の子音字からなり，母音字は含まれていなかった．この文字を読む人は，子音字の連続の中に文法的に適宜ふさわしい母音を挿入しながら読んでいたはずである．紀元前 1000 年頃，ここから発展したアルファベットの変種がフェニキア人の手によりギリ

5.2 書記体系の歴史

シャへ伝わり，そこで初めて母音字が発明された．この母音字込みの画期的な**ギリシャ・アルファベット**は，ローマ人の前身としてイタリア半島で繁栄していた非印欧語族系のエトルリア人によって改良を加えられ，紀元前 7 世紀くらいまでに**エトルリア文字**へと発展していた．

このエトルリア文字は，英語の文字史にとって二重の意味で重要である．一つは，エトルリア文字が紀元前 7 世紀中にローマに継承され，そこから**ローマン・アルファベット** (Roman alphabet) が派生したことである．このローマン・アルファベットが，ずっと後の紀元 6 世紀にキリスト教の伝道を媒介としてブリテン島に持ち込まれた．以降，現在に至るまで英語はローマン・アルファベット文化圏の中で高度な文字文化を享受し，育んできた．もう一つ英語の書記史上重要なのは，紀元 1 世紀くらいに同じエトルリア文字からもう一つのアルファベット変種である**ルーン文字** (runic alphabet) が派生したことである．一説によるとゴート人の発展させたルーン文字は北西ゲルマン語派にもたらされ，後の 5 世紀に西ゲルマン語派の諸部族とともにイングランドへ持ち込まれた．元来のゲルマン語ルーン文字は 24 字からなり，最初の 6 文字をとって **fuþark**（〈þ〉は〈th〉に相当）と称されるが，アングロサクソン人の用いたルーン文字は，関連する音変化や独自の改変を経て 33 字となり，その最初の 6 文字から **fuþorc** と呼ばれている（図 5.1 参照）．アングロサクソン人にとって，ローマン・アルファベットが導入されるまではルーン文字が唯一の文字体系であったが，その後ルーン文字は〈þ〉(thorn) と〈p〉(wynn) の 2 種の文字を各々中英語前期と後期にまで残したほかは衰退していった．

図 5.1 アングロサクソンのルーン文字（大塚・中島 1987）

5.2.2 日本語の書記体系の歴史

日本語の文字史は，4世紀後半頃の漢字の伝来として始まる．日本語を表記するのに，系統も類型も異なる中国語を表す漢字をもってしようとした古代日本人は，当初，おおいに試行錯誤した．その成果の一つが，(和)訓の成立である．これにより，漢字と対応する和語との関係が安定するようになった．また，正格漢文ではなく，日本語の統語や形態に従ったいわゆる変体漢文が，7世紀後半に現れるようになったのも，そのような試行錯誤の成果の1例である．8世紀に入ると太安万侶が『古事記』の序文で，日本語を漢字で表記することの困難について歴史上初めて自覚的に言及した．『古事記』では，正訓字と音仮名が両用されており，読み分けの工夫も図られている．

また，8世紀の『万葉集』では，漢字の日本語への適用がさらに成熟していた跡がうかがえる．『万葉集』の文字使用に代表される万葉仮名の発達は，正音，正訓，義訓，音仮名，訓仮名，戯書などを駆使して，漢字（真名）のみで日本語を自在に表記できるようになった点で，日本語文字史上，画期的な出来事だった．いまだ音節と万葉仮名の対応は1対多ではあったが，決して恣意的ではなく上代特殊仮名遣と称される規則に基づいて選択・使用されていた．万葉仮名は，その表音（節）的な側面が注目されることが多いものの，部分的に固定的な語表記にも貢献しており，表語的なまとまりの発展においても重要な文字体系である．

漢字の日本語への手なずけは，さらに国字や国訓の発達という形をとって進み，ついに真仮名から，その草書体に基づく草仮名を経て，平仮名の誕生をもたらした．純粋に日本語の音節の各々を表すことを目的とする文字体系が生まれたのである．こうして，和歌を書き記すのに，平仮名文（実際には平仮名と少数の漢字の交用文）が発達した．

次に，片仮名の発達に移ろう．片仮名の起源は，漢文訓読のための心覚えとして，字画の少ない真仮名（漢字を仮名として用いたもの）により，訓などを行間に書き込んだことにあった．片仮名はすでに10世紀半ばには漢字と明確に異なる文字体系として整えられていた．平仮名が美的価値を伴っていたのに対し，片仮名は臨時的，符号的，補助的，実用的な文字体系という役割を与えられ，その特徴は現在まで色濃く残っている．片仮名文（実際には多くの漢字との交用がほとんど）においては，片仮名は送り仮名，活用語尾，助詞・助動詞の表記に用いられた．片仮名のこうした用法は，古くから宣命や祝詞に用いられた宣命体において，助詞・助動詞や語尾を音仮名で小書きした慣習と関係する可能性があり，文字史的には興味深い．

近代初期には，普通の文章は漢字平仮名交じり文で書かれており，片仮名は注釈などに限定されていた．現在みられるような外来語や擬声語・擬音語に対する片仮名の使用は，18世紀中頃に始まったようだ．片仮名の字体は，古代よりよく統一されており，中世でもヴァリエーションはあまりなく，1900（明治33）年に「小学校令施行規則」で現行の形に定められた．対照的に，平仮名には近代まで多くの字体，いわゆる変体仮

5.2 書記体系の歴史

名が認められた．変体仮名には位置による使い分けなどの傾向はみられたが，統一性がみられないまま現代を迎えることになった．

次に，仮名遣の話題に移ろう．仮名と音節との関係は，主として音韻変化により時間とともにずれてくることは不可避である．文字と音の関係が1対多，あるいは多対1になると，毎回の使用に際して選択の余地が生じる．この選択を秩序づけるための規則が，**仮名遣**である．仮名遣には，自然発達といえるものから，人によって規範的に制定されるものまで種々のものがあるが，日本語史上，影響力を持ったものは**定家仮名遣**，契沖仮名遣，現代仮名遣の三つだろう．定家仮名遣は，藤原定家（1162-1241）が古典の本文校訂のために，そして仮名の効果的な運用のために定めたものであり，「を」と「お」の区別などを説いた．その後，この仮名遣は，行阿（源知行）による整理を経て，近世に至るまで大きな影響力を誇った．

近世になると契沖が1695（元禄8）年に『万葉集』の注釈に従事しながら定家仮名遣の不備に気づき，『和字正濫鈔』を著して，上代文献に基づく仮名遣への回帰を主張した．「を」と「お」の分布や「四つ仮名」（じずぢづ）の問題にも言い及び，後に本居宣長，楫取魚彦などに支持されていくことになる．**契沖仮名遣**は，明治時代に入ってからも国学者により採用され，文部省編纂の『小学教科書』(1873(明治6)年）にも採用された．大槻文彦の『言海』(1891(明治24)年）でも受け入れられ，その後，1946（昭和21）年に**「現代かなづかい」**が公布されるまで続いた．

古代，漢字の担い手は一部の教養層に限られていたが，近代になるにつれ，富裕な町人層へ，そして教育を通じて国民へと開かれていった．漢字の広がりには，活字による出版という新メディアの登場が一役買った．室町時代末期から「古活字版」が盛んに行われ，その後，振り仮名も付した「製版」を通じて，人々が漢字を含む文字に触れる機会は増した．

明治時代になると，漢字の使用制限の機運が高まった．前島密は1867（慶応2）年に**「漢字御廃止之議」**を建白し，もっぱら仮名書きを提唱した．福沢諭吉は，1873（明治6）年に，漢字全廃には同意できないが，2,3千字程度に抑えるべきだと主張した．そのような状況下で文部省は1900（明治33）年に教育用漢字1200字を定め，その後も戦前・戦中を通じていくつかの漢字制限案を出した．戦後，1946（昭和21）年には1850字からなる，規範としての性格が強い**「当用漢字表」**が公布された．1981（昭和56）年には，その改訂版として1945字からなる**「常用漢字表」**が公布され，こちらは規範性は低くなり「目安」にとどまることになった．

次に，もう一つの日本語を書き記す文字体系である**ローマ字**について簡単に触れておきたい．ラテン語を書き表すために発展したローマン・アルファベットは，その後，西ヨーロッパを中心に広がり，さらに世界史の経緯とともにヨーロッパ外へ拡散し，その原理の単純さも相まって，現在では世界化している．日本語におけるローマ字の使用は

室町時代後期に遡るが，これもローマン・アルファベットの世界的拡散の歴史の一部をなす．

5.2.3 英語の書記体系の歴史

先述の通り，歴史上，英語を表記してきた文字体系は，ルーン文字とローマン・アルファベットの2種の単音文字である．現存する最古の英文は，5世紀後半のものとされる金のメダルに刻まれた数個のルーン文字である．先祖のゲルマン民族は1世紀頃に，自らの言語に適応させる形でルーン文字体系を発達させていたが，ブリテン島へ移住してきたアングロサクソン人もその伝統を引き継いでいた．しかし，ルーン文字は石や木などの堅い表面に刻む文字であり，使用がほぼ碑文などに限られていたために，長文で残っているものは数少ない．ルーン文字は古英語期中も断続的に用いられていたが，やがて廃れた．一方で，6世紀末に大陸からキリスト教徒とともに持ち込まれたローマン・アルファベットが，英語を書き記す主たる文字となる．

古英語後期には羊皮紙の写本に羽ペンで書くという慣習が定着し，ウェストサクソン方言に基づく標準的な綴字法が確立してきた．ただし，その確立の過程は現在のように1語につき一つの定まった綴字があるという厳密な意味での**固定化**（fixed）ではなく，そのような固定的な中心を指向しながらも，ある程度の変異の幅を許容するという意味での**焦点合わせ**（focused）と呼ぶべきものであった（Smith 1996：66, 70）．

しかし，**ウェストサクソン標準綴字**は，1066年のノルマン征服によって突如瓦解する．イングランドにおいて，英語は社会的に下位の言語となり，公式に書き表される機会が激減した．公に書き記される言語はもっぱらフランス語かラテン語であり，イングランドの写字生は，母語が英語であったとしても，書き言葉としてはフランス語かラテン語を用いるという状況に置かれた．英語で書かれたテキストは1200年頃から再び現れだすが，この頃までに古英語期に確立していた書記の伝統は半ば途切れていたといってよく，英語を書く写字生は，書き慣れたフランス語の書記を参考にしつつ，英語の書記体系を一から築き上げなければならない状況に立たされた．参考にできるものが少ない英語の書き手は，母方言の発音をそのまま綴字上に書き落とすことになり，中英語の綴字はさながら発音記号であった．中英語後期までは，話し言葉においても書き言葉においても標準英語なるものが発達しなかったために，この時代の綴字はいわば方言をありのまま写し出したものだった．1例として，現代英語の through に相当する語の綴字は，筆者の数えによると実に515通りもあったほどである．

中英語後期になると，フランス語に対する英語の地位が復権し，ロンドンを中心とするイングランド南東方言の英語が社会的な威信を持つようになってきた．それとともに，書き言葉の標準を指向する動きも，14世紀後半以降，徐々に顕著になってきた．しかし，この動きはやはり固定化というよりは焦点合わせというべきものであり，一つの語に一

つの決まった綴字が対応するまでには，向こう数世紀の時間を要することになる．

15 世紀末には William Caxton がイングランドに印刷術を持ち込み，英語は印刷に付されるようになった．印刷術の発達により綴字の固定化が進んだという議論がしばしば聞かれるが，実際には 16 世紀中も綴字の変異は広くみられた．しかし，16 世紀後半からは，教育者を中心に正書法を巡る議論が相次ぎ，印刷家もそれに呼応する形で，本格的な綴字の固定化が進んでいく．17 世紀半ばまでには，現在のような正書法がおよそ整い，18 世紀半ばの Dr Johnson の辞書の出版に及んで，ほぼ確定したといってよい．

18 世紀末，イギリスから独立したアメリカでは，Noah Webster が愛国心に基づいてイギリス風の伝統的な綴字からの逸脱を目指し，center, color, traveling（英綴字 centre, colour, travelling）など，いくつかの単語において後にアメリカ英語式となる綴字を提案した．それらは，その後の数十年間をかけてアメリカで確立していった．

5.3 書記体系の変化

5.3.1 文字レベル

日英語において，書記体系が歴史的にいかに変化してきたかを論じるに当たって，書記体系のどの側面が変化したのかを明確にする必要がある．書記体系の中でも我々にとって最も基本的と直感される単位は，文字（単字）だろう．表音文字についていえば，各文字は音声における何らかの単位に対応しているのが普通である．日本語の仮名のように，およそ 1 音節に対応していれば音節文字といわれるし，英語のアルファベットのように，およそ 1 音素に対応していれば単音文字といわれる．

文字の変化においては，文字自体の改廃，字形の変化，表音や表語といった機能上の変化を区別する必要がある．文字の改廃に関していえば，日本語も英語もともに，最初は外部より文字体系を借用してきたという経緯がある．日本語では漢字という文字体系をまるごと借用し，その使用に慣れてきてから，行草書体や省画字体を発達させ，そこから仮名を生み出した．室町時代のローマ字についても，外部からの借用である．一方，日本国内でも象形，会意，形声の原理により「丼」「峠」「麿」をはじめ幾多の国字を生み出してきた．同様に，英語でも，ゲルマン諸語を書き表したルーン文字にせよローマ・アルファベットにせよ，外来の文字体系である．古英語期には，英語独自の音を表す目的から，合字〈æ〉（名称は ash といい，/æ/ 音を表す）を作り出したり，ルーン文字より〈þ〉（名称は thorn，音価は環境に応じて /θ/ あるいは /ð/）や〈ƿ〉（名称は wynn，音価は /w/）を流用したり，アイルランド書体の〈d〉をもとに〈ð〉（名称は eth(edh)，音価は環境に応じて /θ/ あるいは /ð/）を作り出すなどした．

いずれの言語の書記も，借用した文字体系を基本にすえつつ，独自の言語的要求に合わせて，文字を作成・改変してきたのである．当然ながら，その過程で消えていった文

字もある．ルーン文字は文字体系全体として廃用となったし，古英語期に普通に用いられた上述の文字は，後に消失した．日本語でも，平仮名や片仮名の種々の変体仮名は1900年の小学校令施行規則によって消滅したし，当用漢字や常用漢字の制定により，あまり目にすることのなくなった漢字も多い．

　次に字形の変化について取り上げる．一つの文字の実際上の現れを，音声言語における**異音**（allophone）にならって，**異文字**（allograph）と呼んでおこう．いわゆる異体字，略字，俗字などが異文字の例である．これらは，字形そのものは異なっていても，文字としての機能は同一である．同じ「あ」の文字でも，実際の字形は書き手によってかなり変異があるし，アルファベットの〈a〉も《a》，《ɑ》，《A》のいずれにも書きうる．古英語では〈g〉は《ȝ》のように上部が平らに書かれたが，中英語以降は現在のように上部の丸い字形《g》が用いられた．漢字でいえば，同じ文字でも楷書，行書，篆書などの書体の別があるし，繁体字や簡体字の別もある．仮名においても各種の書風がある．それぞれの異文字は機能的には弁別性を持たないとされるが，実際には使用の選択によって特殊な使用域が示されることも多い．英語でイタリック体を用いて語を強調したり，日本語で変体仮名や独特な書風を用いて古風をかもす，などの例である．

　一つの文字に属していた二つの異文字が異なる文字として区別されるようになる変化もある．たとえば，《u》と《v》は，古英語から近代英語まで，一つの文字の二つの現れにすぎなかった．古くは，両字形ともに，対応する母音と子音を表しえた．後者は語頭に，前者はそれ以外の位置に現れやすいという位置の相補分布は確かにあったにせよ，一つの文字として認識されていたのである．しかし，後期近代英語より，母音文字としての〈u〉と子音文字としての〈v〉がそれぞれ文字として独立した．

　文字と異文字のレベルは概念上は区別すべきだが，両者の関係が連続的であることも事実である．字形の変化が，やがて文字の機能変化を生じさせることもある．中英語まで用いられた〈þ〉は，やがてその機能を**二重字**（digraph）の〈th〉に明け渡したが，一方でその字形が《y》にも類似していたことから，〈y〉をもって〈þ〉の機能を果たすという事態が生じた．そこから，現在にも残る *Ye Olde Cheshire Cheese*（*Ye* = *The*）のような擬古的な綴字が生じた．

5.3.2 表語レベル

　文字という単位と，それを複数組み合わせて構成する，音声言語での形態素や語に相当する単位を区別することは重要である．音声言語における語の形成原理を扱う形態論にあやかって，書記言語における「形字論」を想定することができる．漢字という表語文字体系においては，各漢字が形字論の単位であり，部首の組合せ方などが問題となる．仮名やアルファベットのような表音文字体系においては，語に相当するものを構成するのに各文字をいかに組み合わせるかが問題となる．英語の場合，ある種の規則に則って

文字をいくつか組み合わせた綴字の規則が，また日本語の場合，同訓異字，送り仮名，仮名遣，外来語表記の問題などが形字論の単位の話題となる．

英語の書記体系を考えるに当たって，改めて文字と綴字という単位を区別することの重要性を強調したい．英語の綴字は，表音文字であるアルファベットを採用していながら，音と文字の対応が不規則であることが多いという不満がしばしば聞かれるが，これは文字の単位と綴字の単位を混同した言い方である．英語の書記は，文字の単位では表音的といってよいが，それを組み合わせた綴字の単位では表語的である．これはちょうど歴史的仮名遣では表音文字を組み合わせて「てふてふ」と表記していながら，全体としては「ちょうちょう」と発音する「蝶々」という語に対応させるのと同じことである．

英語の綴字の規則は，音声言語でいうところの音節の単位内で機能することもあれば，複数の音節をまたいで機能することもあるが，最終的には語という有意味な単位を表記するという目的を持っている．一方，それを構成する部品は他ならぬ個々の表音文字であるから，綴字も少なからず表音機能を引き継いでいることになる．この種々の機能の混在していることが，現代英語の綴字体系の理解を困難にしている．

さて，発音と綴字の距離が離れてきた歴史的な原因は多数あるが，主要なものをまとめてみよう．

(1) ローマ・アルファベットを借用した当初より文字数と英語の音素数が一致しておらず，英語の音を表すことの困難はある意味で運命づけられていた（ex. /ʃ/ を表すのに〈sc〉を用いた）．

(2) 中英語の方言事情により，その後の標準化の過程で，標準的発音はある方言から，標準的な綴字は別の方言から採用されるなどの食い違いが生じた（ex.〈busy〉，〈bury〉）．

(3) ルネサンス期の古典語への傾倒により，**語源的綴字**（etymological spelling）が導入され，発音されない**黙字**（silent letter）が多く挿入された（ex.〈dou*b*t〉，〈recei*p*t〉）．

(4) 英語は歴史を通じて多くの言語から語を借用してきたが，その際に，綴字を英語化するというよりは借用元言語の綴字のまま取り込むことが多く，結果として幾多の綴字の下位体系が混在することになった（ex.〈psychology〉，〈khaki〉）．

(5) 綴字標準化が進行していた初期近代英語期に，大母音推移をはじめとする多くの音変化が同時に進行しており，それらの音変化の結果を反映しない綴字が固定化してしまった．結果として，同音異綴字語も多数生じた（ex.〈night〉，〈knight〉；〈rite〉，〈write〉，〈right〉，〈wright〉）．

英語綴字は，全体としてより表音的な性格からより表語的な性格へと移行してきたといえるが，この流れは日本語の仮名遣についてもおよそ当てはまる．9 世紀頃に平仮名や片仮名が成立した当初，およそ日本語の各音節に対して複数ではあるが固定した文字

があてがわれた．しかし，時代とともに，ハ行子音やワ行子音が音環境によってア行音と融合したり，〈じ〉と〈ぢ〉，〈ず〉と〈づ〉の融合（いわゆる**四つ仮名の区別の消失**）などの音変化が進むと，仮名遣は古いままに取り残されたために，文字と発音のあいだに距離が開いてきた．

しかし，日本語においては，英語の場合と異なり，国の介入により1946年に表音的な「**現代かなづかい**」が告示され，いまだに〈お〉と〈を〉，〈え〉と〈へ〉，〈わ〉と〈は〉などの区別の問題は歴史的仮名遣より受け継いではいるが，文字と発音の乖離の問題の多くは解決している．

綴字や仮名遣のほかにも，日英両言語には，語という単位を表示するさまざまな方法が備わっている．その一つに，**環境依存文字**がある．たとえば，英語では固有名詞において〈Japan〉のように，語頭文字を大文字化することが規則である．このように目立つ字体の文字が置かれることにより，語の始まりであることが明示される．固有名詞を含めたキーワードの語頭を大文字化する慣習は初期近代英語に広がり，特に17〜18世紀には主要な名詞の語頭を軒並み大文字化するという，現代ドイツ語の表記法に比較される慣習が発達した．これはJonathan Swiftなどの文章に典型的だが，18世紀中には衰退した．関連して，1人称代名詞〈I〉は近現代では常に大文字で綴られるが，中英語では小文字〈i〉を表す上点のない**縦棒**（minim）のみの字形《ı》として綴られるのが普通だった．この縦棒は，複数組み合わせて《ıı》（＝〈n, u, v〉），《ııı》（＝〈m, in, ni, iii〉）のようにも使われたが，特に単独で用いられる場合には周囲の縦棒群に埋没して解読しにくくなるため，1人称代名詞としては判別されやすいよう大文字《I》が常用されるようになった．

一方，語の終わりを示す方法もいくつかある．現代英語では日常語が〈i〉，〈u〉で終わることはなく，代わりに〈ie, y〉，〈w〉が用いられるのが普通である．日本語の仮名でも，時代によっても差はあるが，「し」の異体仮名「志」が語頭において好んで用いられるなどの傾向があった．これらの字形の環境依存性は，補助的に語の認定に関わる機能を有しているのである．

5.3.3 統字レベル

前項で，語の認定という話題を形字論の問題として取り上げたが，語はより大きな単位を構成する部品でもあるため，文（章）のレベルに関わる「統字論」の話題ともなりうる．古来，語と語の境を明示する方法はさまざまに存在した．英語のアルファベットなど表音文字を用いる文化圏で一般的なのは，分かち書きである．分かち書きは，現代英語を含めローマン・アルファベットを用いる書記体系では当然視されているが，古代ギリシャや古代ローマの書記においては，分かち書きが習慣的に行われていたわけではなかった．英語史としてみれば，分かち書きは，古英語期にキリスト教とともにアイル

ランドの修道僧によってもたらされた慣習である．古代ローマの伝統的な**続け書き**（scriptio continua）に代わり，革新的な**分かち書き**（distinctiones）を最初に採用したのは，ラテン語を解さないアイルランド人，そして次にアングロサクソン人だったのである．

　日本語母語話者は，分かち書きも句読点もない，平仮名だけの文章を読みにくく感じるだろうが，日本語を知っている以上，何とか語ごとに区切って解読できる．しかし，日本語を母語としない学習者にとっては，非常に読みにくく感じられるだろう．同様に，ラテン語を母語とする者は続け書きで書かれたラテン語の文章を読むのに耐えられたかもしれないが，非母語としてのラテン語の学習者であった古英語期のアイルランド人やイングランド人は苦労を強いられたろう．そこで彼らは，読みやすさと解釈のしやすさを求めて，語の境界を表示すべく，分かち書きという一大革新をもたらしたのである．

　このように現在私たちが英語の書き言葉において当然視している分かち書きという慣習は，外国語学習者がその言語の読み書きを容易にするために編み出した語学学習のテクニックに由来する．この点では，分かち書きの発想は，日本の漢文訓読の伝統における語句注釈，訓点，**ヲコト点**などに似通っている（ヲコト点とは漢字の四隅や上下・中央などに付して，訓読に際して活用語尾などの読み方を助ける点符号で，図 5.2 のように「引」の左下に点があれば「引きて」と読み，右上やや下にあれば「引くこと」と読む）．古英語期のラテン語文献には，漢文訓読のための返り点に相当するラテン語を読む語順を示す点が行間注解として振られており，興味深い類似性を示す．そこでは，ラテン語の単語の下に小さく点などが付されており，点の個数の順序で対応する古英語単語を並べると，古英語の統語規則にかなった訳文が出てくるようになっている．図 5.3 の例では，やや見にくいが，ラテン語の dicat nunc israel "let the children of Israel now say or declare" の各単語の下に「・」「・・・」「・・」が付されており，対応する古英語を読み下した語順は (1) cweðe ł sæcge, (2) israelisca bearn, (3) nu þa となる．

　さて，日本語ではなぜ分かち書きをしないのだろうか．それは，表記に用いる文字の種類および性質の違いによると考えられる．日本語では，表音文字（音節文字）である仮名と表語文字である漢字とを混在させた漢字仮名交じり文が普通に用いられるのに対して，英語は原則としてアルファベットという表音文字（単音文字）のみで表記される．日本語の漢字仮名交じり文を構成する要素の一つである漢字は，本質的に表音文字ではなく表語文字である．仮名から視覚的に明確に区別される漢字 1 字あるいは連続した漢字列は，おおむね語という統語単位を表す．つまり，漢字（列）は，その字形が仮名と明確に異なるという事実によって，すでに語単位での区別を可能にしている．したがって，あえて分かち書きという手段に訴える必要がないのである．

　統字論のもう一つの重要な話題として，空間上に文字列を配置する方法の問題がある．音声の配列は，よく知られているように線状性の原則に従わざるをえない．しかし，文

第5章　書記体系の変遷

図 5.2　ヲコト点（『広辞苑第 6 版』の図をもとに著者作成）

字は空間上にある程度自由に配することができるために，音声言語に対応するもののない現象を示すことが多々ある．ここでは，書字方向を取り上げよう．英語は左から右へ進み，行末にきたら下へ改行するのが規則である．一方，日本語は，縦書きも横書きもでき，選択の余地があるという点で，非常に稀有な書記言語である．横書きの際には英語と同様に左から右へ書き進めるが，屋名池 (2003) によるとこの習慣自体が明治・大正期の洋風の模倣に由来するものであり，江戸末期に最初に横書きのものが出現してからしばらくは左へ書き進める方式も行われた．これは，縦書きで伝統的に右から左へ行送りしたことからの類推である．しかし，現行の縦書きの左への行送りも，歴史的には唯一の慣習ではなく，明治・大正期には右へ行送りする方法が行われたこともある．人には右利きが多いことから，およそ普遍的な書写方向があってもよさそうに思えるが，書記体系によって振る舞いはまちまちであるのが実態であり，そこには社会言語学的な使用域や語用論的な側面も関与していそうである．たとえば，近代日本語の横書きは西洋語の横書きに慣れ親しんだ知識人がメモ書きや辞書作りに際して日本語に導入したものであり，それが徐々に庶民へと一般化したと考えられる．

　英語の書字方向の起源はラテン語に遡ると考えてよいが，初期ラテン語，ルーン文字，さらに先立つギリシャ語などでは，セム諸語由来の右から左への書字方向が一般的だった．筆で書くようになってから，左から右への書字方向が好まれるようになり，英語を含むローマ・アルファベット文化圏ではこれが規準となった．

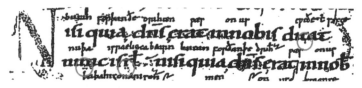

図 5.3　*Lambeth Psalter* (I) (Lambeth Palace Library MS. 427), fol. 162a の行間統語注解（山内 2004 より）

5.3.4 文字以外の書記要素

　書記体系の構成要素には，文字以外にも種々の補助符号がある．その使用法は**句読法**（punctuation）といわれる．句点，読点，括弧などの使い方から，英語では文頭などの大文字化，字下げ，分かち書きも，句読法に関する話題である．これらは音声言語に明確に対応するものがなく，書記言語特有の現象と考えてよい．

　現在の英語で用いられている主要な句読法が出現し，現代的な慣用が発達してきたのは15～16世紀のことである．中世にも句読法自体はさまざまな形で活用されていたが，現代的な句読法の発達には印刷術の発明を待たなければならなかった．15世紀末に活版印刷が始まると，〈.〉，〈,〉，〈;〉などの慣用が広まっていったが，その使用は決して体系的ではなかった．また，何よりも句読法の基本的な発想はいまだ韻律に関わる機能のみだった．17世紀以前の句読法は，主として韻律，雄弁，修辞に動機づけられており，効果的な音読を可能にするための便法という色彩が強かったのである．ところが，17世紀に入ると句読法は韻律機能重視の発想から現代風の文法機能重視の発想へと転換する．17世紀以降，〈!〉，〈?〉，〈—〉，〈'〉などの新符号も続出し，18世紀末までには英語の句読法は現在の体系に達した．なお，18～19世紀には句読法を多用する慣習が一般的だったが，現在では，むしろあまり句読法を用いないスタイルが主流となってきている．

　日本語における補助符号の歴史にも簡単に触れておこう．**濁点**（**濁音符**）は古代の漢字訓読にその母型がみられるが，陀羅尼（梵文のまま唱える，功徳を含む密教の呪文）などを正確に発音させるために漢字や片仮名に付された符号から発達したとされる．しかし，濁点の付与は，中世まではキリシタン資料を除けば非組織的だった．江戸時代前期の上方資料では，形式も定まり，よく付されるようになっていたが，いまだ義務的ではなかった．明治時代以降も『大日本帝国憲法』などの漢字片仮名交りの公用文では濁点は付されていないし（図5.4の第一章第三條「天皇ハ神聖ニシテ侵スヘカラス」を参照），文脈で判別できる場合にもしばしば省略された．なお，**半濁点**（**半濁音符**）は，ずっと発生が遅れ，現れたのは近代である．キリシタン資料を除けばやはり使用は非組織的であり，江戸時代中期以降に頻度を増してきた程度である．それまでは半濁点は使われないか，あるいは「てつべい」（＝「てっぺん」）のように濁点で代えることも多かった．

　日本語の句点や読点の起源は古代に求められる．漢文訓読において，読み手が文章を統語的に区切るために書き込んだのがその起こりである．室町時代には，読み手の便宜を図って，句読点が施されるようになった．しかし，句点と読点の使い分けの明確化など，現行の句読法が確立していったのは，1907（明治40）年以降である．これには，西洋の句読法の影響も関与しているとされる．その他，長音記号「ー」や促音符号「っ」の使用も明治時代に定まった．「**踊り字**」と称される種々の繰返し符号（仮名繰返し符号「ゝ」「ゞ」など）は，古代に発達し，近代でも普通に用いられたが，1946（昭和21）

図 5.4 『大日本帝国憲法』第 1 条（https://www.digital.archives.go.jp）

年の「現代かなづかい」の告示以降は，漢字繰返し符号「々」を除き，ほとんど用いられなくなった．

まとめ

本章の冒頭に述べたように，従来，書記言語は音声言語に従属するものとして，言語研究では軽視されてきた．しかし，書記言語に拠らざるをえない歴史言語研究においては，むしろ書記言語を理解するところから始める必要がある．書記言語は音声言語に依存する部分も大きいことは事実だが，一方で逆の関係が成り立つ場合もあり，両者は原理的には独立した存在として捉える必要がある．歴史的な観点はもとより，共時的な観点からも，書記言語の研究は音声言語の研究よりもずっと開拓が遅れている分野である．

日本語を母語とする書き手・読み手は，物心がつく頃には，教育を通じて，平仮名，片仮名，漢字，アルファベット，数字などの異種の文字体系を難なく使いこなすようになっており，半ば生まれながらにして文字（論）の観察眼と発想に長けていると信じる．書記言語の研究は，我が国において一日の長のある領域であることを強調しておきたい．

文献案内

・大名力（2014）『英語の文字・綴り・発音のしくみ』東京：研究社．
　現代英語の発音と綴字の関係について，丁寧かつ詳細な記述と解説を施した労作．発音と綴字の関係の共時的理論を目指しているが，一方で英語教育・学習においても有用である．

・カルヴェ，ルイ=ジャン（著），矢島文夫（監訳），会津洋・前島和也（訳）(1998)『文字の世界史』東京：河出書房．

文字論や文字の歴史に関する類書は少なくないが，古今東西の文字体系とその歴史を幅広く紹介した入門書として優れている．とりわけ文字の社会的側面についての考察にみるべきものがある．

・佐藤武義（編著）(1995)『概説日本語の歴史』東京：朝倉書店．
　多くの日本語史の概説書には，文字史や表記史に関する章が立てられているが，とりわけ本書の第3章「古代の文字」と第4章「近代の文字」の記述がよくまとまっている．

・屋名池誠（2003)『横書き登場―日本語表記の近代（岩波新書）』東京：岩波書店．
　本格的に扱われることの少ない書字方向という統字論の問題に，文字論的および社会言語学的な観点から，わかりやすくかつ刺激的な筆致で迫る優れた新書．

・Horobin, Simon (2013) *Does Spelling Matter*? Oxford: Oxford University Press.
　英語綴字の歴史を記述した著書の中では，格段に読みやすく，かつ新しい．綴字に関する多くの逸話も含まれており，読み物としても優れている．英語書記について本章で扱った内容の大半を網羅している．邦訳として，堀田隆一（訳）(2017)『スペリングの英語史』東京：早川書房．

📖 引用文献

エスカルピ，ロベー（著），末松壽（訳）(1988)『文字とコミュニケーション（文庫クセジュ）』
　　東京：白水社．
大塚高信・中島文雄（監修）(1987)『新英語学辞典』東京：研究社．
屋名池誠（2003)『横書き登場―日本語表記の近代（岩波新書）』東京：岩波書店．
山内一芳 (2004)「*Lambeth Psalter* の訳読注解―ラテン語の詩篇から自国語の詩篇へ―」青山
　　学院大学文学部（編）『青山学院大学文学部紀要』**46**：51-83．
Smith, Jeremy J. (1996) *An Historical Study of English: Function, Form and Change*, London:
　　Routledge.

第6章 形態変化・語彙の変遷

輿石哲哉

キーワード：膠着，滲出，ラテン語系，本来語，連合的，分離的，語，語幹，語彙借用

6.1 本章の構成

本章を，ブリテン島と日本列島の類似性を指摘することから始めたい．東西の違いはあるものの，日本とイギリスは基本的に島国で，それぞれ海を越えた大陸には，文化的に優れた中国やフランスなどの国家が位置している．したがって，両国の言語は，島国の言語が文化的に優れた大陸の言語をどのように取り込んできたかという観点から捉えることができる．加島(1976)は日英の語彙について(1)のような概略図を示しているが，はたして両国の言語の形態変化・語彙の変遷はどのようなもので，どのような共通点や相違点があるのだろうか．

(1)

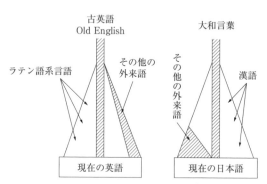

（加島 1976：196 を一部改変）

本章ではまず，形態・語彙について基本的な概念を把握する．その後，英語と日本語の形態変化・語彙の変遷を概観し，両言語の共通点，相違点を考察していきたい．

6.2 形態・語彙に関する基本的な概念

6.2.1 語に関する概念

単一の言語を構成している語について集合的に捉える際，私たちは単一言語の**語彙**(lexis, lexicon)というが，それは「その言語の言語活動の中で用いられる単語の総体」（工

藤ほか 2009：67）を意味する.

　語彙を構成するのは**語**（word）で，通常は，形態論的な緊密性を持ち統語的に分断できない単位を示し，予測不能な意味を有し，辞書に列挙される.　抽象的には**語彙素**（lexeme）という用語を使用し，通常私たちが辞書の見出し語として捉えているものを示す（本章では特に語彙素を示す際には大文字を用いる）.　語彙素の具現形式を**語形**（word form）と呼ぶ.　たとえば，英語の BE の場合，語彙素と語形の関係は以下のとおりである.

(2)　　　　語彙素　　　　　　　　　　　語形
　　　　（抽象的な形式）◀━━━━━▶（実際に表れる形式）
　　　　　　　BE　　　　　　　am, are, is, was, were, be, being, been

6.2.2　形態素に関する概念

　意味を持つ最小の言語単位は，語彙素・音素と同じく抽象的な言語単位である**形態素**（morpheme）である（本章では必要な場合 ‖ に入れて示す）.　形態素が実際に現れる形式は**形態**（morph）で，そのさまざまな具現形は**異形態**（allomorph）と呼ばれる.　たとえば，英語の ‖過去‖ は，/-t/（lik*ed*），/-d/（kill*ed*），/-ɪd/（want*ed*），アプラウト（f*ell*）等の異形態として現れる.　walkers「歩行者たち」という語は ‖walk‖，‖-er‖，‖複数‖ からなるが，‖walk‖ は単独で生起しうる**自由形態素**（free morpheme）であるのに対し，‖-er‖，‖複数‖ は単独では生起しえない**拘束形態素**（bound morpheme）である.

6.2.3　屈折と語形成

　伝統的に，形態論は抽象的な語彙素を統語論上の単位である語形に転換する**屈折**（inflection）と，言語に既存の材料をもとに新しい語彙素を形成し，語彙を豊かにする**語形成**（word formation）に二分され，語形成はさらに**派生**（derivation）と**複合**（compounding）に二分される.　派生は語基に接辞（いずれも後述）が付加されて語を形成する形態論的過程を，複合は語基を重ねて新しい語を形成する過程をそれぞれ指す.

　屈折は，大雑把に同一語彙素内の各語形を扱う形態論であると考えてよい.　通例，屈折形態論は特定の変化系列（パラダイム）を構成し，潜在的に特定の語類すべてに適用される.　たとえば，‖過去‖ は英語の動詞であれば，助動詞などの活用形のいくつかを欠く**欠如動詞**（defective verb）を除き，潜在的にすべてに適用可能である.

　一方，語形成は全く新しい語彙素を形成し，独自の辞書項目となる.

(3) a. read, read /rɛd/,　reads, reading
　　 b. READ, READABLE, UNREADABLE, READER, READERLY, READABILI-
　　　 TY, REREAD, READING, etc.

(3a)は語彙素 READ の語形，(3b)は語彙素 READ，および，それから派生される語彙素のリストである．これらについては，以下の点を留意されたい．

(4) a. (3a)の語形は，英語の統語論上要求される形式にすぎず，READ と異なった概念を表しているのではない．

b. (3b)は新しい語彙素で，しばしば個別的特異性がある（たとえば，reader には「読本，選集」という特殊な意味がある）．

6.2.4 語を構成する単位と複合語

語基（base）は，通常，形態的過程において接辞付加を受ける要素をいう．前述の walkers では，-s が付加される walker が語基，walker においては -er が付加される walk が語基である．

語基に付加され新しい語を形成する拘束的，つまり単独で生起しえない要素を**接辞**（affix）と呼ぶ．接辞は屈折・派生いずれにも用いられ，位置により，語頭に付加される**接頭辞**（prefix），語尾に付加される**接尾辞**（suffix）等に分けられる．すべての接辞を除いた残りは**語根**（root）と呼ばれる語の中核的な意味を担う部分で，それ以上小さな要素に分解できない．たとえば，inadmissibility では，in- が接頭辞，-abi と -ity が接尾辞で admis- が語根である．

語幹（stem）は，語根を含む一つ以上の形態素からなる形式で，屈折接辞が付加される語基をいう．また，時に，派生接辞が付加される**拘束語基**（bound base）についてもいうことがある．現代英語（Present-day English：PE）では，singers の singer，walked の walk，scientist の scient- が語幹である．語彙素の語幹は通例 1 種類であるが，GO のように，go と went（または wen-）という異なった語幹が関与する場合もある．このような場合には，これらの語幹どうしは**補充**（suppletion）の関係にあるという．

統語的に語に近いが音韻的に他の語や句に依存する形態素を**接語**(clitic)と呼ぶ．(5a)の助動詞の縮約形（contracted form）のように，それ自体無強勢で直前の語の一部のように発音される**前接語**（enclitic）と，(5b)の英語の冠詞のように，それ自体無強勢で後続する語の一部のように発音される**後接語**（proclitic）がある．

(5) a. I*'ll* do it! / She*'s* gone!

b. *an*[old friend of mine]

助動詞の縮約形は付加される直前の語（(6)の下線部）の統語範疇を問わないが，これは接語の典型的な性質である．

(6) a. [The girl over <u>there</u>]*'s* reading

b. [The guy you were talking <u>to</u>]*'s* already left

c. [The man who <u>phoned</u>]*'ll* have been looking for Harriet

(Spencer and Luís 2012：15 を一部改変)

複数の語基の並置により構成される語を**複合語**（compound）という．複合語には，truck driver, pasta eater 等のように，構成する要素間に動詞とその項の関係が認められる二次複合語（secondary compound, あるいは総合複合語（synthetic compound））と，mosquito net, doorknob のようにそうでない一次複合語（primary compound, あるいは語根複合語（root compound））がある．

さらに英語では，astrology, philosophy などのように古典ラテン語あるいは古代ギリシャ語の拘束形態素（あるいはそれに擬したもの）から形成される一群の複合語があり，これらは**新古典複合語**（neo-classical compound）と呼ばれ，形成する拘束形態素は**連結形**（combining form）と呼ばれる．

6.2.5 慣習性と有契性

言語哲学には，音と意味に本質的な関係があるとする立場と，両者の関係は全くの慣習的な問題で「社会契約的」であるとする立場の二つがある．

語について音声と意味との関係に何らかの動機づけがあると考えられる場合，両者の間に**有契性**（motivation）があるという．Ullmann（1962：Chapter 4）は，語の有契性に以下の3種類を認めている．まず第1に，擬声語にみられる音声的な有契性である．擬声語はその音声と意味の間に類似性が認められるため，言語が異なっても語形はある程度類似する．ただし，擬声語でさえ言語により微妙に異なるため，完全な有契性ではない．

第2は，形態的な有契性であるが，構成要素の組合せにより全体の意味が合成的に捉えられるという，合成性の原理（compositionality principle）として知られている．Saussure は複合語と派生語に限りこの形態的な有契性を認めていた．たとえば unreadable という語は，否定を表す /ʌn/ と「～が可能である」という /əbl/ という部分があることから，合成性の原理により「読むことができない」という意味が予測でき，音声と意味の関係に必然的な動機づけがあると考えられる．語が長期にわたって用いられた結果有契性が崩れ，語彙素として新たに登録されることを**語彙化**（lexicalization）という．たとえば，unreadable は語彙化され，「不可解な」という意味で用いられる．

第3は，意味論的な有契性である．これは隠喩・換喩等によるもので，たとえば，silk が「王室付きの弁護人」を指して用いられるような場合を指す．

一方，単一形態素のみで構成される語では，音声と意味の関係は恣意的で，**慣習性**（conventionality）に基づいて「社会契約的」に決定されているにすぎない．Saussure のいう言語記号の恣意性は正にこの部分を指す．上記の read では，音声と意味の間の関係は全く恣意的である．

なお，この慣習性と有契性の問題は，**二重分節**（double articulation）の原理と関係する．二重分節とは，どの言語も意味を持つ最小の単位である形態素へと分節（第一次

分節）され，その単位はさらに音の単位である音素に分節される（第二次分節）という原理で，Martinet によって指摘された．自然言語は，第一次分節の有契性と第二次分節の慣習性の上に成立しているとされる．

6.2.6 生産性

形態論における**生産性**（productivity）とは，通常新語を形成する語形成の型の潜在性として理解されるが，厳密には定義しにくい．しかし，warmth, growth などにみられる名詞形成接尾辞 -th や，古英語（Old English：OE）期のアブラウト（Ablaut, 母音交替）が PE で生産性を持たなくなってしまったことはよく知られている．

6.3 形態論・語彙の変化

6.3.1 総合的言語と分析的言語

屈折による語形変化が豊富で 1 語当たりの形態素数の多い言語を**総合的言語**（synthetic language），逆に迂言的な構文などの使用により 1 語当たりの形態素数が少ない言語を**分析的言語**（analytic language）と呼ぶ．個々の言語現象についても，総合・分析の別は傾向として認められ，たとえば，PE の比較変化の happier はより総合的で，more beautiful はより分析的であるといえる．

OE の動詞・名詞の屈折は PE では独立した助動詞や前置詞句による迂言的な表現や構文に取って代わられたため，英語史は，大雑把に総合から分析へという流れであると考えられる．以下の例をみよ．なお，Haspelmath and Sims（2010：6）によると，1語当たりの形態素数は OE で 2.12，PE で 1.68 であるという．

(7)　　　　　総合的　　　　　　　　　　　分析的
 a. OE　ymb-sitt-end　　　PE　those/someone sitting around
 b. OE　norþ-an, feorr-an　　PE　from the north, from far
 c. OE　heng-en, hæf-en　　PE　that on which anyone is hung, that which one possesses

（Haselow 2011：33 を一部改変）

しかし，分析的な PE でさえ，I, my me, mine などの代名詞，books, John's などの名詞，do, does, did, done, doing などの動詞，good, better, best などの形容詞にはそれぞれ語形変化があり，総合的な特徴が残存している．

6.3.2 形態論的類型論

19 世紀に欧州で始まった言語類型論のうち，よく知られるものとして，**形態論的類型論**（morphological typology）がある．ドイツの学者，Schlegel 兄，Humboldt らに

6.3 形態論・語彙の変化　　*111*

よるものが一般的で，以下の四つの類型に分類される（神山 2006：第 IV 章）.

(8) a. **孤立**（isolation）：接辞などの形態論的な手段が用いられず，語が語形変化をしない（例：中国語，ヴェトナム語）.

〈ヴェトナム語の例〉「屋外で調理した米はとてもまずい」

Com	nâú	ngoài	troì	ăn	rât	nhạt
「ご飯」	「調理する」	「外で」	「空」	「食べる」	「とても」	「まずい」

b. **膠着**［類型論の用語として］（agglutination）：語幹に接辞のような拘束的な要素を連結することで語形変化をするが，その要素は一つの文法範疇に対応し，その音形は変更されない（例：日本語，トルコ語）.

〈日本語の例〉「男たちから」

男　－たち　－から
　　　複数　「から」

c. **屈折**（**融合**）（inflection(fusion)）：語形変化し，しばしば複数の文法範疇が融合して一つの形態素として現れる．同一の文法範疇を表す形態素も語幹によって音形が異なることがある（例：ロシア語，ラテン語）.

〈ラテン語の例〉「奴隷たちの」

serv　　　　　-orum
「奴隷」属格・複数・男性が融合

d. **多総合**（**抱合**）（polysynthesis(incorporation)）：単一の語の中に非常に多くの形態素を含んでいる（例：イヌイット語）．厳密には抱合は多総合とは異なり，一つの語の内部で動詞的な要素に他の語彙的あるいは文法的な単位が複合され，一語で文に相当するような意味が表現される場合を指す（宮岡 1978：88ff.；2002：41ff.；Comrie 1989：42ff.）.

〈イヌイット語の例〉「彼は大きな船が欲しい」

angya	-ghlla	-ng	-yug	-tuq
「船」	「大きい」	「得る」	「…したい」	3 人称単数

((8a, c) と (8d) の例はそれぞれ McArthur 1992：610-611；1016 を一部改変)

　実際には，ある言語が単一の類型のみに属すということはまずない．たとえば，PE は語形変化が減少し語順に頼る傾向が強まり，孤立性を発達させているが，Dressler の指摘のとおり，膠着，屈折（融合），多総合（抱合：Dressler は抱合を多総合と同義で用いている）的な側面も有している.

6.3.3　膠着と滲出

　膠着［通時現象として］（agglutination）とは，独立した語が弱化し独立性を失って他の要素に付加する接辞になる過程を指す．たとえば，英語の friendly の接尾辞 -ly の起

源は独立した名詞の līc「体, 死体」であった.

一方, この逆の過程が Jespersen（1922：284）の**滲出**（secretion）であり, 元来形態論的に分析されない単位が異分析（metanalysis）の結果, 形態論的な地位を得て, 接辞のような要素が創造されていく. 英語では,「〜製のハンバーガー」を意味する -burger,「醜聞」を意味する -gate などの要素がこの過程で生まれ, それぞれ cheeseburger, baconburger 等や Koreagate, Irangate 等の新語が形成されている（Marchand 1969：212ff.；Warren 1990：116ff.）.

6.3.4 形態論化と脱形態論化

形態論を中心にして, 以下の二つの通時的過程が認められる.

(9) a. **形態論化**（morphologization）：規則・制約等による一般化に非形態論的なものが関与している状態から, 形態論的なものが関与する状態に移行する過程（Joseph and Janda 1988：195-196）.

　　b. **脱形態論化**（demorphologization）：上記とは逆の状態に移行する過程（Joseph and Janda 1988：196）.

前述の -ly が独立語の līc から接尾辞になった過程は, 語としての独立性を失ったという点からみれば, 統語論からの形態論化で, ish「ちょっぴり」, ism「主義, 考え方」など元来接尾辞だったものが独立した語として用いられるようになった過程は, 統語論への脱形態論化である. 一方, ゲルマン諸語のウムラウトは, 元来音韻的に条件づけられた規則だったが不透明化したため, 音韻論からの形態論化であることになる.

6.3.5 借用語の自語化

言語接触（language contact）等により, 他言語から語が取り入れられることを**語彙借用**（lexical borrowing）と呼ぶ. **借用語**（loanword）が自国語に取り込まれる**自語化**（naturalization）というが, Burnley（1992：445-446）に従うと, 概略, 以下の3段階の過程を経るという.

(10) a. 起点言語から当該の語がそのまま借用され, 終点言語の文法体系に馴染む段階：この段階では形態論的な分析はまだ始まっていない.

　　b. 形態論的な分析を経て文体的に借用語が差異化する段階：形態論的な分析がなされ, 他の語から当該の語が文体的に分離する.

　　c. 語の起源を問わずに当該の形態論が適用されるようになる段階：最終段階として, 形態論的な分析に基づく語形成が, **本来語**（native）にも適用される.

自語化について, 3点補足しておく. 第1は, (10b)の「文体的な分離」とは, 当該言語で借用語が威信のある外国語として意識され, それに応じた使用域で用いられるようになることである. 英語では, 上記の(10b)の過程で**ラテン語系**（Latinate）の語彙

が本来語系語彙とは異なった威信のある使用域で用いられるようになり，今日に至っている．この借用語の大まかな経路は(11)のようになる．なお，純粋にギリシャ語起源の借用語をラテン語経由の借用語と弁別できないことがあるため，ギリシャ語からの直接の借用語も含めて，ラテン語系という語を用いることもある．

(11)

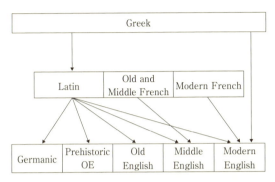

(Denning et al. 2007：33)

　第2に，語源の異なる要素の結合により生じた語は**混種語**（hybrid）と呼ばれる．英語の paganish は「外来要素＋本来語要素」の結合による混種語で，oddity はこの逆の組合せである．日本語においては，いわゆる**重箱読み**や**湯桶読み**がこれに相当するが，前者は「外来的な読み（音読み）＋本来語的な読み（訓読み）」の組合せ，後者はこの逆の順番の組合せである．

　第3に，形態素構造制約・音素配列論などに借用語の特徴が認められることがある．PE のラテン語系の接尾辞には母音で始まるものが圧倒的に多いが，これはラテン語系の形態素構造制約・音素配列論に従っていた借用語から，派生語の語幹を保つことを優先して，滲出により語幹に子音を残した分析をするためであると考えられる．たとえば，divinity の場合，形容詞 divine との派生関係が意識され，divin-ity というふうに母音の前で切ることで，-ity という接尾辞が生じたと考えられる．Lieber（2005：384-388）のリストでは，ラテン語系の接尾辞として以下の26個があげられているが，-ment /mənt/ と -ure /jə/ の2個以外はすべて母音で始まっている（下つき数字は同音異義の接尾辞を便宜的に区別したもの）．

(12) -able, -age, -al₁ -al₂, -an/-ian, -ance/-ence, -ant, -ate, -ation, -ee, -ery, -esque, -ess, -ette, -ic, -ify, -ism, -ist, -ite, -ity, -ive, -ize, -ment, -ory, -ous, -ure

　一方，本来語の接尾辞は子音で始まるものが多いが，それは元来独立性のある要素が膠着化して接尾辞になったためであると考えられる．上記の Lieber のリストで本来語の接尾辞としてあげられている14個のうち，かつて独立した語であったと考えられるものは以下の7個ある．それぞれ括弧で語源を示した．

(13) -dom (< dōm 'jurisdiction, state, statute'), -ed, -en₁, -en₂, -er, -ful (< full), -hood (< hād 'state, rank, order, condition, character'), -ish, -less (< lēas 'devoid of'), -ly (< līc 'body'), -ness, -ship (< -scipe 'shape'), -some (< -sum 'same, one'), -y

6.4 英語の形態変化・語彙の変遷

6.4.1 形態論史の概観

Kastovsky (1985, 1989, 2006a, 2006b) が一連の研究で詳細に論じているが，語基に対応する部分が語根，語幹，語と徐々に大きい単位に推移していく，というのが基本的な型である．

a. 古英語に至るまで

元来，**印欧祖語**（Proto-Indo-European：PIE）では，語根自体が適当な形態音素規則と形態規則，あるいはそのいずれかの形態論的操作を受けてさまざまな形式に変化していた．たとえば，IE の *bher- 'to bear, to carry' という語根は，種々の形態論的な条件づけに従って以下のようなアプラウトを受けた（語根のアプラウトの要素となる母音の型は「階梯(grade)」と呼ばれる）．

(14)　e 階梯　　o 階梯　　延長階梯　　ゼロ階梯
　　　bher-　　bhor-　　bhēr-/bhōr-　　bhr̥-

PIE の語構造は(15a)のとおりだとされ（Kastovsky 2006a：162；Haselow 2011：216），(15b) は OE の lufodon（lufian 'love' の過去・複数形）の語構造である．

(15) a. PIE の語構造：

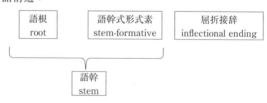

b. OE lufodon（lufian 'love' の過去・複数形）の語構造：

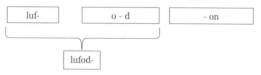

(15a)の「語幹形式素」とは OE において母音，/r/，母音＋子音のいずれかから構成される語幹拡張要素を指すが，「形態素」とは異なり，意味を持たず形式的に同定される．適当な形態音素規則と形態規則，あるいはそのいずれかの形態論的操作が適用される形式が語基なので (6.2.4)，これは Kastovsky の「語根を語基とする(root-based)」形態

論であることになる.

　PIE の語根の品詞に関しては，Kastovsky（2006b：162ff.）によると，まず語根に語幹形式素と屈折接辞（名詞の格・数，動詞のアスペクト・数・人称）が付加されて一次的に名詞・動詞が形成されることが重要であるという．これが第一次語幹形成であるが，これを経た段階では，派生動詞と派生名詞の間には直接的な派生関係はなく，ただ単に共通の語根を共有しているにすぎない．第一次語幹形成で屈折接辞が付加され，初めて当該の語が名詞になるか動詞になるか決定されるわけである．この第一次語幹形成が，そのままゲルマン祖語や OE 期における強変化動詞，アプラウト名詞・形容詞などの起源となる．たとえば，アプラウト名詞・形容詞の例として，OE では第一次語幹形成により，以下のような語が派生している．

(16) a. 動詞：brecan「壊す」
　　 b. 名詞：bræc「破壊」，gebrecness「裂け目」，brecþa「破壊された状態」，broc「断片，亀裂」，(ge-) bryce「裂け目，破壊」
　　 c. 形容詞：bryce「壊れやすい」

　　　　　　　　　　　　　　（Kastovsky 1989：162-163．日本語は筆者による）

　第一次語幹形成で語幹形式素や屈折接辞の付加により範疇が決定された第一次派生形は，次の第二次語幹形成を受け，異なった範疇の語に方向性を持った派生が生じる．以上の考察から，Kastovsky の想定する OE に至るまでの形態論の体系は，以下のような2階建てのものとなる．

(17)

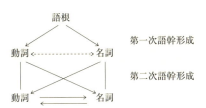

　　　　　　　　　　　　　　（Kastovsky 2006b：162．日本語は筆者による）

(17)において，第一次語幹形成の動詞と名詞の点線の矢印には派生関係がない．つまり，動詞から名詞が派生される，あるいはその逆といったことはなく，語根から別個に同じ資格で動詞や名詞が派生されるだけである．第二次語幹形成においてこの2者に派生関係が生じ，品詞間で異動が生じるわけである．

　2階建ての形態論については，PE の come と welcome の活用の相違がよい例となる．両者のうち，なぜ welcome だけが規則動詞となったのだろうか．

　実は，この理由は，come に相当する OE の cuman が第一次語幹形成で語根のアプラウトを経る強変化動詞であったのに対して，welcome に相当する wilcumian は元来，名詞+名詞型の複合語の wilcuma「来てくれて嬉しい客」(wil⑴-「喜び」と cuma「来

る者」からなる）から形成された弱変化動詞であったことによる．つまり welcome の場合は，(17)の第二次語幹形成の名詞から動詞への斜めの矢印の形成に相当するため，come のような第一次語幹形成の語根のアブラウトを受けて不規則動詞にならずに，語幹への -(e)d の接尾辞付加のみを受け，規則動詞となったのである．

一方，overcome, undergo については，前者はアブラウト，後者は補充による第一次語幹形成を経たため，すでにその段階で不規則動詞としての地位が定まってしまっている．そのため PE でそれぞれ overcame, underwent と活用する不規則動詞が形成されることとなったわけである．

b. 古英語

2 階建ての形態論の体系は，語根が語基となるような第一次語幹形成の屈折・派生の過程が OE で生産性を持たなくなったため，OE 期ではかなり崩れてくる．まず，屈折形態論では，OE の弱変化動詞，強変化女性名詞，弱変化名詞は語幹に語尾がつくことですべての語形が成立することになった．

(18) a. 弱変化動詞：

  不定形：   語幹 -an, -ian

  過去単数：   語幹 -(e)de, -te, -ode

  過去複数：   語幹 -(e)d, -t, -od

 b. 強変化女性名詞：

  単数 主：   語幹 -u

    対，属，与：語幹 -e

  複数 主，対，属：語幹 -a

    与：   語幹 -um

 c. 弱変化名詞：

  単数 主：   語幹 -a(男)，語幹 -e(女，中)

    対：   語幹 -an(男，女)，語幹 -e(中)

    属，与： 語幹 -an(男，女，中)

  複数 主，対： 語幹 -an(男，女，中)

    属：   語幹 -ena(男，女，中)

    与：   語幹 -um(男，女，中)

OE の派生形態論でも同様で，派生語も語幹を語基として形成されている．

(19) luf(-u)「愛」：   luf-sum「愛すべき」，luf-ian「愛す」

  angrisl(-a)「恐怖」：angrisl-īc(＜ angrisl - līc)「恐ろしい」

  eorþ（-e)「大地」 ：eorþ-en/eorþ -līc「地上の」

  lag（-u/-a)「法律」：lag-ian「立法化する」

        （Kastovsky 1989：166．日本語は筆者による）

6.4 英語の形態変化・語彙の変遷　　　*117*

かくして(15a)の図において，語根と語幹形式素より構成される語幹の部分が不透明に
なるため，OE の語形成は語根ではなく語幹を語基とする（stem-based）形態論に移行
していく．

しかしながら，OE 期にすでに a- 語幹の強変化名詞男性と中性において語尾が消失し
語幹と語が同一形式となるため，一歩進んで語基は語であるという解釈が可能になる．
以下の例では，単数の主格・対格で stān, sċip とも接辞がなく，語を語基として（word-
based）分析しても構わない．

(20) 　　　　　stān 'stone'　　　　sċip 'ship'
　　　　　　　強変化名詞（男）　　強変化名詞（中）
　単数　主，対：stān　　　　　　sċip
　　　属：　　　　stān-es　　　　sċip-es
　　　与：　　　　stān-e　　　　 sċip -e
　複数　主，対：stān-as　　　　 sċip -as
　　　属：　　　　stān-a　　　　 sċip -a
　　　　与：　　 stān-um　　　　sċip -um

形容詞についても，定決定詞をとらない強屈折では，単数主格・対格で語幹と語との
区別がなくなり，語基は語であるという解釈が可能となる．さらに，以下のような名詞・
形容詞を中心とする派生形態論についてもすでに一部，語基が語幹から語に移行しつつ
ある．

(21) hōc　　　「かぎ」　　：hōc - ede　　　「かぎのある」
　　 trēow　 「木」　　　：trēow - en　　　「木製の」
　　 þorn　　「とげ」　　：þorn - ig　　　 「とげのある」
　　 bēam　 「光線」　　：bēam - ian　　 「輝く」
　　 cist　　 「棺」　　　：cist - ian　　　 「棺に入れる」
　　 fers　　 「詩」　　　：fers - ian　　　 「詩を作る」
　　 ādlig　 「病気」　　：ādlig - ian　　 「病気になる」
　　 behȳdig 「注意深い」：behȳdig - ness 「注意」

(Kastovsky 1989：167. 日本語は筆者による)

OE の語彙は形態論的な有契性（6.2.5）に基づいて関係づけられ，しばしば一種の「語
の家族」を形成するため**連合的**（associative）である（ライズィ 1987：92；Kastovsky
1992：294）が，PE の語彙はその多くが形態的な有契性を失ったため**分離的**（dissociated）
であるといわれる．たとえば，OE では sunne 'sun' の形容詞として sunn-līc「太陽の」
があり，連合的な性格が認められるが，PE の sun と solar「太陽の」という形容詞の
間には形態論的な有契性が認められず，分離的になってしまっている．これは，OE で
は借用語の割合が 3％（シェーラー 1986：105，注 45）と少なく，ほとんどの語彙は生

産的な語形成により派生的に関係づけられているか，以下のように**翻訳借用**（loan translation）によっていたためである．これに対して，PEの借用語は50～70％にものぼるという（シェーラー 1986：94．なお同書のデータは Finkenstaedt and Wolff 1973：119 に依拠している）．

(22)

外来語に相当する語彙	翻訳借用の例
patriarch	hēahfæder（= high father）
three Magi	tungolwītegan（= star prophets）
martyr	þrōwere（= one who suffers pain）
font	fulluht-bæþ（= baptism-bath）
evangelist	godspellere（< gōd（= good）+ spell（= tidings）+ -ere（= -er））

（小野・中尾 1980：529 に基づく）

c. 中英語以降

中英語（Middle English：ME）以降，語が語基になる傾向はさらに進む．OE では名詞・形容詞が先に語が語基になるように移行したが，動詞についてもこの傾向が進んでいく．北部で 950 年頃までに不定詞の語尾が -en ＞ e を経た後ゼロ語尾になったが，それ以外の地域でも同様にゼロ語尾となる（中尾 1972：162-164）．名詞は例外的に南部でしばらく -en 複数を保つが，後期中英語（Late Middle English：LME）までに単数主格・対格はゼロ語尾になる（中尾 1972：150）．この結果，LME までにはほぼ完全に語が語基となる屈折・派生に移行し，その型がそのまま PE の特徴となる．

しかし，語が語基となる形態論の型には二つのグループの例外的な語彙があり，そのまま PE に至っている（Kastovsky 1989：168ff.）．第1は，(23)のようなお馴染みのラテン語系（Latinate）の借用語である．

(23) admiss-ion, scient-ist, dramat-ic, systemat-ic, fratern-ize など

第2のグループは，6.2.4 でみた新古典複合語と呼ばれる一群の語彙である．

(24) a. aer(o)-, andr(o)-, anthrop(o)-, audio-, aut(o)-, bio-, electro-, geo-, heter(o)-, hom(o)-, hydr(o)-, neur(o)-, palae(o)-, psued(o)-, psych(o)-, quadr(i)-, socio-, tele-（以上，前部連結形）

b. -cephaly, -ectomy, -emia, -gamy, -geny, -icide, -ivore, -(o)crat, -(o)graph, -oid, -(o)logy, -onym, -ophile, -(o)phobe, -pathy, -phone, -saurus, -scope（以上，後部連結形）

（Huddleston and Pullum 2002：1661 を一部改変）

これらの連結形を含む語彙は，語幹が語基となるラテン語系の形態論が取り込まれて成立したもので，本来語系の語彙とは全く類型論的に異なる．これらは，基本的に外来

の語形成であって，英語に取り込まれて6.3.5でみたとおりの自語化の経緯をたどったと考えられる．

このように本来語系の層とラテン語系の**語彙層**（lexical stratum）が併存している点は，PEの語彙の大きな特徴である．このことは多くの形態論者の指摘するところで，たとえば，Siegel（1979）は，語強勢の位置を変える接辞と変えない接辞の2種類の接辞を，＋，＃という境界を設定することで説明しているが，Class I接辞とも呼ばれる＋境界接辞はラテン語系接辞に，Class II接辞とも呼ばれる＃境界接辞は大体のところ本来語系接辞に，それぞれ大まかに対応している（西原・菅原2014：88ff.）．

(25)　　　　　　　　Class I　　　　　　　Class II
　　prodúctive　　　productív+ity　　　prodúctiv#ness
　　frágile　　　　　fragíl+ity　　　　　frágile#ness

このような考え方は，後に順序づけられた層を認める語彙音韻論・形態論（Lexical Phonology/Morphology）という理論に発展していった．Rainer（2005：342-343），Bauer et al.（2013：613-615）らの研究により，PEの形態論を共時的に考える際には古典的な語彙音韻論・形態論の理論は問題視されてはいるものの，英語の形態変化を考えるうえで，本来語系・ラテン語系の区別という観点と語基に注目する類型論上の観点は，非常に重要であると思われる．

結局のところ，以上のような形態変化・語彙の変遷を遂げた結果，PEはDressler（1985：343）が述べるような「形態論における奇妙な混合」（a weird typological mix）を呈するようになっている．事実上，(8)でみた四つのタイプすべてがみられるからである．英語史を通じて語形変化が減少し，語順の固定化により文法関係を表すようになったため，孤立化・分析化の傾向はもとより見て取れるが，これに加えて，PEでも，I, my me, mineのような人称代名詞，books, John'sなどにみられる名詞（数・格），do, does, did, done, doingにみられる動詞（人称・時制・相など），good, better, bestにみられる形容詞などに残存している融合的な傾向，mosquito netのような一次複合語にみられる，音形等の変化を伴わずに二つの語基が結合され新たな語が構成されるという膠着的な傾向，さらには，truck driverのような二次複合語にみられる多総合的な傾向が共存している．

6.4.2　語形成の二つのタイプと語彙の層

6.3.3でみた膠着と滲出という二つの通時現象は大雑把に，それぞれ本来語系の語形成とラテン語系の語形成と相関している（6.3.2の形態論的類型論の節で用いた膠着・融合の別を語形成についても用いることとする）．

まず本来語系の語彙層であるが，この層で起こる語形成は，基本的に膠着的なものだと考えられる．(13)でみたとおり，英語の本来語系の接尾辞の多くは元来は独立した語

であり，6.3.5 でみたとおり，それは接尾辞が子音で始まるという形態素構造に反映されている．

一方，(12)にみられるように，ラテン語系の語彙層においては本来語系の語彙層とは全く異なり，接尾辞がほとんどすべて母音で始まっている．6.3.5 でも触れたが，これは元来，これらの接尾辞が本来語系の接尾辞の形成に関わる膠着的な原理ではなく，むしろ借用された語が滲出により分析され，融合的な特徴が英語に取り込まれ，ラテン語系の融合的な形態論として英語に存在してきたことを示唆している．Dalton-Puffer (1996：59) がラテン語系の接尾辞の場合，再音節化 (resyllabification, 子音が異なった音節に再配置されること．例：existence は，-ence の付加により /t/ が語幹とは異なった音節に属して exis·tence となる) を経ることが本来語系の接尾辞よりはるかに多いと指摘しているが，ラテン語系の融合的な形態論が取り込まれたことにより，形態素の境界が崩されたためであると考えられる．

(26)は本来語系とラテン語系の語形成を接尾辞に焦点を当てて比較したもので，ロー

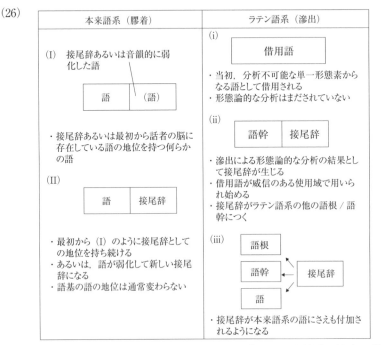

(Koshiishi 2012：23 を一部改変)

マ数字はそれぞれ通時的な流れを示している．本来語系の接尾辞は例外はあるものの，元来は独立した語であったものが音韻的に弱化し，最終的に接尾辞となった．一方，ラテン語系の接尾辞は形態論的な分析が不可能な状態で英語に借用されるが，同様の借用語が増えてくるに連れ，語尾の部分が一種の異分析により滲出され，接尾辞が生じたと考えられる．

　この点で興味深いのは，英語の形容詞に関係する語形成である．英語の形容詞は，①叙述用法，②比較変化，③程度性（gradability），④名詞化が可能であること，の四つの性質を持つ**性質形容詞**（qualitative adjective）と，①〜④の性質を欠き，基本的に「〜に関係する」という意味しかない**関係的形容詞**（relational adjective）の二つに大別される．性質形容詞は基本的に評価的な意味を表すが，関係的形容詞は，その意味の大本に何らかの名詞が想定され，「〜に関する，〜の」（「〜」の部分にはその名詞が入る）という非評価的で記述的な意味しか持たない．以下の例を参照．

(27) a. 性質形容詞．例：hot（「熱い」という評価的な意味を持つ）：

　　　i.　this water is *hot*

　　　ii.　this water is *hotter* than …

　　　iii.　this water is very *hot*

　　　iv.　the *hotness* of this water

　　b. 関係的形容詞．例：thermal（「熱に関する」という，非評価的で記述的な意味しか持たない）：

　　　i.　*this water is *thermal*

　　　ii.　*this water is more *thermal* than …

　　　iii.　*this water is very *thermal*

　　　iv.　*the *thermality* of this water

Koshiishi（2012）は，これらの2種類の形容詞に関して，本来語系の語形成は性質形容詞と，ラテン語系の語形成は関係的形容詞と相関すると指摘した．

　このような相関関係には多分，英語の形態論の語彙層が関与していると思われる．本来語系の語形成による形容詞の場合，関与する接辞は元来独立した語であったため形容詞の具体的な意味に貢献し，それが評価的に解釈されたのだろう．たとえば，(13)でみたように本来語系の接尾辞 -ly はもともと「体」(līc) を意味したが，このように具体的な語彙的意味があったため，「〜のような体・風貌を持つ」から「〜にふさわしい」を経て，「〜が属性として持つ好ましい（あるいは好ましくない）性質の」という評価的な意味に転じやすかったと考えられる．かくて fatherly という語は「父親のように思いやりのある」という評価的な意味が普通である（日本語でも，「体（てい）」が接尾辞に転化し，「商人体（てい）の男」といった言い方があるが，いく分否定的な響きがある）．同様に，本来語系の「唯一，それ自身」を意味する接尾辞の -some についても，たと

えば troublesome となると「困難に関する」という関係的形容詞としての意味ではなく，「厄介な，迷惑な」という評価的な意味の性質形容詞となる．

　一方，ラテン語系の語形成による形容詞では，関与する接辞は異分析により生じ，独立した語が持つような語彙的な意味を欠くため，意味的な貢献がなく，単に範疇を名詞から形容詞に変えるだけの**転換操作子**（transposing operator）にすぎなかったのだと考えられる．このため，関係的形容詞は形容詞であるものの，典型的な性質形容詞が持つような評価的な意味を持たず，名詞に近い性質を帯びるのだろう．paternal という語は，「父親に関係する，父親の」という関係的形容詞としての非評価的で記述的な意味が基本である．さらに興味深いことに，関係的形容詞の意味を持つラテン語系の形容詞が借用されることで，本来語系の形容詞が評価的な意味に特化したということもある．fatherly は paternal が借用されたため，関係的形容詞としての意味をそれに譲り，自らは専ら評価的な意味に向かっていったと考えられるわけである（*Oxford English Dictionary* の -ly の項）．なお 6.6 で触れるが，関係的形容詞の多くは後に評価性を持つようになり，性質形容詞に転化される例が多い．

　膠着・融合的な本来語の接辞形成は，独立した語が弱化して最終的に接辞に至るという，言わば風化にも例えられる自然化であるのに対して，ラテン語系の接辞形成は滲出的で，人間が行う一種の異分析によって接辞が生まれているわけで，言わば自然化とは逆の，人知によって生じる人工化であると考えてよいと思われる．したがって，ラテン語系の語形成においては，**類推**（analogy）に基づいた**再解釈**（reinterpretation）・**再分析**（reanalysis）等が働く余地が多いことも十分想定できる．たとえば, million「百万」，billion「十億」，trillion「兆」などの語からの類推に基づき，jillion, squillion, zillion（いずれも「莫大な数」を意味する）等の語が生じているが，これは mil-, bi-, tri- などと共に -llion という単位が再解釈・異分析により生じ，それに基づいて新語が生まれたことを示している．

6.4.3　語彙にみられる分離状態

　PE の分離状態の極端な例として興味深いのは，vernal, equine 等の，一群のラテン語系形容詞の存在である．これらの形容詞は傍系形容詞（collateral adjectives）と呼ばれ，それぞれ対応する spring, horse 等の本来語の名詞と分離的な関係にある．「傍系」は，元来「直接的な語源関係がない」という意味だが，語源関係が不明な場合も含んで用いられている．以下では，この一群の形容詞の例を意味的に対応すると考えられる名詞とともに示した．

(28) vernal($\sim$ spring), bovine($\sim$ cow), canine($\sim$ dog), ecclesiastical($\sim$ church), equine($\sim$ horse), maternal($\sim$ mother), nasal($\sim$ nose), oral($\sim$ mouth), royal ($\sim$ king), semantic($\sim$ meaning), thermal($\sim$ heat)

興味深い点を2点指摘しておく．第1に，これらの形容詞の語幹と対応すると考えられる名詞は，6.2.4 でみた go～went の関係のようにパラダイムを構成し，補充的であると考えられることである．

第2に，ラテン語系の語彙層に属することから予想されるとおり，傍系形容詞は基本的に関係的形容詞で，それらの意味は「～に関する，～の」(「～」の部分には意味的に関係する名詞が入る）であることである．(27b) から明らかなように，通常はこれらの形容詞には叙述用法，比較変化・程度性いずれもなく，名詞化されることも普通はない（この場合，派生名詞がないということではない．たとえば nasal に対応する nasality「鼻音性」は，音声学等の専門分野では用いられることがある）．

以下に vernal を例にとって，傍系形容詞が関わる分離関係を図示してみるが，そこにみられる分離状態が社会言語学的に解釈を受け，ラテン語系の語彙の多くが**難解語** (hard word) となり，階層差を生む語彙的境界 (lexical bar) として機能している (Corson 1985)．

(29)

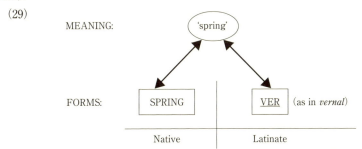

(Koshiishi 2011：242)

シェーラー (1986:122) によると，本来語系は「より個人的な，より生き生きとした，そしてより強く感情を帯びた語彙」であるのに対して，ラテン語系は「より冷静な，より非個人的な，より洗練された，そしてより重々しい語彙」であるという．

難解語を滑稽にも取り違える誤用をマラプロピズム (malapropism)（たとえば，'lucrative business'「富をもたらす仕事」といおうとして 'ludicrous business'「滑稽な仕事」といってしまうこと）と呼ぶが，これは英語において顕著で，tactile「触覚の」と tactical「戦略上の」を間違えるなど，分離状態により難解語を取り違えてしまうことを指す（ライズィ 1987：第 II 章）．

なお，形態的有契性は話者の語源知識に左右される．vernal を spring と結びつけられる話者は少ないが，グリムの法則等を適用させて paternal と father と形態論的に関連づけられる話者は一定数存在すると思われる．

6.5 日本語の形態変化・語彙の変遷

6.5.1 古代日本語の語彙：和語を中心として

古代日本語の語彙は，基本語彙に属する**和語**（**大和言葉**）(*wago*(*yamato kotoba*)) が多く，その使用頻度も高いが（工藤ほか 2009:98），以下の「頭音法則」に従っていた（工藤ほか 2009：81；沖森 2010：53）．

(30) a. ラ行音で始まる語がない．

b. 濁音（ガ行音，ザ行音，ダ行音，バ行音）を語頭に持つ語がない．

c. 母音だけの音節は語頭以外に立たない．

沖森（2010：53）は，上記の「頭音法則」はアルタイ諸語の特質の一つであると指摘する．工藤ほか（2009：81）の指摘するように，他にも撥音，促音，長音がないという特徴があるが，以上の音に関する制約は，古くはそのまま和語の制約であると考えてよい．

しかし，和語という用語は必ずしも日本固有の語彙という意味ではない．たとえば，「うま(馬)・うめ(梅)」はそれぞれ漢字音「マ・メ」の発音の際，頭子音の鼻音要素 [m] の入りわたり音（on-glide）(ある音の調音から他の音の調音に移行する際に必然的に生じる音）が「う」と解釈されたものであり，元来漢語なのに和語であると認識される．したがって，正確には，和語とは「漢字を介在させて，それを音（呉音・漢音）で読まない語，つまり「訓」とほぼ同義である」(沖森 2010：93) と捉えるのがよい．結局のところ，和語という概念は**漢語**（Sino-Japanese vocabulary），**外来語**（洋語）(*gairaigo*) との対比で捉えられていることになる．和語，漢語，外来語（洋語）がそれぞれ，ひらがな，漢字，カタカナという文字種に対応する事実も，そのような捉え方に影響していると思われる．

上記の和語の特徴は，その後の漢語・外来語の流入により失われたため，現代日本語の語彙には，頭音法則等の制約を受けない語彙が多い．

6.5.2 文字と語彙の層

言語の文字の種類は大きく，**表音文字**（phonogram）(一義的に音を表す文字）と**表語文字**(logogram)(原則として個々の語や形態素を表す文字)に分かれる．アルファベットは前者の，漢字は後者のそれぞれ代表的な例である．

日本語で用いられる漢字には，以下の二つの読みがある．

(31) a. 漢字の**音読み**（Sino-Japanese reading）：移入した漢語の読み方．基本的にそのまま中国語の音を日本語にしたもの．

b. 漢字の**訓読み**（native Japanese reading）：漢字に固有の日本語を当て，日本語として読んだもの．

この他にも，日本語では表音的な用法を発達させて音節文字とした仮名が用いられる．仮名には，ひらがなとカタカナの2種類があるが，いずれも漢字が略されて音節文字として発展したものである．

　日本語の場合，漢字という文字の存在が音と訓を結合させている点がきわめて重要であるが，この点を「春」という漢字を例にとってみてみよう．大体のところ，以下のように音読みと訓読みが漢字によって結びつけられている．

(32)

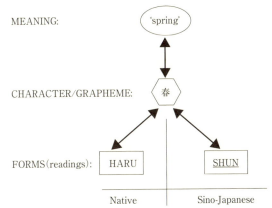

(Koshiishi 2011：244)

(32)は，「春」という漢字が介在する点を除くと，英語の spring/ver(-nal) の関係を表した(29)の図とよく似ている．

　森岡健二は，上記の事実から，日本語の場合，漢字の表示するものは形態素であるとする「文字形態素論」を1960年代末に提唱した（森岡2004）．それによると，たとえば「学」という漢字は，それを媒介として音読みの「ガク」と訓読みの「まなぶ」という二つの異形態が顕現していると捉えるわけである．これに対しては，たとえば，漢字「学」そのものを形態素だと考えるのではなく，形態素 |GAKU|（たとえば，「学校」の /gaQ/,「学問」の /gaku/ がその異形態．/Q/ は促音の「ッ」を示す）と |MANAB|（たとえば，「学ぶ」の /manab/,「学んだ」の /manaN/ がその異形態．/N/ は撥音の「ん」を指す）を束ねた「超形態素」のように，一段上の単位として捉えるべきだという宮島(1981)の批判がある．しかし，そのような見方をとっても，たとえば「男」という超形態素が束ねているのは「おとこ」という訓読みの自由形態素と「ダン，ナン」という拘束形態素であるという非常に変則的なことになる（井川2012：133-135）．どのような見方をとるにしろ，日本語の漢字の特殊性を考えるうえで，上記の主張は非常に興味深い．

6.6 英語と日本語の比較

まず共通点であるが，第1に，両言語とも借用に寛容である点を指摘しておきたい．特に重要なのは，英語におけるラテン語系の語彙層と日本語における漢語の語彙層の存在である．これらの語彙層は両言語において有力な語彙層を構成し，形成された語彙も豊富に存在するが，起点言語の形態論が終点言語に取り込まれてこのように語彙層をなしている点は，正に，借用語に寛容である両言語の共通の特徴を示している．

第2に指摘できるのは，日英両言語とも，その形態変化・語彙の変遷をみると，基本的に不変の独立した単位である語が語基になり，同じく不変で独立した接辞がそれに付加される膠着化の流れに向かっている点である．日本語は形態論的類型論の観点から膠着語に分類されるが，英語では語幹が語基となるラテン語系の語形成においても，最近，語が語基となる語形成に移行した例が観察される．たとえば，以下の例では，ラテン語系の接尾辞 -ism が語を語基として付加され，「〜に特有の話し方」の意味で使われるようになってきていることが見て取れる．

(33) catholic[k]ism, ?Buddha-ism, ??commune-ism, Indiana-ism, Indian-ism

(Goldsmith 1990：261)

同様な変化は -ize などでも観察され，criticize, mysticize などの語幹が語基となっている例とともに，condoize, Judaize など，語が語基となる例が観察される．このようにラテン語系の語形成で語幹ではなく語が語基となっている例は，たとえば Fudge（1984）をみれば枚挙にいとまがない．

第3に，両言語ともその語形成全体を眺めてみると本来語系の形容詞の語形成が弱く，外来語系の形容詞の語形成に頼っている点である．英語においては，Lieber（2005：413）に "By far the majority of them[i.e. adjectives] are Latinate in origin." という記述があるし，日本語では，古くは柳田（1969：360）に「…我々はいつも形容詞の飢饉を感じて居るのである」とある．柳田の記述は本来語系の形容詞に限らないが，これを解説した井上（1981：11ff.）に，この飢饉状態の対策として，日本語は，外来語をそのまま導入したり（例：スノビッシュな），漢語を用いたりする（例：積極的な，優雅な）やり方に頼ってきたとある点からみて，論旨は明確である．

さらに興味深いのは，日英両言語において，外来語系の語形成による形容詞が最初は関係的形容詞だったが，次第に性質形容詞としての評価的な意味を発達させている例が多いことである．たとえば，英語では economical は元来 "of or relating to a household or its management" であったがいまや "thrifty" の意味で用いられるし，日本語でも「経済的」といった場合，「経済に関する」という意味ではなく，「費用・手間のかからないさま．安上がり」という意味で用いられることが多い．両言語とも，ひとたびこのよう

に性質形容詞になってしまえば評価性を帯び，比較変化・程度性を持ち，叙述用法も発達させるようになる（例：This car is very *economical*；「この車はとても経済的だ」）.

　一方，日英の相違として指摘できる点は以下のとおりである．まず第1に，明白なことだが，日本語では音読み，訓読みという二つの読みが漢字という文字の存在により結びつけられている点である．英語ではそのような文字は存在しない．日本語の場合，漢字の習得は教育の大きな部分を占めているが，それにより，音・訓という，言わば補充関係，分離状態にある二つの語根を自由に行き来できることになる．

　第2に，日本語の場合，当て字やルビの使用により，漢字と一見意味的に無関係な読みを強引に結びつけている極端な例があることである．(34a)の例では字をみれば何らかの関係が想起されるが，(34b)の例では予備知識がなければ，字をみてもその読みはまず想起できない．

(34) a. 貴方（あなた），母親（おふくろ）
　　　 b. 流石（さすが），目出度し（めでた），野暮（やぼ）

無論，これに対応する英語の例は考えられない．

　第3に，英語の場合，ラテン語系の借用語は借用元のラテン語自体がもともと高度に屈折的（融合的）であるのに対して，日本語の場合，漢語はもともと孤立的である点である．英語の場合，ラテン語系の借用は具体的な語形として英語に入ったため，形態論的な分析につながりやすかったと考えられる．一方，日本語の場合，漢語は中国語の孤立的な性格上，基本的に単音節で，統語的な情報等を持たない状態で日本語に入ったので，形態論的な分析は受けにくかったのではないかと考えられる．英語では借用語をベースにラテン語系の形態論が取り込まれて発達する素地があったのに対して，日本語では，借用語は漢語系の「読み」として本来語系の「読み」と対置されるかたちで取り込まれたわけであるが，そこには起点言語の形態論的類型論の差も影響していると考えられる．

　第4の相違点として指摘できるのは，借用を社会的に制限しようとする試みの有無という点である．日本語では国語審議会による常用漢字表に基づいた借用語の制限等の試みがあったが，英語はそのような制限とは無縁で，フランスのアカデミー・フランセーズのような動きも英語にはなかった．

まとめ

本章では，形態・語彙について基本的な概念を整理した後，日英両言語の形態変化・語彙の変遷について考察した．結論を以下に箇条書きにして示す．

(35) a. 英語の語形成・語彙の変遷は，基本的に語基が語根から語幹，そして語へと，より大きい単位になっていった流れとして捉えられる．

　　　 b. ラテン語系の借用語と新古典複合語は上記の流れの例外で，拘束語基である語幹を結合要素とする形態論が基本．しかしながら，これらのラテン語系の

語彙層においても，語が語基となる語形成が勢いを伸ばしている．

c. 英語の接辞形成は，膠着的な本来語の語彙層に属するものと滲出的なラテン語系の語彙層に属するものの二つに大別される．この差は形態論のみにとどまらず，音韻論，統語論など他の部門にも影響を及ぼしている（例：接尾辞が母音・子音のいずれで始まるか，形容詞の二つのタイプのいずれになるか，など）．

d. 英語の形態変化・語彙の変遷は，日本語のものとある程度並行的に考えられるが，日本語では，分離を防ぐ漢字の存在（音・訓を文字素が結びつけている），類型論的な性質（日本語はもともと膠着的）などが，英語とは異なっている．

文献案内

・Kastovsky, Dieter(1989)"The Typological Change in the History of English Morphology," in Udo Fries and Martin Heusser(eds.) *Meaning and Beyond: Ernst Leisi zum 70*, Tübingen: Gunter Narr, 159-178.
英語形態論の類型論的な変遷について，語基の大きさに着目して類型論的な観点から考察した論文．

・ライズィ，エルンスト（著），大泉昭夫・野入逸彦（訳）(1987)『現代の英語—その特徴と諸問題—』京都：山口書店．
第 II, III 章は英語の形態論を考えるうえで非常に重要．英語とドイツ語との興味深い比較・対照が随所にみられる．

・Lieber, Rochelle(2005) "English Word-formation Processes," in Pavol Štekauer and Rochelle Lieber(eds.) *Handbook of Word-formation*, Dordrecht: Springer, 375-427.
PE の英語の語形成の過程に関してまとめて書かれた論文．用例が豊富．

・森岡健二（2004）『日本語と漢字』東京：明治書院．
日本語の漢字の特殊性について考察した本．著者は Nida の形態素認定の手続きを日本語に適用させている．理論面だけでなく，用例が豊富．

引用文献

井川壽子（2012）「漢字語の接辞—日本語とヨーロッパ語の間で」鈴木孝夫研究会（編）『鈴木孝夫の世界　第3集』東京：冨山房インターナショナル，125-146．
井上ひさし（1981）『私家版日本語文法』東京：新潮社．
沖森卓也（2010）『はじめて読む日本語の歴史』東京：ベレ出版．
小野茂・中尾俊夫（1980）『英語史 I』東京：大修館書店．
加島祥造（1976）『英語の辞書の話』東京：講談社．
神山孝夫（2006）『印欧祖語の母音組織　研究史要説と試論』岡山：大学教育出版．

引　用　文　献

工藤浩・山梨正明・真田信治・畠弘巳・林史典・鈴木泰・土岐哲・村木進次郎・田中穂積・小林賢次・仁田義雄（2009）『日本語要説』東京：ひつじ書房.

シェーラー，マンフレッド（著），大泉昭夫（訳）（1986）『英語語彙の歴史と構造』東京：南雲堂. Scheler, Manfred（1977）*Der englische Wortschatz*, Berlin: Erich Schmidt Verlag.

中尾俊夫（1972）『英語史 II』東京：大修館書店.

西原哲雄・菅原真理子（2014）「第 4 章　形態構造と音韻論」菅原真理子（編）『音韻論（朝倉日英対照言語学シリーズ 3）』東京：朝倉書店，88-105.

宮岡伯人（1978）『エスキモーの言語と文化』東京：弘文堂.

宮岡伯人（2002）『「語」とはなにか　エスキモー語から日本語をみる』東京：三省堂.

宮島達夫（1981）「「文字形態素論」批判」『教育国語』**66**：21-35.

森岡健二（2004）『日本語と漢字』東京：明治書院.

柳田國男（1969）「国語の将来」『柳田國男集(現代日本文學大系 20)』東京：筑摩書房, 347-363.

ライズィ，エルンスト（著），大泉昭夫・野入逸彦（訳）（1987）『現代の英語―その特徴と諸問題―』京都：山口書店. Leisi, Ernst（1974）*Das heutige Englisch*, Heidelberg: Carl Winter Universitätsverlag.

Bauer, Laurie, Rochelle Lieber and Ingo Plag（2013）*The Oxford Reference Guide to English Morphology*, Oxford: Oxford University Press.

Burnley, David（1992）"Lexis and Semantics," in Norman Blake（ed.）*The Cambridge History of the English Language, Volume II: 1066-1476*, Cambridge: Cambridge University Press, 409-499.

Comrie, Bernard（1989）*Language Universals and Linguistic Typology*, 2nd Edition, Chicago: The University of Chicago Press.

Corson, David（1985）*The Lexical Bar*, Oxford: Pergamon.

Dalton-Puffer, Christiane（1996）*The French Influence on Middle English Morphology*, Berlin/New York: Mouton de Gruyter.

Denning, Keith, Brett Kessler and William R. Leben（2007）*English Vocabulary Elements*, 2nd Edition, Oxford: Oxford University Press.

Dressler, Wolfgang U.（1985）*Morphonology: The Dynamics of Derivation*, Ann Arbor: Karoma Publishers.

Finkenstaedt, Thomas and Dieter Wolff（1973）*Ordered Profusion: Studies in Dictionaries and the English Lexicon*, Heidelberg: Carl Winter.

Fudge, Erik（1984）*English Word-Stress*, London: George Allen & Unwin.

Goldsmith, John A.（1990）*Autosegmental and Metrical Phonology*, Oxford: Basil Blackwell.

Haselow, Alexander（2011）*Typological Changes in the Lexicon: Analytic Tendencies in English Noun Formation*, Berlin/New York: Mouton de Gruyter.

Haspelmath, Martin and Andrea D. Sims（2010）*Understanding Morphology*, 2nd Edition, London: Hodder Education, an Hachette UK Company.

Huddleston, Rodney and Geoffrey K. Pullum（2002）*The Cambridge Grammar of the English Language*, Cambridge: Cambridge University Press.

130　　第 6 章　形態変化・語彙の変遷

Jespersen, Otto (1922) *Language: Its Nature, Development and Origin*, London: Allen & Unwin.

Joseph, Brian D. and Richard D. Janda (1988) "The How and Why of Diachronic Morphologization," in Michael Hammond and Michael Noonan (eds.) *Theoretical Morphology: Approaches to Modern Linguistics*, San Diego: Academic Press, Inc., 193-210.

Kastovsky, Dieter (1985) "Deverbal Nouns in Old and Modern English: From Stem-formation to Word-formation," in Jacek Fisiak (ed.) *Historical Semantics - Historical Word-Formation*, Berlin, New York, Amsterdam: Mouton de Gruyter, 221-261.

Kastovsky, Dieter (1989) "The Typological Change in the History of English Morphology," in Udo Fries and Martin Heusser (eds.) *Meaning and Beyond: Ernst Leisi zum 70*, Tübingen: Gunter Narr, 159-178.

Kastovsky, Dieter (1992) "Semantics and Vocabulary," in Richard M. Hogg (ed.) *The Cambridge History of the English Language, Volume I: The Beginning to 1066*, Cambridge: Cambridge University Press, 290-408.

Kastovsky, Dieter (2006a) "Vocabulary," in Richard M. Hogg and David Denison (eds.) *A History of the English Language*, Cambridge: Cambridge University Press, 199-270.

Kastovsky, Dieter (2006b) "Typological Changes in Derivational Morphology," in Ans van Kemednade and Bettelou Los (eds.) *The Handbook of the History of English*, Malden, Oxford: Blackwell, 151-176.

Koshiishi, Tetsuya (2011) *Collateral Adjectives and Related Issues*, Bern: Peter Lang.

Koshiishi, Tetsuya (2012) "Two Types of Adjectives and the History of English Word Formation,"『歴史言語学』1: 23-38.

Lieber, Rochelle (2005) "English Word-formation Processes," in Pavol Štekauer and Rochelle Lieber (eds.) *Handbook of Word-formation*, Dordrecht: Springer, 375-427.

McArthur, Tom (ed.) (1992) *The Oxford Companion to the English Language*, Oxford: Oxford University Press.

Marchand, Hans (1969) *The Categories and Types of Present-day English Word-formation: A Synchronic-diachronic Approach*, 2nd Edition, München: C. H. Beck'sche Verlagsbuchhandlung.

Rainer, Franz (2005) "Constraints on Productivity," in Pavol Štekauer and Rochelle Lieber (eds.) *Handbook of Word-formation*, Dordrecht: Springer, 335-352.

Siegel, Dorothy (1979) *Topics in English Morphology*, New York: Garland.

Spencer, Andrew and Ana R. Luís (2012) *Clitics: An Introduction*, Cambridge: Cambridge University Press.

Ullmann, Stephen (1962) *Semantics: An Introduction to the Science of Meaning*, New York: Barnes & Noble.

Warren, Beatrice (1990) "The Importance of Combining Forms," in Wolfgang U. Dressler, H. C. Luschützky, O. E. Pfeiffer and J. R. Renninson (eds.) *Contemporary Morphology*, Berlin: Mouton de Gruyter, 111-132.

第7章 統語変化

柳田優子

キーワード：VO 語順，OV 語順，語順の変化，目的語移動，移動の消失，接語代名詞

　本章では，生成文法理論，言語類型論の観点から英語と日本語における語順の変化，それに関連する接語代名詞とその消失を取り上げ，言語変化の普遍性と個別性の問題を日英語の比較研究に基づいて考察する．

　生成文法における**原理とパラメータ**（Principles and Parameters）による理論的モデルでは言語の多様性は複数のパラメータの値の組合せとして規定される．パラメータは二項対立であり，言語類型論における，連続体（continua），**漸次変容**（cline）は排除される．たとえば，語順のパラメータにおいて，言語は英語のような **VO 語順**か日本語のような **OV 語順**かのどちらかであり，語順が自由な言語は存在しない．

　この言語間の共時的多様性をパラメータで規定するという分析的方法は Lightfoot（1991）以降，言語の通時的変化のメカニズムを解明するのに使われてきた．言語変化の説明に通時的規則や原理を想定するのではなく，文法変化を**パラメータの再設定**として捉える．なぜなら人間は言語の歴史を考慮することなく言語を獲得するからである．母語話者に内在する言語能力である**普遍文法**（Universal Grammar）の観点から，人間言語の通時的変化の説明は共時的体系の中にみられ，通時的規則，原理，一般化は共時的原理から結果として生じることを意味する．

　以下，7.1 では，語順の変化に関する言語類型論のアプローチの概略を述べる．7.2 では，原理とパラメータ，また Chomsky（1995, 2001）のミニマリスト・プログラムの理論的枠組みで，英語史における統語変化，7.3 では日本語史における統語変化をみていく．

7.1　語順の変化

　英語と日本語は語順パラメータにおいて異なる値を持つ言語である．英語は動詞が目的語に先行する VO 言語であり，日本語は目的語が動詞に先行する OV 言語である．しかし，通時的にみると一般に英語は OV 言語から VO 言語に語順が変化したといわれている．一方，日本語は一貫して OV 言語であるが，上代日本語（8 世紀頃）には，現代語にない特異な語順の制約がある（詳しくは 7.3 参照）．

　言語の語順変化に関しては，これまで，言語類型論や生成文法理論の分野で多くの研究が行われてきた．言語類型論における語順のアプローチの基礎をなすのは Greenberg

(1963) によって示された**含意的普遍性**（implicational universal）に関する観察である．
Greenberg は，30 言語の 45 の統語的・形態的普遍性について記述した．Greenberg の
含意的普遍性は主語と動詞・目的語の順序を前提条件とした，他の**構成要素の順序**に関
する記述が多い．この事実から Lehmann (1973, 1978) は動詞と目的語の順序が構成素
の順序を決める基礎になるという結論を示した．

(1)Lehmann による構成要素順序の相関（Whaley 1997：86）

VO	OV
前置詞	後置詞
名詞 + 形容詞	形容詞 + 名詞
名詞 + 属格	属格 + 名詞
文頭の疑問詞	文頭以外の疑問詞
接頭辞	接尾辞
助動詞 + 動詞	動詞 + 助動詞
動詞 + 副詞	副詞 + 動詞
否定語 + 動詞	動詞 + 否定語

しかし，この類型的一般化に一貫性を持たない言語が多くあることが指摘されている．
たとえば，現代英語は VO 言語に特徴的である前置詞，名詞 + 属格（the car of John），
助動詞 + 動詞の語順を持ち，疑問詞は文頭に移動する．一方で，OV 言語の特徴である，
形容詞 + 名詞，属格 + 名詞（John's car），接尾辞を持つ．Lehmann は「言語が予測に
合わないパターンを示すとき，その言語は，変化の途中である」(Lehmann 1973：55)
と提案している．類型的一般化に矛盾するパターンを持った言語は，類型的一貫性を持
つように変化する．これを英語の歴史でみると，英語は OV から VO への変化の途上に
あり，OV と VO の両方の言語の性質を備える．一方，Venneman (1973, 1976) は
VO・OV 語順と構成要素の順序の相関関係には自然連続原理（Natural Serialization
Principle）と呼ばれる，より深い機能的関係があると主張する．Venneman の提唱す
る自然連続原理とは，形容詞や目的語などの依存部（operator）と名詞や動詞の主要部
（operand）はその順序を一定に保ち，依存部-主要部，あるいは主要部-依存部を理想
型として，言語はその理想型に向けて変化するという仮説である．しかし，Hawkins
(1983) は Venneman の自然連続原理には例外が多いことを理由に，VO 対 OV の区分
は適切ではないと主張し，**範疇横断的調和**（cross-categorial harmony）と呼ばれる原
理を提唱した．この原理は主要部と依存部の順序関係が範疇を超えて一定である，いわ
ゆる，語順の一貫した言語が最も広くみられる言語類型であるというものである．いず
れにしても，言語類型論者の主張の問題は，あるシステムからあるシステムへ変化する
過程で類型的な一般化に矛盾するシステムが長期間存続することに対する説明が明確で
ないことである．そこで Comrie (1989) や Song (2001) は類型論における語順の普遍
性が変化の要因になることに強い根拠がないと述べている．

Lightfoot（1979, 1991）は Lehmann と Venneman が描く言語変化は Chomsky が提唱する認知的なモジュールとして文法を捉える主張と相容れないと批判している．文法は心的実在であり子供は周囲の大人が話す個別言語のデータをもとに完全な言語を獲得する．言語変化は，それぞれの世代で，子供が大人から受け取る言語的証拠を分析し，新しい文法を獲得するときに生じる．原理とパラメータのアプローチでは言語獲得者によるパラメータの価はゼロか1なので，必然的に個人の文法における変化は突発的である．一方，言語共同体において言語変化が起こるプロセスは漸進的である．歴史統語論の分野では，この言語変化の**漸進性**（gradualness）の問題が理論の枠組みを超えて長い間議論されてきた（Traugott and Trousdale 2010）．

7.2 英語における語順の変化

生成文法理論に基づく語順の変化の研究は，数多くある．7.2.1 では原理とパラメータの仮説に基づく分析，7.2.2 ではミニマリスト・プログラムに基づく分析を紹介する．生成文法の用語や概念の詳しい説明は，本章の最後の文献案内にあげてある Roberts（2007）などを参照されたい．

7.2.1 語順のパラメータ

英語は，古英語（450〜1100 年），中英語（1100〜1500 年）までは少なくとも他のゲルマン諸語と同様に，**動詞第二位**（Verb Second：V2）言語であった．

(2) a. eall ðis <u>aredað</u> se reccere swiðe ryhte

all this arranges the ruler very rightly

'The ruler arranges all this very rightly.'

（King Alfred's Translation of Pope Gregory's Cura Pastoralis, 163, 3）

b. On twam þingum <u>hæfde</u> God þæs mannes sawle gegodod

with two things had God the（属格）man（属格）soul endowed

'with two things God had endowed man's soul.'

（The Homilies of the Anglo-Saxon Church I, 20）

(2)は(3)の構造で示すように**定形動詞** V が T(ense) を経由して C(omplementizer) へ**主要部移動**（head movement）している．**主題**（topic）は C の**指定部**（Specifier）に移動する．

(3) ゲルマン諸語の動詞第二位文

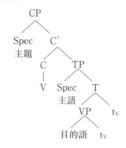

古英語は一般にゲルマン諸語と同様に，目的語が動詞に先行する OV 言語であると分析されてきた．Kemenade (1987 : 177) によれば，中英語の 1200 年頃には，語順が OV から VO へ変化し，1400 年までに V2 が消失した．いずれにしても，なぜゲルマン語の中で，英語だけが V2 を消失したのであろうか．

Lightfoot (1991) は，英語における V2 の消失は文法変化を引き起こす**キュー**（cue）と呼ばれる文法要素の消失によると提唱する．以下のオランダ語(4)と古英語(5)の例を参照されたい．

(4) Jan loopt <u>niet</u>

　　Jan walks not 　　　　　　　　　　　　　　　　(Lightfoot 1991 : 54)

(5) þa <u>sticode</u> him mon þa eagon <u>ut</u>

　　then stuck him someone the eyes out 　　　　　　(Lightfoot 1991 : 61)

V2 言語では，動詞が否定辞や不変化詞に先行する．これらの文法要素がキューとなり，子供は動詞が元位置から C へ移動していることを学習する．Lightfoot (1991) は，こうした動詞が移動する強固な証拠が，英語において 12 世紀までに衰退し，動詞移動の言語的証拠が減ったことが VO 語順への変化の要因になったと主張する．しかし，Pintzuk (1991, 1999) や Kroch (1989, 2001) は Lightfoot とは異なる仮説を提示している．Pintzuk は古英語では主節，従属節の語順はどちらも同じ割合で OV/VO 語順があるという事実を指摘し，VO を OV から動詞の左方移動により派生する分析に反論している．Kroch は OV から VO への変化に伴う，いわゆる，Lightfoot (1991) のいう**劇的変化**（catastrophic change）は文法内部の現象ではなく，中英語における二つの英語の方言の言語接触による社会言語学的現象であり，言語接触は統語変化の**トリガー**（trigger）の一つであると主張している（劇的変化については Lightfoot 1997 も参考にされたい）．Kroch によれば，言語接触により大人が不完全な第二言語を獲得し，それが**外来方言**（foreign dialect）として，子供の**一次的言語資料**（Primary Linguistic Data : PLD）となり，子供は，その外来方言を母語として獲得する．Kroch は言語変化を言語特性の伝達の失敗（transmission failure）であると定義する．その失敗は語レ

ベルのみならず，統語レベルにも影響を及ぼし，子供の属する言語共同体へと広がっていく．このように，中英語は VO 構造と OV 構造の二つの文法が共存していたバイリンガル言語共同体であり，次世代の言語獲得者の PLD には，VO 文法を導く証拠が優勢になり，OV 文法を導く証拠に乏しくなる．パラメータ再設定はこうした強固な証拠に沿って行われる．

7.2.2 反対称性仮説

原理とパラメータのアプローチでは VO/OV の語順は**主要部パラメータ**（Head Parameter）により特徴づけられる．しかし，Chomsky（1995, 2001）のミニマリスト・プログラムの枠組みでは，主要部パラメータを排除し，階層関係が一意的に語順を決定する Kayne（1994）が提案した**線形対応公理**（Linear Correspondence Axiom：LCA）を採用している．LCA の基本概念を(6)に示す．

(6) X が Y を反対称的に c-統御すれば，X は Y に先行する． （Kayne 1994：3）

この**反対称性仮説**（Antisymmetry Hypothesis）に従えば，VO/OV の語順のパラメータは存在しない．主要部（head）が補部（complement）に先行する**主要部先行型**（head initial）の VO 語順がすべての言語の基本語順であり，他のすべての語順は左方向移動により派生される．

a. 目的語移動

Roberts（1997, 2007）は Kayne の反対称性仮説に従い，古英語の OV 語順は VO 基本語順から目的語が左方向に移動することにより派生されると主張する．(7)は主要部先行型構造による SOV 語順の派生である．

(7) SOV 語順の派生

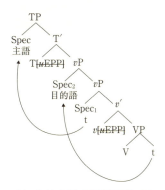

原理とパラメータのアプローチにおける**拡大投射原理**（Extended Projection Principle）は，ミニマリストでは，探査子（Probe）が持つ解釈不可能素性（uEPP）として説明されている．v は主題役割として**動作主**（Agent）を主語に割当て，その指定部（Spec$_1$）は主語の元位置である．主語は元位置である v の指定部から T の EPP 素性を削除する

ために T の指定部へ移動する．一方，目的語は v の EPP 素性を削除するため指定部（Spec$_2$）へ移動する．指定部（Spec$_2$）への移動を**目的語転移**（Object Shift）と呼ぶ．中英語までは，目的語は(7)に示すような移動があったが，15 世紀になると目的語転移は主に数量詞や否定を含む目的語に限られるようになった（Fischer et al. 2000）．これは v の EPP 素性がオペレータ素性（OP feature）に縮小されたことを意味する．このように，反対称性仮説による VO 語順への変化は v の EPP 素性の消失に還元され，語順変化の漸進性に対して，より簡素で柔軟な説明を可能にする（Kayne の反対称性仮説に基づく OV 語順の他の派生の可能性は Biberauer and Roberts 2005 を参照）．

b. 接語代名詞

Kayne（1991）によるロマンス語の**接語代名詞**（clitic pronoun：Cl）の分析以降，一般に，接語代名詞は，主要部であり，動詞句内から移動し，格付与する機能範疇 T に付加する（Cl = T）と分析される．古英語の代名詞は一般名詞とは異なり，特定の統語的位置に現れ，その特徴から，古英語の代名詞は，接語代名詞であると分析されてきた．Roberts（1997）は，接語代名詞の存在は，古英語の機能範疇が先行型である根拠になると主張している．(8)のように，主題（topic）が第一位に現れる場合は主語の接語代名詞は定形動詞の左に接語し C へ移動する．

(8) [$_{CP}$ topic [Cl = Vfin [$_{IP}$...]]]

   Æfter his gebede <u>he=ahof</u> þæt cild up...

   after his prayer he lifted the child up

   'After his prayer he lifted the child up...'

               （*The Homilies of the Anglo-Saxon Church* II, 28）

一方，(9)の目的語は主語と同様に定形動詞の左へ接語され C へ移動し，(10)では小動詞句（vP）の主要部 v へ移動していると分析できるであろう．

(9) God <u>him=worhte</u> þa reaf of fellum

   God them wrought then garments of skins

   'then God made garments of skin for them'

               （*The Homilies of the Anglo-Saxon Church* I, 18）

(10) Hwi wolde God swa lytles þinges <u>him=forwyrnan</u>

    why would God such small（属格）thing（属格）him deny

    'Why would God deny him such a small thing'

               （*The Homilies of the Anglo-Saxon Church* I, 14）

古英語の接語代名詞はロマンス語の接語代名詞とは異なり，形態的特徴は有していないが，表層構造で特定の機能範疇へ移動するという事実は接語代名詞としての特徴を反映している．古英語の接語代名詞は，動詞の移動の消失が完成する時期に使用されなくなる．目的語の接語代名詞は 12 世紀頃にはほとんど使用されなくなり，1400 年には完全

に消失した．一方，主語の接語代名詞は，南部方言の資料では 1400 年まで使用されていたが，1400 年以降消失する．このことは動詞移動を引き起こす動詞句投射上の主要部（*v*, T, C）の素性（Kemenade 1987 に従えば格素性）の変化が接語代名詞の消失に直接関係していることを示す．

ここまでは，目的語移動の消失，動詞移動の消失，接語代名詞の消失など，英語史における主要な統語変化は，ミニマリスト・プログラムでは，VP の拡大投射上の主要部（*v*, T, C）が持つ範疇素性の変化に起因すると分析されることをみてきた．7.3 では，日本語史における目的語移動の消失，接語代名詞の消失について扱い，日本語では格助詞「ガ」と「ヲ」の変化が文構造全体の変化に主要な役割を果たすことを論じる．

7.3 日本語における語順の変化

現在まで，日本語史の研究は，日本語の枠内だけで捉える研究が主流であり，生成文法理論や言語類型論の視点から日本語の統語変化を研究する試みはまだ国内ではほとんど行われていない．しかし，こうした理論的視点から日本語史をみていくと，いままで日本語の枠内だけではみえなかった，言語の一般性に関わる統語変化の現象が，日本語の歴史資料をとおしてみえてくることがある．本節では日本語における歴史変化を英語史と比較するために Martin（1987：77）に従って以下の時代区分を用いる．

上代（Old Japanese）	奈良時代	700 ～ 800
中古（Early Middle Japanese）	平安時代	800 ～ 1200
中世（Late Middle Japanese）	鎌倉・室町時代	1200 ～ 1600
近世（Early Modern Japanese）	江戸時代	1600 ～ 1868

例文とデータは，上代，中古，近世の代表的歴史資料である，『万葉集（8 世紀頃）』，『源氏物語（11 世紀）』，『虎明本狂言集（1642）』から引用する．

7.3.1 反対称性仮説

生成文法理論の枠組みで，日本語と英語の統語変化を比較するために，Kayne（1994：143）が提案した日本語における主要部先行型構造を仮定して語順を考察する．現代語では，主語の名詞や動詞の意味にかかわらず主節も従属節も主語は「ガ」，目的語は「ヲ」で表示され，「ガ」は**主格**，「ヲ」は**対格**である．

(11) a. 桜の花が　咲いている．

　　 b. 太郎さんが　ビールを　飲んだ．

　　 c. ビールを　太郎さんが　飲んだ．

Kayne（1994）は反対称性仮説に従い，日本語の構造は**格助詞**「ガ」と「ヲ」が動詞句

の投射上の主要部である（12）のような主要部先行型構造の可能性を指摘している.

（12）

```
                TP
          ┌─────┴─────┐
        主語          T′
                 ┌─────┴─────┐
                 T           vP
                 ガ      ┌─────┴─────┐
                      目的語          v′
                              ┌──────┴──────┐
                              v            VP
                              ヲ
```

かりに「ヲ」が（12）に示すようにvの主要部である場合，目的語と「ヲ」は**構成素**（constituent）をなさないことになる. しかし，現代語では(11c)に示すように目的語＋ヲは，**かき混ぜ構文**（scrambling）で自由に移動することから(12)の構造を支持する研究者は少ない. 一方，Whitman（2001）はかき混ぜ構文で移動しない主題や主語を表示する「ハ」と「ガ」は後置詞ではなく，文の主要部であると主張している. いずれにしても，Kayneの反対称性仮説から日本語のような後置詞を持つOV言語をどのように扱うかは，まだ未解決である.

一方，上代語には，言語類型的にOV語順の予測に矛盾する現象が多く指摘されている. まず，上代語には多くの動詞接頭辞があることが知られている（たとえば，「い行く」のように，動作動詞に付加される「イ」，「さ寝る」など，状態動詞に付加される「サ」など(Yanagida and Whitman 2009参照). また，Watanabe（2002），渡辺（2005）によれば，上代語にはVO言語特有の**疑問詞の移動**（wh-movement）がある（7.3.3参照）. さらに，ホイットマン（2010）は，上代語には，継続相のアスペクト「アリ＋動詞」，可能を表す「エ＋動詞」，また，禁止文における否定「ナ＋動詞」など，助（動）詞が動詞の直前に表れる「助（動）詞＋動詞」の語順を持つアスペクトやモダリティを表す表現が多いことを指摘し，日本語をKayneの提案する主要部先行型構造で分析する妥当性を指摘している.

7.3.2　上代日本語の示差的主語表示

上代語の「ガ」は，所有格用法（「君が家」）と，連体節を含めた広い範囲の従属節内の主語，また，係助詞「ゾ，ナム，ヤ，カ」で表示されるフォーカス句が文中に現れる，いわゆる**係り結び構文**の主語を表示する. 一方，上代語の主節主語はゼロ格で表示される.

上代語の「ガ」については，大野（1987），野村（1993），金水（2011）など，国語学の分野で多くの研究がある. 大野（1987）によれば，奈良時代の「ガ」の用例の5割近くが「ワ(我)ア(吾)オノ(己)」という**1人称代名詞**の主語を表示し，「妹，吾妹子，君，背子」などの男女が相手を相互に呼ぶ名称，「子ら，少女ら，母，父，」など親愛関係に

ある人間の用例が4割，つまり「ガ」の9割以上が自分自身を含めた親近の人間を表示する．

(13) a. 我が背子が浜行く風　　　　　　　　　　　　　　　（万葉集 2459）
　　　b. 父母が頭かき撫で言ひし言葉　　　　　　　　　　　（万葉集 4346）

連体節内の主語が動物，植物などの非人間の場合は，多くの例でゼロ格，あるいは属格（ノ格）をとる．

(14) a. 泊瀬の山は真木∅立つ荒山道　　　　　　　　　　　（万葉集 45）
　　　b. 真木の立つ荒山中　　　　　　　　　　　　　　　　（万葉集 241）

言語類型論の観点から，主語の格が名詞あるいは動詞の意味により異なる表示体系を持つ，いわゆる**示差的主語表示**（Differential Subject Marking：DSM, de Hoop and de Swart 2009 参照）をもつ言語では，格の分裂は **Silverstein の名詞階層**に従うことが観察される．

(15) Silverstein の名詞階層（Silverstein 1976）
　　　　1 人称＞2 人称＞3 人称＞固有名詞＞人間＞有生物＞無生物

Dixon (1994) によれば，Silverstein の名詞階層は名詞の**動作主性**（agency）を表す．人称代名詞など，高い階層の名詞ほど，動作主性の程度が高い．(13), (14) でみた上代語の「ガ」とゼロ格の分裂は，言語類型論の観点から Silverstein の名詞階層に従っていることがわかる．上代語は，動作主性の高い名詞が「ガ」で表示され，動作主性の低い名詞はゼロ格（あるいはノ格）で現れる DSM を持つ言語である（Yanagida and Whitman 2009；柳田 2014）．現代語では，「ガ」は名詞や動詞の意味とは関係なく主語を表示する主格であり，統語的には T の範疇である ((12) 参照)．一方，上代語では，(16) に示すように「ガ」は動作主素性 [+Agent] をもち，v の範疇であり，その指定部は動作主性の高い主語の基底位置である．

(16)

統語的には，主格主語は T から**構造格**（structural case）を付与されるのに対して，DSM を持つ言語では，主語はその基底位置，すなわち v の指定部（Spec v）で**内在格**（inherent case）を付与されると分析されてきた（Woolford 1997, 2009 参照）．

7.3.3 目的語移動と示差的目的語表示

上代語の「ヲ」は現代語の「ヲ」と異なり，さまざまな機能がある．目的語を表示する対格助詞としての機能のほか，間投詞，終助詞として機能することが知られている．

上代語の「ヲ」に関しては，国語学，生成文法，言語類型論など分野を超えて多くの研究がある（近藤 1980；Motohashi 1989；Miyagawa 2012；金水 2011 など）．「ヲ」は意志や希望，強調を意味する間投詞として，(17a,b)に示すように「ニヲ」「トヲ」など，目的語でない**後置詞句**（PP）と共起する．また(17c)の終助詞としての用法では，「我れを」は目的語の倒置ではなく，「君の言葉を待つ私だよ」という意味であり文末コピュラにあたる用法である．こうした用法は上代以降には消失している．

(17) a.<u>三枝の中にを</u>寝むと…   （万葉集 904）

b.<u>漁りする人とを</u>見せませ   （万葉集 1727）

c.君が言 Ø 待つ<u>我れを</u>   （万葉集 2782）

さらに，(18)の他動詞文で示すように，上代語には現代語にない語順の制約がある．

(18) a.$[_{CP}$ 秋山を $[_{FocP}$ いかにか $[_{TP}$ $[_{vP}$ 君が独り越ゆらむ]]]]   （万葉集 106）

b.$[_{CP}$ 吾が手を $[_{FocP}$ 今夜もか $[_{TP}$ $[_{vP}$ 殿の若子が取りて嘆かむ]]]]

（万葉集 3459）

まず，主語が「ガ」で表示されると，「ヲ」格目的語は常に主語に先行し，OSV 語順で現れる（Yanagida 2006）．Yanagida (2006) はこの事実から上代語の主語は主語の元位置である Spec, vP に現れると提案した（(16)参照）．さらに，「いかにか」「今夜もか」のように，**係助詞**（「カ」「ヤ」など）で表示される疑問詞・フォーカス句（Foc(us)P）は常に主語に先行する（野村 1993；Watanabe 2002）．この語順の制約から，Watanabe (2002)，渡辺（2005）は上代の疑問詞・フォーカス句は CP 領域の FocP へ移動すると主張している．Kuroda (2007) は，このように上代語は英語と同様に移動を引き起こす機能範疇（C, T）がその指定部と強制照合する言語（forced agreement language）であると主張している．Kuroda によれば，日本語は歴史的に強制照合言語から強制移動のない，非強制照合言語（non-forced agreement language）へのパラメータの再設定が行われた．最後に，(18) の例で示されるように，「ヲ」格目的語は疑問詞・フォーカス句に常に先行する．以上の観察から，Yanagida and Whitman (2009) はヲ格目的語は CP の**最左端部**である主題位置まで移動すると提案した．

現代語では，目的語と「ヲ」が構成素をなし，移動は随意的である．そのため，「ヲ」が v の主要部である主要部先行型(12)の構造は，「かき混ぜ構文」を説明できないため支持されないことはすでに述べた．しかし，(18)に示した上代語のヲ＞ガ語順の制約は，現代語の「かき混ぜ構文」とは異なり，目的語の強制移動である．現代語の基本語順である「ガ＞ヲ」語順は上代の資料にはみられない．そこで，上代語では，主語が明示的に現れる文では，「ヲ」が文投射上の主要部Cに現れる(19)の構造を提案することにする．主要部先行型仮説では，「ヲ」は目的語と構成素をなさないことに注意されたい．

(19) 上代日本語の OSV 構造

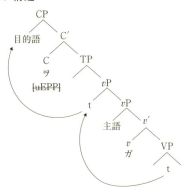

目的語は，C＝ヲの EPP 素性を削除するために，v の指定部を経由して C の指定部まで強制的に移動する（7.2.2.a. で述べたように v の指定部への移動を目的語転移と呼ぶ（(7)を参照））．

さて，上代語には上で述べた「ヲ」で表示される目的語とゼロ格（無助詞）で表示される目的語の二つのタイプの目的語がある．後者は，(20)で示すように，動詞句内の元位置で動詞に隣接し SOV 基本語順で現れる．

(20) a. 佐用比売の子が [$_{VP}$ 領巾 Ø 振りし] 山の名　　　　　（万葉集 868）
    b. わが背子が [$_{VP}$ 琴 Ø 取る] なへに常人のいふ嘆しも　（万葉集 4135）

現代語の「ヲ」格は単に**文法関係**を表す格助詞であるが，Motohashi (1989) は，上代語の「ヲ」は**定性** (definiteness) の意味を持つと提案した．定性とは，発話前の文脈に指示対象が存在し，対象が限定される場合をいう．英語では定性，不定性を冠詞 the/a で区別する．しかし，Yanagida and Whitman (2009) はヲ格とゼロ格は，話者が具体的指示対象，あるいはその対象を含む集合を同定しているか否かによる**特定性** (specificity) によって区別されると主張した．特定性は目的語転移の結果生じる意味特性である (Chomsky 2001: 31(54)参照)．たとえば，疑問詞には 2 種類の意味があり，特定解釈は「ヲ」で，不特定解釈は無助詞で標示される．

(21) a. 潮干なば玉藻刈りつめ　家の妹が浜づと乞はば何を示さむ　（万葉集 360）
    b. 奥山の真木の板戸を押し開きしゑや出で来ね　後は何 Ø せむ　（万葉集 2519）

(21a)は「何」の答えの候補は前文脈の「海岸から取ってきた贈り物」の集合を指している．一方，(21b)では話者は「何」の答えの候補を持っていない．前者は Pesetsky (1987) がいう，**談話に連結された wh 句**（D-linked wh-phrase）であり，「ヲ」は D-link された疑問詞を表示する（上代語の目的語の特定性に関しては Frellesvig et al. (2015)がコーパスによる大規模な実証的検証を行った）．

言語類型論では目的語のヲ格とゼロ格のように形態，意味，統語の異なる二つのタイ

プの目的語表示を**示差的目的語表示**（Differential Object Marking：DOM）と呼ぶ．ヒンズー語やトルコ語など，DSM をもつ多くの言語は DOM ももつことが観察され，二つの表示体系を合わせて示差的項表示（Differential Argument Marking：DAM）」と呼ぶ．上代語は言語類型的に DAM を持つ言語である．

7.3.4 強形代名詞と接語代名詞

現代語の 1・2 人称代名詞とされる「私」「僕」「君」などは語源的に名詞であるだけではなく，文法的にも一般名詞と違いを示さないことが多い．たとえば，(22)に示すように「私」は一般名詞と同じように，指示詞や制限的形容詞によって修飾される．

(22) a. 田中さんと<u>この私</u>とで仕事を終わらせた．

　　b. 田中さんは，<u>なさけない私</u>にいつも励ましの声をかけてくれた．

これに対して，8 世紀の日本語には名詞とははっきりと異なる代名詞体系があった．まず(23)に示すようにその体系の分布を見てみる．

(23)上代日本語の人称代名詞体系（Yanagida 2005；ホイットマン・柳田 2009）

助詞との共起制限		接語代名詞 ア・ワ・ナ・シ	強形代名詞 語幹＋レ「われ」など
格助詞	ガ	＋	－
	ノ	－	－
	ヲ	＋	＋
	ニ	－	＋
	ユ, ヨリ	－	＋
係助詞 （フォーカス）	コソ, ソ, ヤ, カ, ナム, モ	－	＋

上代語にはロマンス語と同様に，**強形代名詞**（strong pronoun）と接語代名詞の二つのタイプの人称代名詞がある．(24)は接語代名詞，(25)は強形代名詞の例である．強形代名詞は接語代名詞に「＋レ」を加えた形式である．

(24) a. 恋をぞ<u>わが</u>する　　　　　　　　　　　　　　　　　（万葉集 2311）

　　b. <u>なを</u>はしに置けれ　　　　　　　　　　　　　　　　（万葉集 3490）

(25) a. <u>われを</u>頼めてあさましものを　　　　　　　　　　　（万葉集 3429）

　　b. <u>われよりも</u>貧しき人　　　　　　　　　　　　　　　（万葉集 892）

　　c. <u>なれも</u><u>われも</u>よちをぞ持てる　　　　　　　　　　（万葉集 3440）

古英語の接語代名詞は形態的特徴を示さないが，上代語の一音節代名詞は以下の点で，ロマンス語の接語代名詞と同じ特徴を持つ（ロマンス語の特徴は Cardinaletti and Starke 1999 参照）．

(26) a. 形態的に軽い.
　　　b. 表層構造で格付与される位置に移動する.
　　　c. 意味的に対比的フォーカスを受けない.
　　　d. 名詞句と並列しない.

「ア・ワ・ナ・シ」などの1音節人称代名詞は，主語，目的語を表示する「ガ・ヲ」を伴って現れるが他の格助詞と共起しない．これは(26b)の特徴と一致する（動詞「寄る」の補部として接語代名詞が「ニ」格で現れる例があるが，詳しくは Yanagida 2005: 123 の説明を参照）．強形代名詞が「ガ」で表示されないのは，主語の強形代名詞は主節のTの指定部で主格（ゼロ形）表示され，従属節内では使われないからである．さらに，強形代名詞は(25c)に示すように対比的フォーカスを表す係助詞と共起するが，接語代名詞がフォーカスを表す助詞で表示される例（たとえば，(25c)に対応する「なも，わも」など）はない．これは接語代名詞が(26c)の特徴を示すことを意味する．接語代名詞は，自立語でないため，(24a,b)はそれぞれ主要部に接語する(27a,b)のような構造をしている．

(27)

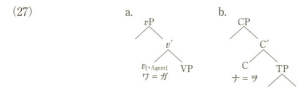

(23)に示した接語代名詞と，いわゆる「助詞」との共起制限は，助詞といわれる範疇の統語的違いに由来する可能性が高い．主要部先行仮説に従い，接語代名詞は動詞句（VP）の投射上の主要部である「ガ・ヲ」と共起し，「ノ・ユ・ヨリ」などと共起しないのは，これらの助詞は「ガ・ヲ」と異なり，後置詞（postposition）であるからである．一方，「レ」が付加された強形代名詞は後置詞と自由に共起する．接語代名詞は平安時代初期には，完全に消失する．1人称代名詞「ワガ」は語彙化され使用されるようになる．

7.3.5 主格・対格システムの確立

中古（平安時代）に入ると，「ガ」の主語表示としての使用範囲が狭くなり，主語は「ノ」格あるいはゼロ格で表示されるようになる．(28)〜(30)は上代，中古，近世の代表的歴史資料をもとに，主語を表示する「ガ」と「ノ」の使用頻度の変遷を示したものである（日本語歴史コーパスから抽出した(29), (30)のデータは動詞が直後に現れる主語の総数を表している．実際の主語用法の総数ではないことを注意されたい）．

(28) 万葉集（8世紀頃）（小路 1988 による）

	主語（名詞 / 代名詞）	
ガ	372(227/135)	48%
ノ	411 (411/0)	52%
合計	783	100%

(29) 源氏物語（1010 年成立）（日本語歴史コーパスによる）

	主語（名詞 / 代名詞）+ 動詞	
ガ	57(18/39)	4%
ノ	1358 (1358/0)	96%
合計	1415	100%

(30) 虎明本狂言集（1642 年成立）（日本語歴史コーパスによる）

	主語（名詞 / 代名詞）+ 動詞	
ガ	1622(1327/295)	76%
ノ	503(434/69)	24%
合計	2125	100%

　源氏物語は，万葉集と比較して「ガ」の使用が大幅に減少している．主語表示 57 例
のうち 39 例は人称代名詞である．そのうち，24 例は 1 人称代名詞の「ワガ」が占める．
上代語では「ガ」が義務的な 2 人称代名詞「君」などは，中古になると，「君の出で入り
したまふに（源氏物語，帚木）」のように「ノ」で表示される例が多い．上代語では，
ヲ格目的語は，強制移動する．しかし，平安時代以降，(31)に示すように「主語ノ +
目的語ヲ + 動詞」を基本語順とし，ヲ格目的語の移動は消失する．

　(31) a. [$_{TP}$ そのたなばたの [$_{VP}$ <u>裁ち縫ふかたを</u>のどめて]]　　　（源氏物語，帚木）

　　　 b. [$_{TP}$ あのつらき人の [$_{VP}$ <u>あながちに名を</u>つつむも]]　　　（源氏物語，空蟬）

　さて，近世の『虎明本狂言集』の「ガ」の使用は，「ノ」の使用より大幅に増加して
いる．上代では「ガ」は Silverstein の名詞階層 (15) の高い人称代名詞や名詞を表示
するが，『虎明本狂言集』の主語「ガ」の用法をみると，「雨が降る」「花が散る」「夢がさ
める」など，名詞階層の低い名詞にも「ガ」が多用されている．このことから「ガ」が
主格として発現したのは 17 世紀頃であろう（山田 2000 の研究によれば「ガ」が主節の
主語表示として拡大するのは 16 世紀後半である）．

　以上の観察から，上代から近世に至るまでの「ガ」と「ヲ」の変化を主要部先行型仮
説の理論的枠組みで考察してみる．上代では「ガ」は動作主主語を表示し，動作主は v
の指定部に基底生成されることは述べた．しかし，近世に入ると「ガ」は(32)に示すよ

うに主語元位置から T の指定部に移動するようになる（(12)参照）．

(32) 主格・対格システムの確立（16世紀後半～）

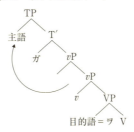

上代語では，「ヲ」は文の主要部であり，特定名詞の目的語はその指定部へ強制移動する．平安時代以降，目的語移動の消失とともに，ヲ格は特定名詞にも不特定名詞にも現れるようになり，DOM は消失した（Frellesvig et al. in press 参照）．このことは，「ヲ」が文主要部としての意味機能を失い，単に文法関係を示す対格として確立したことを意味するだろう．

さて，こうした「ヲ」の変化を理論的にどのように捉えたらよいだろうか．反対称性仮説では，すべての言語は(32)に示すような主要部先行型が句の基本構造である．他の語順はこの基本構造からの左方向の移動により派生される．しかし，後置詞句をどのように扱うかは多くの問題がある．反対称性仮説に従えば，後置詞句 NP+P の語順はP+NP から派生されることになる．しかし，NP が P の左に移動するためには解釈不可能な素性を持つ機能範疇の探査子（probe）が必要である．後置詞（P）は語彙範疇であり探査子にはなりえない．「ガ」と「ヲ」が文の主要部であるとする仮説が正しいとしても，他の後置詞「ニ，デ，カラ」をどのように分析したらよいか問題が残る．こうした問題は日本語に限らず，後置詞を持つすべての言語に関わる問題である．そこで，Whitman (2008) は，この Kayne の理論的問題を「再範疇化（Whitman 2000: 223）」による通時的変化を考慮することにより解決しようと試みている．Whitman の提案では，動詞に対する目的語の位置は，Kayne の反対称性仮説に従い，共時的に派生される語順である．共時的原理に基づく普遍性は，例外がない．一方，Greenberg の普遍性の中にみられる，含意的普遍性である範疇横断的調和（Hawkins 1983）は非絶対的 (non-absolute) 普遍性であり，必ずしもすべての言語が持つ性質ではなく例外が多く存在する（7.1 参照）．たとえば，Greenberg の普遍性 4 は範疇横断的一般化である．

(33) 普遍性 4（Greenberg 1963）

　　ある言語が SOV であるなら偶然をはるかに超える頻度で後置詞をもつ．

普遍性 4 は，SOV を基本語順に持つ言語を前提条件とした名詞に対する**接置詞** (adposition) の位置を示す含意的普遍性である．しかし，Whitman によれば，接置詞・名詞の語順と動詞・目的語の語順は対応関係を示さない言語が多い．ペルシャ語など，

OV 言語で前置詞を持つ言語もあるし, 中国語など, VO 言語で, 後置詞を持つ言語もある. そこで, Whitman は, 範疇横断的一般化に例外があるのは, それが, 歴史的副産物であるからだと主張する. たとえば, ペルシャ語の前置詞は動詞前辞 (preverb) からの再分析 (reanalysis) による. また中国語の後置詞は補助動詞 (serial verb) からの再分析である. すなわち, 目的語と動詞の語順は主要部先行型構造から共時的原理に基づき派生される語順である. 一方, 範疇横断的調和による語順は歴史的産物であり, 個々の言語のパラメータとして幼児が, 大人から受け取る言語的証拠をもとに獲得する.

さて, 日本語は普遍性 4 に従い, 後置詞を持つ言語である. 上代語の「ヲ」は文の主要部である主要部先行型構造であることをみた. しかし, 現代語の対格助詞「ヲ」に対して同様の分析をすることは困難である. なぜなら, 7.3.1 でみたように, 目的語と「ヲ」は構成素をなし, 自由に移動する. 「ヲ」の文の主要部から後置型の対格助詞への変化は, 普遍性 4 に調和するための変化と捉えることができるかもしれない. 上代語の「ヲ」の複数の機能は文主要部から対格助詞へ変化する過程で生じたものであろう.

中英語では, ある言語変化が別の変化へのトリガーになり, Lightfoot (1991) のいう「劇的変化」をもたらした (7.2.1 参照). 劇的変化はミニマリスト・プログラムの枠組みでは主要部の素性変化による一群の消失現象と分析される. 日本語でも中古に入ると (34) に示すような一群の変化を経験したと考えられる.

(34) a.「ガ」の動作主性 [+Agent] の消失

b.「ヲ」の文主要部としての機能の消失

c. 目的語移動の消失

d. DOM の消失

e.「ヲ」の対格助詞としての確立

f. 接語代名詞の消失

上代語では接語代名詞が生産的に使われていたが, 中古以降完全に消失する. 英語史においては接語代名詞の消失は動詞移動の消失に起因することをみたが, 日本語では「ガ」と「ヲ」の主要部の素性変化が接語代名詞を消失させる直接の誘因になったのであろう.

反対称性仮説では, 「語順のパラメータの再設定」を文主要部の素性の消失と獲得に起因する移動の消失や発現による通時的な派生と分析する. 7.3 では, 「ガ」と「ヲ」を文の主要部とする反対称性仮説を採用し, 日本語における統語変化を, 英語史の場合と同じ理論的枠組みで分析する可能性について論じた.

まとめ

本章では, 言語類型論, 生成文法理論の視点から, 英語と日本語の語順の変化とそれに伴う接語代名詞の消失について論じた. 英語と日本語という歴史的起源の異なる二つの言語を比較するためには一般性の高い言語学的視点が不可欠である. 日本語は世界的

にみても歴史資料の最も豊富な言語の一つである．今後，言語変化の普遍性と個別性とは何かという理論的課題に対し，日英語比較研究の視点から，さらに多くの実証研究が行われることを期待したい．

Q 文献案内

・Miyagawa, Shigeru (2012) *Case, Argument Structure, and Word Order*, New York: Routledge.

　　本書は，生成文法理論の枠組みで，日本語の「格」と語順の問題を扱っている．古典文法を生成文法理論の枠組みで初めて分析を試みたのは Miyagawa (1989) *Structure and Case Marking in Japanese*, New York: Academic Press である．本書では Miyagawa (1989) の上代の実証データを平安時代まで拡大し，そこでの分析を改訂し，古代日本語の目的語の「格」と文タイプの関係について考察している．

・Roberts, Ian (2007) *Diachronic Syntax*, Oxford: Oxford University Press.

　　本書は，生成文法理論の枠組みで英語の通時変化について分析した歴史統語論のテキストである．80 年代以降の原理とパラメータ，また 2000 年以降のミニマリスト・プログラムの理論的枠組みで，統語構造の通時変化を豊富なデータをもとに初心者にもわかりやすく説明している．

・渡辺明（2005）『ミニマリスト・プログラム序説』東京：大修館書店

　　本書の第 1 部では生成文法の基本概念である句構造や移動による派生について説明している．第 2 部は，移動や一致の問題を比較統語論の観点から日本語に焦点を当てた実証研究である．特に，歴史的に上代日本語では疑問詞の移動（wh-movement）が存在し，平安時代に移動が消失したメカニズムを生成文法の観点から考察している．

電子テキスト・データベース
・「万葉集検索」（山口大学）http://ds26.cc.yamaguchi-u.ac.jp/~manyou/
・「日本語歴史コーパス」（国立国語研究所）http://pj.ninjal.ac.jp/corpus_center/chj/

📖 引用文献

大野晋（1987）『文法と語彙』東京：岩波書店．

金水敏（2011）「統語論」金水敏・高山善行・衣畑智秀・岡崎友子（編）『文法史』東京：岩波書店，77-166．

小路一光（1988）『万葉集助詞の研究』東京：笠間書院．

近藤泰弘（1980）「助詞「を」の分類—上代」『国語と国文学』**57**(10)：51-66．

野村剛史（1993）「上代語のノとガについて」『国語国文』**62**(2)：1-17．

ホイットマン，ジョン（2010）「否定構造と歴史的変化」加藤泰彦・吉村あきこ・今仁生美（編）『否定と言語理論』東京：開拓社，141-169．

ホイットマン，ジョン・柳田優子（2009）「人称と活格類型—上代日本語の代名詞体系の観点か

ら―」坪本篤朗・早瀬尚子・和田尚明（編）『内と外の言語学』東京：開拓社，175-214.

柳田優子（2014）「言語類型論からみた上代日本語の主語表示・目的語表示―「ガ」と「ヲ」と「ゼロ」表示について」『日本語学』**33**：124-137.

山田昌裕（2000）「主語表示「ガ」の勢力拡大の様相」―原拠本『平家物語』と『天草版平家物語』との比較―」『国語学』**51**(1)：1-14.

渡辺明（2005）『ミニマリスト・プログラム序説』東京：大修館書店.

Biberauer, Theresa and Roberts Ian (2005) "Changing EPP Parameters in the History of English: Accounting for Variation and Change," *English Language and Linguistics* **9**: 5-46.

Cardinaletti, Anna and Michael Starke (1999) "The Typology of Structural Deficiency: A Case Study of the Three Classes of Pronouns," in Henk van Riemsdijk (ed.) *Clitics in the Languages of Europe*, Berlin: Mouton de Gruyter, 145-233.

Chomsky, Noam (1995) *The Minimalist Program*, Cambridge: MIT Press.

Chomksy, Noam (2001) "Derivation by Phase," in Michael Kenstowicz (ed.) *Ken Hale: A Life in Language*, MA: MIT Press, 1-52.

Comrie, Bernard (1989) *Language Universals and Linguistic Typology*, Chicago: University of Chicago Press.

de Hoop, Helen and Peter de Swart (2009) *Differential Subject Marking: Studies in Natural Language and Linguistic Theory*, Dordrecht: Springer.

Dixon, R. M. W. (1994) *Ergativity*, Cambridge: Cambridge University Press.

Fischer, Olga, A van Kemenade, Willem Koopman and Wim van der Wurff (2000) *The Syntax of Early English*, Cambridge: Cambridge University Press.

Frellesvig, Bjarke, Stephen Horn and Yuko Yanagida (2015) "Differential Object Marking: A Corpus Based Study," in Dag Haug et al. (eds.) *Historical Linguistics: Current Issues in Linguistic Theory*, Amsterdam: John Benjamins, 195-211.

Frellesvig, Bjarke, Stephen Horn and Yuko Yanagida (In press) "A Diachronic Perspective on Differential Object Marking in Pre-modern Japanese," in Ilja A. Seržant and Alena Witzlack-Makarevich (eds.) *The Diachronic Typology of Differential Argument Marking*, Berlin: Language Science Press.

Greenberg, Joseph (1963) "Some Universals of Grammar with Particular Reference to the Order of Meaningful Elements," in Joseph Greenberg (ed.) *Universals of Language* (2nd Edition published in 1966), Cambridge, MA: MIT Press, 73-113.

Hawkins, John A. (1983) *Word Order Universals*, New York: Academic.

Kayne, Richard S. (1991) "Romance Clitics, Verb movement, and PRO," *Linguistic Inquiry* **22**: 647-686.

Kayne, Richard S. (1994) *The Antisymmetry of Syntax*, Cambridge, MA: MIT Press.

Kemenade, Ann, van (1987) *Syntactic Case and Morphological Case in the History of English*, Dordrecht: Foris.

Kroch, Anthony S. (1989) "Reflexes of Grammar in Patterns of Language Change," *Language*

引 用 文 献   149

Variation and Change 1: 199-244.

Kroch, Anthony S. (2001) "Syntactic Change," in M. Baltin and C. Collins (eds.) *The Handbook of Contemporary Syntactic Theory*, Oxford: Blackwell, 629-739.

Kuroda, S.-Y. (2007) "On the Syntax of Old Japanese," in Bjarke Frellesvig, Masayoshi Shibatani, John Charles Smith (eds.) *Current Issues in the History and Structure of Japanese*, Tokyo: Kuroshio, 263-317.

Lehmann, Winfred P. (1973) "A Structural Principle of Language and its Implications," *Language* **49**: 47-66.

Lehmann, Winfred. P. (1978) *Syntactic Typology*, Austin: University of Texas Press.

Lightfoot, David W. (1979) *Principles of Diachronic Syntax*, Cambridge: Cambridge University press.

Lightfoot, David W. (1991) *How to Set Parameters: Arguments from Language Change*, Cambridge, MA: MIT press.

Lightfoot, David W. (1997) "Catastrophic Change and Learning Theory," *Lingua* **100**: 171-192.

Martin, Samuel (1987) *The Japanese Language through Time*, New Haven: Yale University Press.

Miyagawa, Shigeru (2012) *Case, Argument Structure, and Word Order*, New York: Routledge.

Motohashi, Tatsushi (1989) *Case Theory and the History of the Japanese Language*, PhD Dissertation, University of Arizona.

Pesetsky, David (1987) "Wh-in-situ: Movement and Unselective Binding," in Eric J. Reuland and Alice G. B. ter Meulen (eds.) *The Representation of (In) definiteness*, Cambridge, MA: MIT Press, 98-129.

Pintzuk, Susan (1991) *Phrase Structure in Competition: Variation and Change in Old English Word Order*, PhD Dissertation, University of Pennsylvania.

Pintzuk, Susan (1999) *Phrase Structures in Competition: Variation and Change in Old English Word Order*, New York: Garland.

Roberts, Ian (1997) "Directionality and Word Order Change in the History of English," in A. van Kemenade and N. Vincent (eds.) *Parameters of Morphosyntactic Change*, Cambridge: Cambridge University Press, 397-426.

Roberts, Ian (2007) *Diachronic Syntax*, Oxford: Oxford University Press.

Silverstein, Michael (1976) "Hierarchy of Features and Ergativity," in Dixon R. M. W. (ed.) *Grammatical Categories in Australian Languages*, Canberra: Australian Institute of Aboriginal Studies, 112-171.

Song, Jae J. (2001) *Linguistic Typology: Morphology and Syntax*, London: Longman.

Traugott, Elizabeth Closs and Graeme Trousdale (2010) *Gradience, Gradualness and Grammaticalization*, Amsterdam: John Benjamins.

Venneman, Theo (1973) "Explanation in Syntax," in J.P. Kimball (ed.) *Syntax and Semantics* 2, New York: Academic Press, 1-50.

Venneman, Theo (1976) "Categorial Grammar and the Order of Meaningful Elements," in A. Juilland (ed.) *Linguistic Studies Offered to Joseph Greenberg on the Occasion of his Sixtieth Birthday*, Saratoga, CA: Anma Libri, 615-634.

Watanabe, Akira (2002) "Loss of Overt Wh-movement in Old Japanese," in David W. Lightfoot (ed.) *Syntactic Effects of Morphological Change*, Oxford: Oxford University Press, 179-195.

Whaley, Lindsay, J. (1997) *Introduction to Typology: The Unity and Diversity of Language*, London: Sage Publications.

Whitman, John (2000) "Relabelling," in Susan Pintzuk, George Tsoulas, and Anthony Warner (eds.) *Diachronic Syntax: Models and Mechanisms*, Oxford: Oxford University Press, 220-238.

Whitman, John (2001) "Kayne 1994. P. 143. FN3," in Alexandrova, Balina M. and Olga Arnudova (eds.) *The Minimalst Parameter*, Amsterdam: John Benjamins, 77-100.

Whitman, John (2008) "The Classification of Constituent Order Generalizations and Diachronic Explanation," in Jeff Good (ed.) *Language Universals and Language Change*, Oxford: Oxford University Press, 233-252.

Woolford, Ellen (1997) "Four-way Case Systems: Ergative, Nominative, Objective, and Accusative," *Natural Language and Linguistic Theory* **15**: 181-227.

Woolford, Ellen (2009) "Differential Subject Marking at Argument Structure, Syntax and PF," in Helen de Hoop and Peter de Swart (eds.) *Differential Subject Marking*, Dordrecht: Springer, 17-40.

Yanagida, Yuko (2005) *The Syntax of Focus and Wh-questions in Japanese: A Cross-Linguistic Perspective*, Tokyo: Hituzi Syobo.

Yanagida, Yuko (2006) "Word Order and Clause Structure in Early Old Japanese," *Journal of East Asian Linguistics* **15**: 37-68.

Yanagida, Yuko and John Whitman (2009) "Alignment and Word Order in Old Japanese," *Journal of East Asian Linguistics* **18**: 101-144.

第8章 意味変化・語用論の変化

堀 田 隆 一

キーワード：意味変化，多義性，メタファー，メトニミー，プロトタイプ，歴史語用論

言語において，語の**意味変化**（semantic change）は頻繁に生じている．文法の変化や，おそらく音の変化など以上に，ありふれた現象である．wife（妻）は古くは〈女性配偶者〉に限らず〈女性〉一般を意味したし，butcher（肉屋）は元来〈ヤギを畜殺する者〉を意味した．一方，日本語の「妻」は元来男女を問わず〈配偶者〉を意味したが，現在では〈女性配偶者〉の意に限定されており，「坊主」は本来の〈僧坊の主〉から〈男の子〉へと意味を広げた．

17世紀のイングランド王James II は，大改築を終えた聖ポール寺院をみて，amusing, awful, and artificial という形容詞で感嘆したと伝えられている．王が意図していたのは〈素晴らしい外観で，畏怖すべき，技術の粋を結集した〉という高評価だったのだが，現代英語の語感からいうと〈笑ってしまう，ひどい，人工的（で無味乾燥）な〉となり，むしろ軽蔑的に響いてしまうのがおもしろい（Bryson 1990：71）．3語とも現代までに否定的な方向へ意味が変化してしまったのである．日本語の「あわれ」「かなしい」「おかしい」が，対応する古語においては各々〈かわいそう〉，〈いとしい〉，〈心引かれる〉を意味したこともよく知られている．以上の例は，各々の言語の歴史において，語の意味が変化してきた例である．

本章では語の意味変化に焦点を当てるが，最終節では，語用論の変化についても触れ，近年発展の著しい歴史語用論の分野を垣間見たい．

8.1 意味と意味変化

8.1.1 意味とは何か

言語学において語の意味とは何かという問題は長らく論じられてきたが，いまだに答えを得るに至っていない．直感的には，語の意味とはその語が指し示す事物そのもの，すなわち**指示対象**（referent）であると考えられるかもしれない．「パン」という語であれば，パンという食べ物を指すのだ，と．しかし，意味論では，この見解はナイーブであるとして退けられてきた．というのは，「平和」や「愛」などの抽象的な語や，接続詞や前置詞などの機能語について，明確な指示対象を想定するのは難しいからだ．

語の意味とは，それが喚起する**概念**（concept）であるというのが，現代の意味論で

主流の考え方である．しかし，この概念というものが一体どのようなものであるかは，いま一つはっきりしない．概念の捉え方は，伝統的な流れを汲む意味論の立場と新しい認知意味論の立場とで異なる．前者では，概念を，語の表す事物や事象が範疇として持つ特性の束と考える．たとえば，人であれば，哺乳類である，二足歩行する，言葉を用いるなどの特性の集合体ととらえる．一方，後者によれば，概念とは，語の表す事物や事象に対する使用者の把握の仕方を反映して形成されるものである．つまり，伝統的意味論では，概念（＝意味）は客観的，静的で形の定まった固体のようなものとして捉えられ，認知意味論の立場では，主観的，動的で形の定まらない流体のようなものとして捉えられる．以下では，研究の蓄積のある伝統的な意味論を中心に据えて，意味や概念を考えていきたい．

　語の意味の性質や種類についてみる前に，記号の**恣意性**（arbitrariness）について触れておこう．語は，言語における最も基本的な単位と感じられる記号である．語という記号においては発音と意味が分かちがたく結びついており，この結束の様式は言語共同体の成員に共有されている．社会的に暗黙裏に了解されているという点で，語という記号は規約的であるといわれる．しかし，考えてみれば，ある語を創り出すに当たって，ある発音がある意味と結びつかなければならない必然性はどこにもない．本を意味する語が，なぜ日本語ではホン /hoɴ/ という発音に対応し，英語では /bʊk/ という発音に対応するかについて，特にこれといった理由はない．これが記号の恣意性である．

　規約性と恣意性は一見矛盾するように思われる．発音と意味の結びつきに関する規約性は共同体に共有されなければならない「しきたり」だが，一方でその結びつきには特に理由がなく，あくまで恣意的である．しかし，換言すれば，共同体に共有され続ける限りにおいて，両者の結びつきは自由に変化してよいことにもなるし，逆に共同体に共有されなければ，両者の結びつきにいかに自然な動機づけがあろうとも変化することは許されないということにもなる．ここに意味変化の自由と束縛がある．

8.1.2　意味の種類

　前節では概念を意味と同一視したが，それは**概念的意味**（conceptual meaning）のみを念頭に置いていたからである．言語表現の意味には，概念的意味のほかに**非概念的意味**（non-conceptual meaning）が区別される．概念的意味は,事物や出来事をカテゴリーとしてとらえ，それ以外のものからそれ自身を区別するために抽出された共通的・本質的要素の集合からなるのに対し，非概念的意味は，文脈や場面からの連想により概念的意味に付け加えられる意味である．語の非概念的意味には，以下のようにいくつかの種類が認められる（中野 2012：23-26）．

(1)内包的意味：語の指示対象から連想される指示対象特有の特性を指す．たとえば，英語の mother や日本語の「母」は，その指示対象から連想される優しさ，愛情

8.1　意味と意味変化　　　153

深さ，慈愛の深さなどのイメージを伴う．

(2) 社会的・文体的意味：言語使用の背景にある社会的状況について伝えられる内容．年齢層，性別，社会階層，地域，媒体，堅苦しさ，敬意，文化などの社会的側面を反映したもの．英語の father, dad, daddy, pop, papa や日本語の「父」「お父さん」「お父ちゃん」「親父」「パパ」「おとう」は，それぞれ異なる**使用域**（register）に属しており，使用の社会的・文脈的背景が異なっている．

(3) 情緒的意味：使用者の感情や態度について伝えられる内容．Stop being so *bloody* arrogant. や What a *darling little* dress! におけるイタリック部分のように，話し手の嫌悪や愛情が表されるような場合．

(4) 投影された意味：その表現の別の語義からの連想により生じる意味．忌詞や禁句などのタブー語（taboo）に典型的にみられる．たとえば，婚礼の際には「切る」「去る」「分かれる」はそれぞれの概念的意味の裏に，離婚を想起させる投影された意味が感じられる．英語で「おんどり」「ロバ」を表す cock, ass なども性的に投影された意味を伴うために，避けられる傾向がある．

(5) 連語的意味：連語として共起することが多いために関連づけられる内容．たとえば，典型的に pretty は女性を表す語と共起し，handsome は男性を表す語と共起する．両語の概念的意味は「器量のよい」で一致するが，その連語的意味により，前者はかわいらしさ，後者は端正な顔立ちという特性を含意する．

概念的意味は比較的安定しているために辞書において定義として記載されるが，上記のような非概念的意味は，使用者や使用の背景によって変異しうるため，必ずしも辞書には記述されない．ただし，社会的・文体的意味はある程度の安定感があるために，たとえば《俗語》，《卑語》，《略式》などのレーベルとして辞書に記載されることもある．ここでいう意味の相対的な安定感とは，共時的にみた場合のことであり，通時的にみれば，概念的意味と非概念的意味のいずれにしても，やはり変異や変化にさらされうる．

8.1.3　概念階層

語の概念的意味は種々の特性の束であるから，語彙においては特性の似通った語どうしが互いに関連しあいながら意味のネットワークを構築していることが想像される．よく知られているネットワークの一種に，**包摂関係**（hyponymy）に基づく**概念階層**（conceptual hierarchy）がある．たとえば，家具の**意味場**（semantic field）における概念階層を考えてみよう．家具には，机，椅子，タンス，ベッド，食器棚などが含まれる．各アイテムは，家具の基本的な特性を備えていながらも，それぞれ追加的な特性を有しており，独自の存在である．このとき，「椅子」は「家具」の**下位語**（hyponym）であり，「家具」は「椅子」の**上位語**（hypernym）であるといわれる．一方，椅子には，椅子の基本的な特性を備えていながらも，追加的な特性を持つ数々の種類が認められる．

「肘掛け椅子」「事務用椅子」「デッキチェア」「腰掛け」などは，それぞれ椅子の下位語となる．また，腰掛けにも，3本足の腰掛けもあれば，4本足の腰掛けもあり，さらに区分されうるので，それらの各々は「腰掛け」の下位にあると考えられる．ここでは用途や形状といった特性によって概念階層の整理，すなわち**範疇化**（categorization）が行われているが，いかなる特性に注目して範疇化されるかは，意味場によっても，言語・文化によっても異なる．たとえば，人の意味場では，性別によって「人」の下位語として「男」と「女」を区別できるが，同時に年齢層によっても「子供」と「大人」のように区別することもできるし，国籍によっても区別できる．したがって，実際には概念階層は整然たる系統図として単純に表現できるものではない．

ここで「家具」「椅子」「肘掛け椅子」という3段階の包摂関係に注目すると，最も普通に感じられるレベルは真ん中の「椅子」であると考えられる．「ちょっと疲れたから，椅子に座りたい」は普通だが，「家具に座りたい」では粗すぎるし，「肘掛け椅子に座りたい」では，通常の文脈では不自然に細かすぎる．「椅子」という水準が，抽象的すぎず具体的すぎず，常識的にちょうどよいという感覚がある．この水準を**基礎レベル範疇**（basic level category）という．基礎レベル範疇の語は，日常的に最もよく使われ，子供によって最初に習得され，大人にも最も速く認知されることが知られている．

包摂関係と類似した関係として，**部分関係**（meronymy）がある．全体と部分の区別に注目した範疇化による階層関係であり，「体」>「腕」>「手」>「指」>「爪」などがその例となる．それぞれ左のものが右のものをその部分として含むという関係である．包摂関係においても部分関係においても，親子関係や兄弟関係にある語どうしは，意味的な距離もそれだけ近く，互いの意味の変異や変化に関与しやすい．

意味論では，語の意味を，**意味元素**（semantic prime）へ分解する**成分分析**（componential analysis）の手法がとられてきた．例として，英語で〈独身男性〉を意味する bachelor の成分分析を示すと，その意味は [HUMAN] [MALE] [ADULT] [UNMARRIED] という意味成分の束として表現できる．一方，〈独身女性〉を意味する spinster は，[HUMAN] [FEMALE] [ADULT] [UNMARRIED] として成分分析されるだろう．しかし，これらの成分の組合せがすなわち bachelor あるいは spinster の定義そのものであると解釈するのは早計である．むしろ，この組合せによって両語の意味関係が明確になるという点で，成分分析が有用なのである．bachelor と spinster はともに [ADULT] [HUMAN] [UNMARRIED] という点で共通するが，[MALE] か [FEMALE] かの違いによって，全体として対義関係となることが明示される．さらに，woman を [HUMAN] [FEMALE] [ADULT] と分析すると，spinster は woman に [UNMARRIED] の特性が加わったものと解釈することができ，意味がその分詳しくなっていることが，すなわち woman の下位語であることが明らかとなる．成分分析には理論的に問題もあるものの，意味の明確化のみならず語彙的関係や統語的・

形態的な選択制限を合理的かつ経済的に記述できるという利点があり，意味の研究において標準的な道具立てとなっている．なお，bachelor は，アザラシなどで繁殖期に相手のいない雄を意味することもできるが，この語義は上述の成分分析における［HUMAN］が［ANIMAL］へ拡大・転用されたものとして捉えることができる．

8.1.4　意味変化の特徴

音韻や形態の変化と異なる語の意味変化の最大の特徴は，複数の語義が累積しうることである．音韻や形態では，同一の機能を持った旧形と新形が一時的に並存することはあるにせよ，いずれ一方が他方に置き換えられていくのが普通である．ところが，意味変化は古い意味と新しい意味が，一つの語において共存しうる．もちろん，古い意味が新しい意味に置き換えられる場合もあるが，複数の意味が累積していくことはきわめて普通である．意味が累積した結果，共時的には**多義性**（polysemy）が観察されることになる．

語の意味変化を考えるに当たっては，**語義論**（semasiology）と**名義論**（onomasiology）を区別しておきたい．語を意味と発音の結びついた記号と考えるとき，発音（名前）を固定しておき，その発音に結びつけられる意味が変化していく様式を，**語義論的変化**と呼ぶ．一方，意味のほうを固定しておき，その意味に結びつけられる名前が変化していく様式を**名義論的変化**と呼ぶ．語の意味変化を，記号の内部における結びつき方の変化として広義に捉えるならば，語義論的な変化のみならず名義論的な変化をも考慮に入れてよいだろう．

8.2　意味変化の類型

8.2.1　意味の一般化と特殊化

意味変化の前後において，古い意味と新しい意味が互いにどのような関係にあるかによって，意味変化はいくつかの型に分類できる．以下では，意味の**一般化**（generalization）と**特殊化**（specialization），意味の**向上**（amelioration）と**堕落**（pejoration），そして**メタファー**（metaphor）と**メトニミー**（metonymy）の3対を取り上げる．

意味の一般化と特殊化は，それぞれ意味の拡大と縮小ともいえる．概念階層の用語でいえば，それぞれ意味の上位，下位方向への推移と捉えられる．一般化の例としては，本来ツゲの木でできた箱のことを指す box という語が，後に材質は問わず箱一般を指すようになった例がある．同様に，holiday は原義は "holy day" であり，聖なる日のことを指したが，いまでは世俗的な休日をも指す．元来，病気の峠を表した crisis は，一般に危険で困難な状況を意味するようになった．日本語では，章の冒頭にあげた「坊主」の例のほか，「瀬戸物」が瀬戸で生産される陶磁器のみならず焼き物一般を表すように

なった例，「汽車」が電車一般を指すことができるようになった例などがある．

特殊化の例としては，adder は一般に蛇を指したが，毒蛇の一種であるマムシのみを指すようになった．lust は一般の欲望から性的な欲望へ，meat は食物一般から食用肉へと語義が特殊化した．「障子」はもともと襖・衝立・明り障子を含めた名称だったが，明り障子のみを指すようになっている．「着物」「もみじ」もそれぞれ一般に衣服，紅葉するものを指したが，現在では主として〈和服〉，〈かえで〉を意味する．概して，意味の特殊化の事例のほうが一般化の事例よりも多いようである．

8.2.2 意味の向上と堕落

意味の向上と堕落は，話者の主観的な評価に関わる意味の変化である．英語における意味の向上の例としてよく知られているのは，nice である．現代英語の nice は〈すてきな，親切な〉の意味で用いられるが，もとをたどると古フランス語 nice（単純な，愚かな）を 1300 年頃に借用したものであり，英語での当初の意味は古フランス語の通りに〈愚かな〉だった．この古フランス語由来の語は，ラテン語 nescius（無知の）に遡り，後者は否定接頭辞 ne- と〈知っている〉を意味する動詞 sciō に基づく形容詞だった．つまり，nice は，〈ものを知らない〉愚か者を形容する語として出発したのである．14 〜 15 世紀には〈愚かな〉の意味が優勢だったが，15 世紀から女性の振る舞いを評価して〈臆病な，内気な〉の語義を発展させた．同時に〈みだらな〉も現れており，何をもって愚かな振る舞いとみるかに違いが出ている．16 世紀には〈気むずかしい，やかましい〉が現れ，〈細かい〉を経由して〈繊細な，精密な〉とプラス評価への兆しを示した．この最後の語義は，nice distinction（微細な区別）や a nice point of law（法律の微妙な点）などの表現に残っている．18 世紀には，プラス評価が確立し，現在の〈すてきな〉が現れた．新旧語義の入り交じった 16 〜 17 世紀辺りでは，文脈を精査してもどの語義で用いられているのか判明しない場合があり，その多義性はきわまりなかった．

意味の向上の他の例をあげよう．boy は身分の低い〈召使い〉から普通の〈少年〉へ，knight は〈少年〉から〈騎士，勲爵士〉へと意味を向上させた．success は，元来〈結果〉を意味したが，よい結果である〈成功〉を意味するようになった．日本語からは，「もてなす」が〈取り扱う〉の意から〈ご馳走する〉の意へ変化した例や，〈滅多にない〉の意から変化した「ありがたい」があげられる．

意味の堕落の例としてよく知られているものに silly がある．silly は現在では〈馬鹿な，おろかな〉を表すが，古英語での意味は〈幸せな，祝福された〉だった．宗教的な色彩を帯びた幸福を表す〈祝福された，神の恵みを受けた〉の語義からは，中英語期に〈信心深い，敬虔な〉の語義が発展した．信仰の篤い人はたいてい〈素朴，純朴，無邪気〉であり，無邪気な人は多く〈かわいそうな〉ほどに〈愚か〉であり〈無学〉である．無学であることは〈無力〉で〈卑しい〉，〈弱い〉ことにもなる．〈取るに足りない〉人物

とみられるのも自然である．他には，corpse は〈体〉から〈死体〉へ，cunning は〈知識のある〉から〈智略に富む，悪賢い〉へ，poison は〈飲み物〉から〈毒物〉へと語義が否定的な方向へ変化した．日本語からの例としては，「つれない」は元来〈なんの変わりもない〉ほどを意味したが，〈薄情だ〉の意味へと，「ののしる」は〈大声を立てる〉ほどの意味から〈悪口をいう，罵倒する〉へと変化した．

意味の向上よりも堕落の例のほうが事例は多い．英語における意味の堕落の例として顕著なのは，女性を表す語彙である．歴史を通じて〈女性〉を意味する語群が，侮蔑的な含蓄を獲得していく傾向を示してきた．〈女性〉→〈性的にだらしない女性〉→〈娼婦〉という意味変化が典型である．Schulz（1975：83）によれば，harlot, quean, governess など，元来中立的に女性を表したほとんどすべての語が，英語史上，ある段階で好ましくない含蓄的意味を得たことがあるという．

8.2.3　メタファーとメトニミー

ある語の意味を**類似性**（similarity）に基づいて拡張することを**メタファー**（metaphor）と呼び，**隣接性**（contiguity）に基づいて拡張することを**メトニミー**（metonymy）と呼ぶ．メタファーは出発点と到達点が異なる**意味領域**（domain）に属するが，メトニミーでは出発点と到達点は同一の意味領域にとどまる．

まず，メタファーについて考えよう．動物ではないのに椅子の「脚」というとき，天体ではないのに人気歌手を指して「スター」というとき，なめてみたわけではないのに「甘い」声というとき，メタファーが用いられている．メタファーの表現があまりに使い古されて常套語句となっているときには，その作用はほとんど感じられず，これを**死んだメタファー**（dead metaphor）と呼ぶ．たとえば mouth of a river や「河口」というとき，流れ込む場所を人や動物の口に喩えているという感覚はかなり希薄だろう．日本語にも英語にも死んだメタファーがあふれており，あらゆる語の意味がメタファーであるとまで言いたくなるほどである．メタファーにおいては，比較の基準となる源と，比較が適用される標的の二つが必要である．椅子の「脚」の例でいえば，源は人間や動物の脚であり，標的は椅子の支えの部分である．かたや生き物の世界のもの，かたや家具の世界のものである点で，源と標的は二つの異なる領域に属するといえる．この二つは互いに関係のない独立した領域だが，「脚」すなわち「本体の下部にあって本体を支える棒状のもの」という外見上・機能上の共通点により，両領域間に橋が架けられる．

メタファーには抽象的な指示対象を具体的なものに喩えるケースが多く，特に体の部位や動物を表す語は比喩の源となることが多い．たとえば，mouse がネズミのみならずコンピュータのマウスを意味するようになったのは，形態の類似性が架け橋となって動物の意味領域とコンピュータの意味領域がつながったメタファーである．また，「一日千秋の思い」「白髪三千丈」「ノミの心臓」のような修辞学的な**誇張法**（hyperbole）や

強調表現にもメタファーが利用されている.

　一方,メトニミーにおいて関与するのは類似性ではなく,隣接性である.メタファーでは,それぞれ異なる領域に属している2項が,何らかの類似性によって結ばれる.メトニミーでは,2項は同一の領域に属しており,その内部で何らかの隣接性によって結ばれる.隣接性には,さまざまな種類がある.容器と内容,材料と物品,時間と出来事,場所とそこにある事物,原因と結果など,何らかの有機的な関係があればすべて,メトニミーの種となる.実際,意味の変異や変化において,きわめて卑近な過程である.「やかんが沸いている」というときの「やかん」は本来は容器を意味するが,その容器の中に含まれる〈水〉を意味している.glass は本来〈ガラス〉という材料を指すが,その材料でできた製品である〈グラス〉をも意味する.「永田町」や Capitol Hill は本来は場所の名前だが,それぞれ「首相官邸」と「米国議会」を意味する.「袖を濡らす」という事態は泣くという行為の結果であることから,〈泣く〉という行為そのものを意味するようになった.count one's beads という句において,元来 beads は〈祈り〉を意味したが,祈りの回数を数えるのにロザリオの数珠玉をもってしたことから,beads が〈数珠玉〉そのものを意味するようになった.隣接性は,物理法則に基づく因果関係から文化・歴史に強く依存する故事来歴に至るまで,何らかの有機的な関係があれば成立しうるという点で,その応用範囲は広い.

　本節では意味変化の類型として3対のタイプを取り上げたが,これはあくまで一つの類型として捉えておきたい.意味変化の類型の構築には多くの理論的問題が残されており,意味論内部にとどまらず,社会や文化を参照しなければ記述・説明ができない意味変化も多いことに注意しておきたい.

8.3　意味変化の要因

8.3.1　要因の分類

　前節では,変化の前後の意味が互いにいかなる関係にあるかを探った.本節で扱う意味変化の要因は,それと独立して考える必要がある.というのは,意味変化の諸要因と,それらによって引き起こされる意味変化の類型における区分とは,必ずしも厳密な対応関係にないからである.伝統的には,意味変化の要因として以下の3種が区別されてきた(Meillet 1906:239-244).

(6)言語的要因:　音韻的,形態的,あるいは統語的な諸原因に由来する変化.**省略**(ellipsis),**感染**(contagion),**同音異義衝突**(homonymic clash),**民間語源**(folk etymology)など.

(7)歴史的要因:　科学,技術,制度,風俗などの歴史的な変化が,名前の変化を伴わずに事物の変化をもたらす場合.

8.3 意味変化の要因　　　159

(8)社会・心理的要因:　語の使用域間の移動や，語の意味の有効範囲の移動を引き
　　起こす場合．また，表現性の探求，タブーと婉曲語法，情動の力に関する要因など．

この分類は単純にみえるが，実際の意味変化は種々の原因が重なって生じるものであ
る．

8.3.2　言語的要因

　ここでは言語的要因を，**統合関係**（syntagmatic relation）によるものと**系列関係**
（paradigmatic relation）によるものに分けて論じる．統合関係による要因の一つに，
省略がある．〈落下〉を意味する fall が〈秋〉を意味するようになったのは，fall of the
leaves（〈落葉〉，そこからメトニミーにより〈秋〉という季節）という句が統語的な省
略を経たからである．これは厳密にいえば名義論的な変化といえるが，fall という語の
立場からは，本来の語義〈落下〉に新語義である〈秋〉が付け加わったようにみえる．

　もう一つの統合関係による意味変化に，感染がある．ある語が別の語と高頻度で統語
的に共起する場合，語義が互いに影響しあうことがある．たとえば，He is but a child.
という文において，but は only の意味で用いられるが，この語義はどこからきたのだ
ろうか．but は本来〈〜を除いて〉（except）を意味する前置詞だった．古い英語では，
ne butan（＝ nothing but ＝ only）という共起表現があったが，ここから ne が省略され，
but 単独で only の意味を発展させることになった．結果的には，ne の否定の意味が
but にまで「感染」したようにみえる．

　次に，系列関係による意味変化に移ろう．まず，形態の類似によるものがある．古英
語 lǣtan（許可する）と lettan（阻止する）は中英語では音声変化により let へ合一し，
むしろ反意といえる二つの語義が共存することになってしまった．1語の中での反意の
共存はしばしば誤解を招くため，その後の歴史で一方が消失することが多い．実際，現
代英語において let は〈許可する〉の語義が中心であり，〈阻止する〉の語義はほぼ消
失した（cf. "without let or hindrance"）．このような例は，同音異義衝突といわれ，関
連する2語の間に緊張関係が生じ，しばしば語の消失，意味の追加，形態の分化などが
後に続く．とりわけ，ある語 A がタブー語 B と形態的に類似していると，A はその緊
張関係から使用が忌避されるようになり，A の意味を表す婉曲表現（euphemism）が
新たに生じることが多い．〈尻〉を意味する俗語の arse が音韻変化を通じて ass と同音
となったことにより，〈ロバ〉を意味した ass の使用が忌避されるようになり，その動
物を表すのに donkey が代用されるようになった例がある．これは厳密には名義論的な
変化ではあるが，ass という語の立場からみれば，〈尻〉の意味を獲得し，〈ロバ〉の語
義が脱落しかけたということになり，語義論的な変化の例としても考えうる．また，
asparagus が，その短縮形 'sparagus を通じて sparrow-grass と結びつけられ，後者も
アスパラガスを指示するようになった民間語源の例においても，ass と donkey の場合

と同様の名義論的な変化が生じている.

　系列関係に関する意味変化のもう一つの例として，意味の類似性・隣接性によるものがある．一組の類義語において，意味が似通ってくると，完全同義語を避けたいという言語一般に働く合理性・経済性の原理から，互いの間に意味の差異化が生じることがある．語彙借用の関わる例が典型である．動物の意味場の事例を取り上げよう．現在〈鹿〉を意味する deer は，古英語や中英語では普通には〈動物〉を意味した．古英語でも〈鹿〉の意味がまったくなかったわけではないが，この語の中心的な意味は〈動物〉であった．ところが，中英語期になり〈鹿〉の意味が目立ってくるようになり，〈動物〉の意味は徐々に衰えていった．この意味の特殊化の背景には，中英語期のフランス語との言語接触がある．1200 年頃のテキストに，フランス語から借用された beast（動物）という語が初めて用いられているが，以降，中英語期には〈動物〉の意味ではこちらの beast の使用が優勢になってゆく．deer は〈動物〉の意味を beast に明けわたし，〈鹿〉の意味に限定することで自らを生き延びさせたといえるだろう．さらに，後期中英語期に，animalという別の語がフランス語から入ってきて，〈動物〉という意味で用いられるようになった．これによって，beast は〈動物〉の意味から追い出され，再度，意味の特殊化および堕落の過程を経て，〈けもの，下等動物〉の意味へ変化した．このように言語接触により既存の意味場に衝撃が加えられ，関連する語彙の間で意味の再整理や分化が生じる例は少なくない.

8.3.3　歴史的要因

　語の指示対象である事物が歴史的に変化してきたことに付随する意味変化がある．pen はかつては鉄筆を指示したが，後に鵞ペン，そして現代では金属やプラスチックの軸を持つペンを指す．このように名前は変わらないが，技術の発展などによりそれが指す事物そのものや，その捉え方が変化した場合に典型的にみられる意味変化がある．「家」「船」「電話」などは，古い時代のものと現代のものとではおおいに形態が異なるが，同じ名前を用い続けている．科学知識の変化や主義・態度の変化により，古い時代のatom, electricity, scholasticism の意味と，現代の意味とは大いに異なっているだろう．私たちは，現在では下駄ではなく靴の入っているものをいまだ「下駄箱」と呼んでいる.

8.3.4　社会的・心理的要因

　一つの言語の異なる変種において，しばしば各々の話者集団に特有の言語使用が発達する．一般に用いられている通用語が，ある使用域において特殊な意味をもって用いられることは，ごく普通にみられるだろう．犯罪者集団の隠語，職業集団の俗語，専門集団の術語などが典型である．各使用域で発生した新しい語義が使用域間の境を越えて往来すれば，結果としてその語の意味は，変化あるいは多義化することになる.

8.4 意味変化の仕組み　　　　161

　社会的・心理的な要因による意味変化として，タブー語に対する婉曲語や強意語がある．タブー語を直接口にするのがはばかられる場合に婉曲語が発達するが，それも使われるうちに本来の婉曲効果を失い，やがてはタブー語そのものに近い負の含蓄を得てしまう．そして，また別の婉曲語が必要となる，等々，意味の堕落が何度も繰り返される結果になる．たとえば，日英両言語においてトイレを表す表現の豊富さと転変は著しい．

　強意語にも同じことがいえる．awfully, hugely, terribly のような強意の副詞は，本来，対応する形容詞の持つ実質的な語義を引き継いでいた．だが，強意として用いられるうちに，実質的な語義が徐々に希薄となり，単に程度の激しさを示すだけとなった．日本語の強意表現としての「おそろしく」「ひどく」「いたく」も同様である．婉曲語の場合と同じように，このような強意の副詞は，使い続けられるうちに，**意味の漂白化**（semantic bleaching）をきたすことが多い．強意語から強意が失われると，意図する強意が確実に伝わるように，新たな強意語が必要となる．こうして，効果の薄まった古い表現は死語となったり，場合によっては使用範囲を限定して，累々と語彙に積み重ねられてゆく一方で，強意のための語句が次から次へと新しく生まれることになる．

8.4　意味変化の仕組み

8.4.1　プロトタイプ

　プロトタイプ（prototype）の考え方は，Wittgenstein が，**家族的類似**（family resemblance）に基づいたカテゴリー観を示したのを一つの源流として，近年の意味論において重要な役割を果たしてきた．プロトタイプ理論によると，カテゴリーは素性の有無の組合せによって表現されるものではなく，特性の程度の組合せによって表現されるものである．程度問題であるから，カテゴリーの中心に位置づけられるような最もふさわしい典型的な成員もあれば，周辺に位置づけられる，あまり典型的でない成員もあると考える．たとえば，「鳥」のカテゴリーにおいて，スズメやツバメは中心的（プロトタイプ的）な成員とみなせるが，ペンギンやダチョウはつばさ（翼）を使って飛行しないので周辺的（非プロトタイプ的）な成員である．コウモリは科学的知識により哺乳動物として知られており，一般のカテゴリー観によれば「鳥」ではないとされるが，プロトタイプ理論のカテゴリー観によれば，飛行するのだから，限りなく周辺的ながらも「鳥」であるとみなすこともできる．このように，プロトタイプ理論では「X らしさ」の程度が 100％から 0％までの連続体をなしており，どこからが X であり，どこからが X でないかの明確な線引きはできないとみる．

　プロトタイプを意味変化の記述や説明に応用したのが，**プロトタイプ・シフト**（prototype shift）である．プロトタイプ・シフトによると，ある種の語では，かつて周辺的であった語義が中心的な語義となり，それと同時に，中心的だった語義が周辺的

になるか，廃用になったりする．たとえば，「読む」の中心的な意味は，「入場者数を読む」などの表現に残っているように元来は〈数える〉であった．しかし，〈声に出して数え上げる〉を経由して，〈文字を読み上げる〉，〈文字を黙って読む〉などの語義が派生し，現在の主たる意味は〈文字を読んで理解する〉ほどと思われる．英語でも go の中心的な意味は〈歩く〉であったが，現在ではより一般的な〈行く〉へとプロトタイプ的な意味がシフトしている．

8.4.2　意味変化の傾向

意味変化に「法則」はあるのだろうか．この問題は長らく探究されてきたが，言語変化一般においてと同様，意味変化にもせいぜい傾向がみいだされるにすぎない，というのが結論のようである．Brinton and Arnovick（2006：87）は，次のような意味変化の傾向を指摘している．

(9) 具体的な意味から抽象的な意味へと変化する

　例："understand" が「下に立つ」から「理解する」へ

(10) 中立的な意味から非中立的な意味へと変化する

　　例："esteem" が「評価する」から「高く評価する，尊重する」へ

(11) 侮辱的な語は動物や下級の人々を表す表現から発達する

　　例："villain" が「田舎者」から「悪人」へ

(12) 比喩的な表現は日常的な経験に基づく

　　例："mouth of a river" の "mouth" が「(動物の)口」から「出入り口」へ

(13) 強い感情的な意味が弱まる傾向がある

　　例："awful" が「畏怖すべき」から「ひどい」へ

(14) 文法化（grammaticalization）の関わる変化には一方向性（unidirectionality）が確認される

　　例：元来希望を表した動詞 "will" が，意志や未来の用法を持つ助動詞へと発展した

(15) 不規則な意味変化は，言語外的な要因にさらされやすい名詞にとりわけ顕著である

　　例："glasses" は元来のガラス複数片から眼鏡へと意味を変化させた

注目すべき意味論の「法則」として，Stern（1931：185）によって示された，英語の〈速く〉から〈すぐに〉への意味変化を取り上げよう．〈速く〉は動作の速度が速い様子，〈すぐに〉は時間間隔が空いていない様子を指すが，両者には意味上の接点がある．三つの例文を考えよう．

(16) He wrote quickly.

(17) When the king saw him, he quickly rode up to him.

(18) Quickly afterwards he carried it off.

ここで (16) の quickly は書く速度が速いことを表すが，(18) の quickly は「〜の後

すぐに」のように時間間隔の短いことを含意する．(16)と(18)の語義をつなぐのが，(17)の例文における quickly である．馬で駆けつける速度が速いとも読めるし，文頭の when 節との関係で「王が彼をみるとすぐに」とも読める．日本語の「はやい」も，速度の〈速い〉と時間の〈早い〉の両方を意味しうるので，意味の接点，連続性，そして前者から後者への語義変化の可能性については，理解しやすいだろう．

しかし，英語史における事例として興味深いのは，この意味変化が，quickly のみならず swiftly, smartly など「速く」を表す一連の類義語において，限定された時間枠内で例外なく生じたらしいということである．具体的には，Stern の主張は，1300 年以前に〈速く〉の語義を持っていた語は，必ず〈すぐに〉の語義を発達させている，というものである．一方で，それより後に〈速く〉の語義を得た語は，〈すぐに〉の語義を発達させていないという（たとえば rashly, speedingly, rapidly, hurryingly, hurriedly）．関与するあらゆる語において特定の時代に働くという点では，音韻変化と同じ性質を持っていることになる．

意味変化の「法則」と関連して，**共感覚**（synaesthesia）にも触れておこう．共感覚とは，ある感覚を表すのに，別の感覚に属する表現をもってすることである．通言語的に広く観察される現象であり，日本語でも「柔らかい色」（触覚と視覚），「甘い香り」（味覚と嗅覚），「黄色い声援」（視覚と聴覚）など多数ある．英語でも soft voice, sweet smell, loud color などの共感覚表現が多く認められる．

共感覚表現については「下位感覚から上位感覚への意味転用」という一定の方向性があるといわれる．Williams（1976：463）は，100 を超える感覚を表す英語の形容詞について，関連する語義の初出年代を調べ，共感覚による意味の転用に図 8.1 のような方向性があることを主張した．実際には，例外も少なくないので，法則とは呼べないかもしれないが，顕著な傾向を示すことは確かのようである．

8.5 語用論の変化

8.5.1 歴史語用論

語用論の変化を扱う**歴史語用論**（historical pragmatics）は，近年，注目を集めるようになってきているが，新しい領域であるだけに，いまだ理論化が進んでいない．本節

図 8.1 Williams による英語の共感覚表現の方向性

では，近年発展の著しい歴史語用論の枠組みを概観したい．Jucker（2010：110）によると，歴史語用論とは「特定言語の歴史における語用論的な側面を研究する学問領域」である．一見すると雑多な話題，従来の主流派言語学からは周辺的とみられてきたような話題を，歴史的に扱う分野ということになる．歴史語用論は，研究者の関心や力点の置き方に従って，いくつかの種類に分かれる．まず，「歴史」の捉え方により，過去のある時代の語用論的側面を共時的に考察する**語用論的文献学**（pragmaphilology）と，語用論の時間軸に沿った発達を研究する**通時語用論**（diachronic pragmatics）に分けられる．後者はさらに，ある形態を固定してその機能の通時的な変化をみるか（diachronic form-to-function mapping），逆に機能を固定して対応する形態の通時的な変化をみるか（diachronic function-to-form mapping）に分けられる．

このように歴史語用論にもスタンスの違いはあるが，全体としては統一感を持った学問分野として成長してきている．逆にいえば，歴史語用論は学際的な色彩が強く，多かれ少なかれ他領域との連携が前提とされている分野ともいえる．しかし，発展途上の分野であるだけに，以下のような課題が指摘されよう．

(19)学問分野としてまだ若く，従来の分野の方法論と競合するレベルに至っていない

(20)欧米の主要言語や日本語を除けば，他の言語への応用が広がっていない

(21)研究の基礎となる，ある言語の歴史的な**発話行為**（speech act）の一覧や談話タイプの一覧などがまだ準備されていない

(22)研究の基礎となる，過去の時代のコミュニケーション状況の全容の知識が依然として不足している

歴史語用論は，有望ではあるが，まだ緒に就いたばかりの分野である．次節からは，歴史語用論の観点から語の意味の変化を説明する道具立てとして，**主観化**（subjectification）と**間主観化**（intersubjectification），**誘導推論**（invited inference）と**会話の含意**（conversational implicature），**ポライトネス**（politeness）の三つを紹介し，新しい分野の一画を覗いてみたい．

8.5.2 主観化と間主観化

近年の語用論や文法化の研究では，主観化や間主観化という過程が注目を浴びている．主観化とは「指示的，命題的意味からテキスト的，感情表出的，あるいは，**対人的**（interpersonal）への意味変化」（秋元 2014：11）である．命題の意味が話者の主観的態度に重きを置く意味へと変化する過程であり，文法化に典型的にみられる一方向性を持った変化であるといわれる．英語からの例をあげると，運動から未来の意志・推論を表す be going to の発達，法助動詞 must, may などの**義務的用法**（deontic）から**認識的用法**（epistemic）への発達，**談話標識**（discourse marker）の発達，また具体的な意味を持っていた副詞の強意副詞への発達などがある．

8.5 語用論の変化

具体的に，形容詞 lovely の主観化をみてみよう．本来この形容詞は〈優しい〉という人間の属性を意味したが，18 世紀頃から〈美しい〉という身体の特性を表すようになり，次いで〈すてきな〉という価値を表すようになった．19 世紀中頃からは強意語としても用いられるようになり，ついにはさらに〈素晴らしい！〉ほどを意味する反応詞としての用法も発達させた．命題的→感情的→強意的→語用論的に語義を発展させてきた事例といえるだろう．他にも，Traugott（2003：126-127）によれば，after all, in fact, however などの談話標識としての発達，even の尺度詞としての発達，only の焦点詞としての発達などが**主観化**の例としてあげられ，日本語からは，文頭の「でも」の談話標識としての発達（逆接の含意を伴わずに言い始める「でも，それはちょっと違うと思う」）や，文末の「わけ」の主観的な態度を含んだ理由説明の用法の発達（たとえば「まあ，そういうわけ」）などがあげられる．

間主観化についても触れておこう．間主観化とは，話し手・書き手が聞き手・読み手の認知的態度や社会的アイデンティティに対して注意を払っていることを符号化した意味の発達である．英語から間主観的な表現の例をあげれば，Actually, I will drive you to the dentist. という文における Actually がその例となりうる．この Actually には「あなたはこの提案を断るかもしれないことを承知であえていいますが」ほどの含意があり，聞き手の**面子**（face）に対して話し手がある種の配慮を示していることが符号化されている．また，Let's take our pills now, Roger. における Let's も間主観化の例である．本来 let's は，let us（= allow us）という命令文からの発達であり，それが形態的に let's へと短縮しながら奨励・勧告の意を表すようになった．これが，さらに親が子になだめるように動作を促す用法へと発展した．奨励・勧告への発達は主観化とみてよいが，その次の発展段階は，話し手（親）の聞き手（子）への「なだめて促す」思いやりの態度を符号化しているという点で，間主観化と捉えることができる．命令文に先行する please や pray などの用法の発達も，同様に間主観化の例とみることができる．さらに，「まあ，そういうことであれば同意します」ほどを含意する談話標識 well の発達も，間主観化のもう一つの例とみることができる．

聞き手の面子を重んじる話し手の態度を埋め込むのが間主観化だとすれば，むしろ日本語の出番であろう．敬譲表現の「〜いたす」，終助詞「わ」「よ」「ね」，談話標識としての「さて」など，多くの表現に間主観性がみられる．「〜ございます」は聞き手を高める対者敬語だが，その前身「ござる」は話題としている人物を高める素材敬語であり，さらにその前身「御座ある」は〈貴人の座がある〉を意味する客観的な表現だった．これは，本来の客観的な表現が，時とともに主観化し，さらに間主観化するに至った経路を体現していると考えられる（高田ほか 2011：33）．日本語は，このように非主観的意味が主観化し，さらに間主観化した表現が数多く存在する言語であるといえる．

8.5.3　誘導推論と会話の含意

誘導推論とは，P→Q の命題を受けて−P→−Q と解釈するような語用論的な推論である．たとえば，If you mow the lawn, I'll give you five dollars. と聞いて If you don't mow the lawn, I won't give you five dollars. と解釈するケースがこれに相当する．上記の前提では−P→−Q は論理学的に必ずしも真とはならないが，通常の言語使用においては，往々にしてそれが含意される．誘導推論は，より一般に，聞き手がいわれたこと以上の意味を推測するメカニズム，豊かな解釈をつむぎだすメカニズムを指し，願望を表す will が，時制としての未来を表すようになった事例などを説明するのに効果を発揮する．

　誘導推論によって，会話における特殊な環境のもとで特定の含意が生じ，さらにそれが慣用的な含意へと発展することがある．**特殊化された会話の含意**（particularized conversational implicature）では，ある形態 F に結びつけられている通常の意味 "a" がもととなって，推論・計算により異なる意味 "b" が導き出される．しかし，b はその場，そのときの会話において単発に現れる含意にすぎず，形態 F との結びつきは弱い．これを定式化すれば，形態 F を伴わない a→ab という過程となろう．一方，**慣習的な含意**（conventional implicature）では，形態と強く結びついた含意，すなわち語に符号化された意味が関与し，意味変化の観点からは，変化が完了した後の安定した状態である F(ab) に対応する．では，この二つの間を取り持ち，意味変化の動的な過程をなす F(a)→F(ab) の過程に対応するものは何だろうか．それは，**一般化された会話の含意**（generalized conversational implicature）である．一般化された会話の含意は，意味変化の過程に直接関わる種類の含意ということになる．「候う」という語（＝F）は元来〈待ち受ける〉（＝a）を意味したが，貴人のもとで「候う」状況に限定して用いられるようになると，動作主の相対的な地位の低さ（＝b）が含意として生じ，謙譲や丁寧の含意が「候う」という語に符号化されるに至った．つまり F(a)→F(ab) が生じたのである．

　英語からの事例を加えれば，Jesus の語用標識化がある．元来 Jesus は神の子イエス・キリストを指すが，Jesus, please help me. のように嘆願の文脈でしばしば用いられることから，祈り，呪い，罵りの場面と密接に関係づけられるようになった．その結果，単独で感情的な間投詞として用いられるに至り，そのような用法ではもはやイエスを指示する機能はきわめて希薄である．ある特定の文脈で繰り返し用いられることにより，この語に当該の語用的な含意が染みついたといえるだろう．Goddam など他の宗教的な由来をもつ語句についても同じことがいえる．

8.5.4　ポライトネス

　本節では，**ポライトネス**の観点から，英語史における 2 人称代名詞の親称・敬称の区別およびその解消の過程について概観する．英語を含むヨーロッパ諸言語では thou に

相当する親称と you に相当する敬称が区別されてきたが，英語では近代英語期中にこの区別が解消され，you 一辺倒となった．親称・敬称の使用に関する通時的な傾向を整理した Brown and Gilman（1960）の研究を，Trudgill（2000：118-121）による要約を通じて示したい．図 8.2 は，Trudgill の提案する通時的変化の図式である．

ここで ±P は権力（power）の有無を，±S は仲間意識（solidarity）の有無を，T とV は親称と敬称をそれぞれ表す．第 1 段階では，古英語におけるように T 形（þū）とV 形（gē）のあいだに語用論的な使い分けはなく，相手が単数なら T，複数なら V という文法的な数に基づく単純な構図であった．中英語以降，そこに権力の要因が介入してきたのが第 2 段階である．この段階では，権力が絶対的に上か下かで T/V の使い分けが決定される．自分の権力の有無はどうであれ，相手に権力があれば V，なければ T という基準である．権力に差のある 2 人のあいだでは，一方が T を，他方が V を用いるという**非相互換用的**（nonreciprocal）な構図となる．

中英語期から初期近代英語期にかけて，T/V の使い分けは次の第 3 段階まで進んだ．ここでは，権力の要因に加えて仲間意識の要因が介入してくる．2 人のあいだに仲間意識があるかないかという基準で T/V が選ばれるということは，どんな場合でも両者が同じ代名詞で呼び合う**相互換用的**（reciprocal）な構図となるはずだが，この時点ではいまだ第 2 段階の権力という要因も完全には廃れていないので，斜字体で示した 2 カ所において権力と仲間意識の二つの要因が衝突することになる．ここではまだ古い権力の要因が根強く残っている．最後の第 4 段階に至ると，権力の要因が清算され，ひとえに仲間意識の要因が重視される構図となる．

英語史においては，中英語の終わりから初期近代英語の始めにかけて T/V の使い分けは第 3 段階まで進んだが，その後，第 4 段階まで進むことはなく，親称 thou の廃用とともに T/V の使い分けそのものが解消した．thou の衰退の原因については諸説あるが，話者にとって社会語用論的に常に敬称を用いるほうが安全であること，また近代以降に民主的平等主義というイデオロギーが次第に成長してきたことが関与していると考えられる．

	第 1 段階（OE）		第 2 段階（ME）		第 3 段階（EModE）		第 4 段階	
	+S	−S	+S	−S	+S	−S	+S	−S
+P→+P	T	T	V	V	T	V	T	V
−P→−P	T	T	T	T	T	V	T	V
+P→−P	T	T	T	T	T	*T*	T	V
−P→+P	T	T	V	V	*V*	V	T	V

図 8.2 T/V の使い分けの通時的変化

南 (1987：111-114, 207-208) は，上記の第 2 段階から第 3 段階を経て第 4 段階へ向かうという経路，つまり権力志向から仲間意識志向へのシフトは，英語を除く近年のヨーロッパ諸語の T/V の使い分けのみならず，日本語の敬語使用の変化にもみられると指摘している．たとえば，日本語で親子が敬語抜きで話すようになってきたことも，この観点から説明できる．近現代社会における語用論の変化の潮流として，多くの言語社会に広く観察される現象といえるかもしれない．

まとめ

本章では，日英語における語の意味変化に焦点を当て，共通するメカニズムや要因について考察してきた．伝統的な意味論においては，意味変化はおよそ論じ尽くされてきた感があるが，認知意味論や歴史語用論の理論化が現在まさに進行中であり，今後，意味変化の問題に対して新たな光が当てられてゆくことは間違いない．

意味変化の理論のみならず，記述の作業も重要である．日英語ともに個々の語のたどった意味変化については，まだまだ不明のことが多い．従来，**語源学**（etymology）においては，語の音韻的・形態的な変化が重点的に記述され，意味変化は副次的な扱いを受けてきた．今後は，語源学の分野においても，歴史的意味論・語用論の知見を組み込んだうえで，個々の語のたどった意味変化を丹念に記述していくことが望まれる．

Q 文献案内

・高田博行・椎名美智・小野寺典子（編著）(2011)『歴史語用論入門—過去のコミュニケーションを復元する』東京：大修館書店.
　歴史語用論という新しい分野を我が国で初めて紹介した入門書．英語と日本語からの事例研究を含んでおり，今後歴史語用論がどのような方向へ発展してゆくかを示している．

・寺澤盾 (2016)『英単語の世界—多義語と意味変化から見る』東京：中央公論新社.
　英単語の意味変化の様々な側面について多くの適切な例とともに紹介する新書．読みやすいながらも，最新の知見が盛り込まれており，この分野の手始めの 1 冊としておおいに薦められる．

・Room, Adrian, ed. (1991) *NTC's Dictionary of Changes in Meanings*, Lincolnwood: NTC.
　英語語彙の意味変化に的を絞った辞典．序章に意味変化の概論も記されている．意味変化の具体例の参照に便利であり，各項は読み物としてもおもしろい．

・Stern, Gustaf (1931) *Meaning and Change of Meaning*, Bloomington: Indiana University Press.
　古典的で代表的な意味および意味変化の研究書．上級向けだが，語の意味変化を考慮するに当たっての必読書である．

・Waldron, R. A. (1967) *Sense and Sense Development*, New York: Oxford University Press.
上記 Stern をはじめとする古典的な意味変化の研究を手際よくまとめた中級向けの 1 冊.
取り扱いの難しい意味変化の話題を，比較的容易に解きほぐしている.

引用文献

秋元実治（2014）『増補　文法化とイディオム化』東京：ひつじ書房.

高田博行・椎名美智・小野寺典子（編著）（2011）『歴史語用論入門　過去のコミュニケーショ
ンを復元する』東京：大修館書店.

中野弘三（2012）「意味とは」中野弘三（編）『意味論』東京：朝倉書店, 1-27.

南不二男（1987）『敬語』東京：岩波書店.

Brinton, Laurel J. and Leslie K. Arnovick (2006) *The English Language: A Linguistic History*,
Oxford: Oxford University Press.

Brown, R. W. and A. Gilman (1960) "The Pronouns of Power and Solidarity," in Thomas A.
Sebeok (ed.) *Style in Language*, Cambridge, MA: MIT Press, 253-276.

Bryson, Bill (1990) *Mother Tongue: The Story of the English Language*, London: Penguin.

Jucker, Andreas H. (2010) "Historical Pragmatics," in Mirjam Fried et al. (eds.) *Variation and
Change*, Amsterdam: Benjamins, 110-122.

Meillet, Antoine (1906) "Comment les mots changent de sens," *Année sociologique* 9. Rpt. In
Linguistique historique et linguistique générale, Paris: Champion, 1958, 230-271.

Schulz, Muriel (1975) "The Semantic Derogation of Woman," in Barrie Thorne and Nancy
Henley (eds.) *Language and Sex: Difference and Dominance*, Rowley, MA: Newbury
House, 64-75.

Stern, Gustaf (1931) *Meaning and Change of Meaning*, Bloomington: Indiana University Press.

Traugott, Elizabeth Closs (2003) "From Subjectification to Intersubjectification," in Raymond
Hickey (ed.) *Motives for Language Change*, Cambridge: Cambridge University Press,
124-139.

Trudgill, Peter (2000) *Sociolinguistics: An Introduction to Language and Society*, 4th Edition,
London: Penguin.

Williams, Joseph M. (1976) "Synaethetic Adjectives: A Possible Law of Semantic Change,"
Language **52**: 461-478.

第9章 言語変化のメカニズム

保坂道雄

キーワード：言語接触，最小労力の原理，ピジン・クレオール語，文法化，一方向性，パラメータ，言語獲得，言語進化，アブダクション，機能範疇，思考の言語（LoT），伝達の言語（LoC）

Vis Insita というラテン語をご存じだろうか．Newton（1687）の *Philosophiæ Naturalis Principia Mathematica*（プリンキピア）に登場する運動の第一法則で，英語で the Law of Inertia として知られる．これは，ご存じのとおり，「すべての物体は，外から力を加えられない限り，静止している場合には静止状態を続け，運動している場合には等速直線運動を続ける」という法則である．

さて，この法則を歴史言語学の世界に応用したものに，Keenan（2002），Longobardi（2001）がある．前者は，言語における Inertia を "Things stay as they are unless acted upon by an outside force or decay. (p.327)" と述べ，言語は，他言語からの影響等の外的な力や同化現象等の内的な減衰が加わらない限り，変化しないものであるとする．また，後者は，生成文法の観点から統語変化について述べたもので，"Syntax, by itself, is diachronically completely inert. (p.278)" と主張し，Chomsky の**極小主義**（minimalism）のテーゼである「言語能力は，その始まりの時点から，変化していない」という考え方と符号する．しかしながら，世界の言語は，歴史的にもさまざまな変化を被っており，その結果言語の多様性が生まれていると考えられる．本章では，こうした言語の多様性と普遍性を生み出すメカニズムについて，日英語にみられる文法化現象の具体例を取り上げながら，言語進化の観点も含めて，考察してみたい．

まず，Keenan でも指摘されている外的な力と内的な減衰について，理論的および経験的説明を概観する．

9.1 言語変化の要因と理論的説明

9.1.1 言語内的要因

言語変化の要因をめぐっては，これまでにも多くの議論がなされてきた．特に，**言語内的要因**と**言語外的要因**を分け，(1)に示すように，20世紀の歴史言語学研究では前者を中心に変化の研究がなされてきた．

(1) For well over a hundred years, mainstream historical linguists have

9.1 言語変化の要因と理論的説明

concentrated heavily on system-internal motivations and mechanisms in studying language change. The methodological principles embodied in the powerful Comparative Method include an assumption that virtually all language change arises through introsystemic causes.

(Thomason and Kaufman 1988：1)

また，内的要因としてしばしばあげられるものに，「言語は発話の負担が少ない方向に変化していく」という「**最小労力の原理**（Principle of Least Effort）」がある．歴史言語学の比較的早い時期から指摘されてきた原理で，意識的・無意識的にかかわらず，「同じことをするならば，できるだけ楽な方法を選ぶ」という人間の本性に根ざしたものである．この原理は，音韻，語彙，形態，統語，意味等の多岐にわたる言語現象に当てはまる．たとえば，all right を発音する際，[ɔːl raɪt]とは発音せず，[ɔː raɪt]となるのは，[l]（舌を前に出す）の発音を行う際に，次に[r]（舌を後ろに引く）の発音が予測されるため，舌を前に出してすぐに引く労力を削減して，[l]を省略してしまうというものである．また，歴史的には，foot の複数形がなぜ feet となるかという点も，ゲルマン祖語の名詞の主格複数語尾*-iz の[i]により，先行する[oː]が[øː]に前母音化し，やがて唇の丸みがとれた[eː]となり（後に大母音推移のため[iː]となる），接尾辞自体はその後消失したと考えられるのである．こうしたウムラウト現象も最小労力の結果であると思われる．また，中英語（Middle English：ME）の femelle（＜ラテン語の *femella*）が，male（＜ラテン語の *masculus*）との関連で female に変わったことなども，意味的類推による形態的整合という認識上の労力削減と解釈できる．

なお，その際，Martinet（1952, 1961）で指摘された言語のコミュニケーション機能との関係にも注意が必要である．すなわち，(2)に示すように，「最小労力の原理」は，言語使用における伝達機能とバランスをとることが前提となる．

(2) In order to understand how and why a language changes, the linguist has to keep in mind two ever-present and antinomic factors: first the requirements of communication, the need for the speaker to convey his message, and, second, the principle of least effort, which makes him restrict his output of energy, both mental and physical, to the minimum compatible with achieving his ends.

(Martinet 1961：139)

同様な主張は，(3)の Anttila（1989）にもみることができる．

(3) the driving force is the mental striving to adapt language for communication with least effort, that is, the psychological motive and the necessity of fulfilling the functions of speech (Anttila 1989：181)

しかしながら，ここで注意すべき点は，もし伝達機能への適応が優先されるなら，こうした機能的要因が言語構造等を大きく変え，伝達効率を低下させる変化へと結びつく

可能性は低いと考えられることである．つまり，音韻形態的変化に代表されるこうした「最小労力の原理」は，直接的には，英語にみられるような急激な言語構造自体の変化へは結びつきにくいはずである．では，そうした大きな変化を引き起こす要因とは何であろうか．Lucas（2015）は次のように述べる．

(4) This is especially clear in light of the basic observation that intensive language contact is almost always associated with rapid and profound change, whereas, in the rare cases where languages are spoken in virtual isolation, change proceeds exceptionally slowly, even in comparison to languages with only a moderate history of contact.　　　　　　　　　　　　　　　　（Lucas 2015：520）

すなわち，緊密な言語接触により，加速度的変化が引き起こされたということである．そこで，次項では，外的要因として，近年，特に注目を浴びているこの言語接触について考察する．

9.1.2　言語外的要因（言語接触）

　言語接触と言語変化に関する研究をざっとあげるだけでも，Thomason and Kaufman（1988）を始め，Thomason（2001），Clyne（2003），Heine and Kuteva（2005），Matras（2009），Hickey ed.（2010），Chamoreau and Léglise eds.（2012），Bakker and Matras eds.（2013）など，かなりの数にのぼる．特に，社会言語学的見地からの研究が多く，英語に関しても，ケルト語との接触を中心に扱った Poussa（1990），Filppula（2003），古ノルド語との接触を中心に扱った McWhorter（2005），ノルマンフランス語との接触を中心に扱った Bailey and Maroldt（1977）や Poussa（1982）など多数の文献がある．

　さて，こうした研究は，言語接触を通して生じる語彙的，文法的借用の現象を扱ったものが多い．たとえば，1066年の**ノルマン征服**（Norman Conquest）を契機に，フランス語からの借用語が急激に増加した現象や，ラテン語との接触により古英語に奪格構文が導入された事実等である．

　しかし，より重要な点は両言語の接触により生じる伝達機能の断絶を回避する変化にあると考えられる．すなわち，二つの言語それぞれの母語話者が対話を行う際に生じるコミュニケーション・ストラテジー上の問題であり，またその変化に接して言語獲得を行う子供たちの言語能力の発達の問題である．こうした点は，特に言語接触により生じるピジン・クレオール語の研究にその成果をみることができる．

　(5)は，ハワイにおける英語，日本語，ハワイ語の接触から生まれた**ピジン語**（pidgin language）の例である．

(5) Yu　　　　　　　nani　　　　　hanahana ?
　　あなた（英語）　何（日本語）　仕事（ハワイ語）

（あなたはどんな仕事をしているのですか） (Bickerton 2006：148)

初期のピジン語は限られた語彙と単純な文法構造しか持たない不安定な存在であるが，それが世代を経て，言語として確立したものが**クレオール語**（creole language）である．こうした**クレオール語化**（creolization）は，世界各地でみられ，現在も多くの研究が進行中である．歴史言語学的視点でみると，言語接触は，もとの言語にこうしたピジン・クレオール語化を引き起こす直接的な影響を与え，新たな言語を生み出すものから，英語の通時的変化のように，言語そのものを刷新することはないが，間接的に大きな影響を与え，その結果構造的変化を引き起こすものがある．本章では，主に後者を考察の対象とする．

さて，こうして，内的および外的要因を概観すると，それぞれが密接に関係している状況が浮かび上がってくる．すなわち，それぞれが個別の要因なのではなく，(6)のように，一連のつながりが想定できる．

(6) 内的要因による変化＋外的要因で生じた変化 ＝ 急速な言語変化

つまり，内的な要因と外的な要因が重なりあって言語変化が加速されるというわけである．次項では，こうした変化に着目した理論的説明について考察する．

9.1.3 言語変化の理論的説明

さて，言語変化についての理論的説明は，大きく二つに分けることができる．一つは，先に触れた機能的な説明に，言語使用者の認知的プロセスの視点を加えた説明である．この中には，Givón の機能文法的説明や Traugott をはじめとした文法化理論による説明が含まれる．もう一つは，Lightfoot や Roberts が中心となる生成文法理論に基づく形式言語学的アプローチである．以下，両者の考え方を概観する．

a. 認知的プロセスに基づく説明

Givón の有名なテーゼに，(7)がある．

(7) Today's morphology is yesterday's syntax (Givón 1971：413)

これは，言語要素が本来の自立性を失い（たとえば名詞的特性の消失），他の要素に従属的になる（たとえば動詞に付随する屈折語尾となる）過程と考えられ，(8)のような一方向性が提案されている．

(8) a. content item ＞ grammatical word ＞ clitic ＞ inflectional affix

(Hopper and Traugott 2003)

b. discourse ＞ syntax ＞ morphology ＞ morphophonemics ＞ zero

(Givón 1979)

つまり，名詞や副詞といった自立した語が，文法的な役割を持つ語である冠詞や接続詞等の機能語に変化し，やがて他の語の一部として機能する接辞（屈折語尾等）となり，最終的にその形態を失っていくという過程である．

また，上記の一方向性は形態統語的変化であるが，(9)の意味変化にも一方向性がみられる．

(9) 命題的＞主観的＞対人的（間主観的）

たとえば，(10)に示すように，apparently という語は，通時的に a から c への意味の変化が観察される．

(10) a. His ciphertext messages were *apparently* intercepted by the Kremlin.

b. *Apparently*, Sue is angry about the matter.

c. Kenji looks about 20, but *apparently* he's still 14.

つまり，(10a)では，副詞としての apparently 本来の用法（「明らかに」を表す）であるが，(10b)では，「自分で確かめたわけではないが」という話し手の気持ちを伝える主観的な意味合いが含まれ，(10c)では，聞き手に対して，「思っていたこととは違い，実は」という話し手の強い主張が表れているというわけである．**文法化**（grammaticalization）の研究は，こうした変化を言語使用者の認知プロセスの一環として，説明しようと試みている．

b. 生成文法に基づく説明

生成文法（generative grammar）は，人間の持つ普遍的言語能力の解明を目的とし，多くの研究は共時的なものであり，通時的研究はその数が少ない．しかしながら，言語の多様性の説明には通時的変化の研究は不可欠であり，言語変化への関心は決して低いわけではない．事実，英語の音韻について，生成文法的視点から説明を加えた Chomsky and Halle（1968）で提案されている音韻規則には，通時的音韻変化と重なる部分が多々みられるのも事実（たとえば基底音韻表示 /eː/ を /iː/ に替えるような音韻規則は大母音推移を反映している）である．また，統語的にも，主語の義務的存在を説明する**拡大投射原理**（Extended Projection Principle）等，英語の通時的統語変化の結果とみられる事象（古英語：norþan sniwde ＞現代英語：it snowed from the north などにみられる主語の義務化）と関わり深いものも少なくない．

Lightfoot（1979）は，生成文法による通時的研究の先鞭であろう．彼は，言語変化を駆動する要因として，子供の言語獲得に着目する．すなわち，変化の主体は，既存の大人の文法構造が何らかの理由で**不透明**（opaque）になった際に新たな文法構造を作り上げる子供にあると主張する．また，新たな文法構造といっても，そのひな型は普遍文法としてすべての言語に共通して存在し，言語獲得時に決められるのは各原理のパラメータの値であるとする．すると，言語変化は，子供によるパラメータの習得の違いに帰すものと説明でき，言語変化と言語獲得の研究が補いあうことになる．こうして，その後は，Roberts（2007），Roberts and Roussou（2003），Gelderen（2004, 2011），Yang（2002）等，パラメータに基づく言語変化研究が主流となっている．

以上，言語変化の要因とそれに対する研究の二つの潮流を概観したのであるが，認知的プロセスに基づく説明は，実際にことばが使われる場が研究の対象となっているのに対し，生成文法による説明は，言語獲得時の頭の中に形成される文法構造が研究の対象となっている．言い換えると，認知言語学的説明の中心は，大人の言語使用における変化であり，生成言語学的説明の中心は，子供の言語獲得時における変化と言い換えられよう．しかしながら，言語変化全体のメカニズムの解明には，両側面の総合的な研究を欠かすことができない．次に，こうした二つの理論的説明が共通に対象とした文法化現象について，日英語の具体的な事例を検討しながら，両理論を統合する説明の可能性を考えてみたい．

9.2 文法化現象

Meillet（1912）に端を発し，Lehmann（1995），Hopper and Traugott（2003）等で現在の研究基盤が確固としたものとなった**文法化**の研究は，いまや，言語の通時的研究に欠くことのできない分野であり，さまざまな言語においてその現象が調査研究されている．ここでは，その一端として，英語と日本語の文法化現象の例を対比させて議論してみたい．

9.2.1 英語の since と日本語の「から」

現代英語の接続詞 since には，(11)にみられるように，「時」(11a)と「理由」(11b)という異なる二つの意味が併存する．

(11) a. I have known her *since* she was a child.

b. *Since* I have a final exam tomorrow, I won't be able to go out tonight.

英語の歴史を遡ると，since は元来古英語 siþþan に由来し，もともと(12)にみられるような時を表す副詞であったと考えられる．

(12) Wes hit becueden Osbearte... & *siððan* neniȝȝra

was it bequeathed to Osberht & afterwards of none

meihanda ma ðes cynnes.

of relatives any more of the kin

(831, *Charter in O.E. Texts* 445; *OED:* s.v. *sithen*)

'It was bequeathed to Osberht ... but afterwards to no other member of the family.'

また，(13)にみられるように，ほどなく，接続詞の用法も出現する．

(13) Ealra ðara arwyrðnessa þe ðu ... hæfdest *siððan* ðu ærest

all of honours that you had since you first

ʒeboren wære oð ðisne dæʒ.

born were until this day　　　　(c888, *K.Ælfred Boeth.* viii; *OED*: s.v. *sithen*)

'all the honours that you have had, since you first were born, until this day.'

しかしその際も，意味は「時」を表し，「理由」を表す用例は，*OED* によると，1450年の(14)が初例である．

(14) *Syns* Christ bought vs as he did other.

'because Christ redeemed us as he did others.'

　　　　(c1450, *Old Treat. in Roy's Rede me, etc.*(*Arb.*) 174; *OED*: s.v. *since*)

Hopper and Traugott (2003) をはじめ，多くの文法化研究者は，このような変化の背後に，(15)に示すような，語用論的推論（「時」から「理由」へ）が生じる文脈の存在を指摘する．

(15) *Since* Susan left him, John has been very miserable.

すなわち，「スーザンが彼のもとを去って以来」とも，「スーザンが彼のもとを去ったので」とも，解釈可能であり，その決定は文脈に依存することとなる．時間的に前後する二つの出来事において，前に起こった出来事が，後に起こった出来事の原因と認識するプロセスが関わっていると考えられる．こうして，「時」から「理由」への意味の変化が生じたと思われる．

　同様の文法化現象が，日本語にも観察される．(16)にあげるものは，助詞や接続詞の「から」の例である．

(16) a. 昨日から雨が降り続いている．

　　　 b. 興奮から泣き出した．

　　　 c. 夕飯を食べてから，勉強しよう．

　　　 d. 雨が降ったから，今日の試合は中止された．

ここでも，「時」から「理由」への転化が観察される．すなわち，(16a, c)の「から」は「時」の意味を表しているが，(16b, d)では「原因・理由」の意味と解釈できる．また，日本語では，(17)のような例がみられることにも注意が必要である．

(17)「ただではおかないから」

これは，相手に言い渡して反応を求める用法で，Traugott の述べる**対人的** (interpersonal) 用法に当たるものと考えられる．なお，こうした用法が現代語にも残存している現象は，文法化の結果生じた意味の多層性の表れといえよう．

9.2.2　英語の indeed と日本語の「ほんと」

　さて，次に，英語の indeed と日本語の「ほんと」を比較してみる．まず，(18)は現代英語の例である．

(18) a. "Did you *indeed* enjoy the concert?" "Yes, indeed."

9.2 文法化現象

b. He is an unpleasant fellow, *indeed* a dangerous man.

c. She may *indeed* not be clever, but she is certainly honest.

(18a)は，really のような通常の強意の副詞用法であるが，(18b)は先行する叙述を確認・拡充する用法（「それどころか」）で，(18c)はしばしば逆接を後続させる譲歩の用法（「なるほど〜だが」）であり，対人的意味合いが含意される．また，歴史的にみると，(19)に示すように，1600 年頃を境に，前置詞＋名詞の構造が一語の副詞となった過程が観察される．

(19) a. The lorde is risen *in dede* and hath apered to Simon.

(1526 *Tindale Luke* xxiv. 34; *OED:* s.v. *indeed*)

b. Behold an Israelite *indeed* in whom is no guile.

(1611 *Bible John* i. 47; *OED:* s.v. *indeed*)

これに対して日本語では，(20)に示すように，「名詞」＞「名詞＋助詞」＞「副詞」の過程を観察することができる．

(20) a. これは<u>本当</u>だ．

b. <u>本当</u>（に）助かりました．

(20a)の「本当」は名詞と考えられ，(20b)では，「名詞＋助詞」の副詞句から，助詞が省略され，副詞となる過程と考えられる．これは，先ほどあげた英語の indeed と同様な変化過程と捉えることができよう．また，(21)では，日本語においても，主観的意味から対人的意味への変化が観察される．

(21) a.「旅行よかったよ，<u>ほんと</u>」

b. A：「宝くじあたったよ」

B：「<u>ほんと</u>．それでいくら」

(21a)では，自分の発言を念押しする意味が感じられ，(21b)では，相手の発言内容に対して驚きや疑いなどの気持ちを込めて応答していると解釈できるのである．

9.2.3 英語の that と日本語の「の」

さて，上記二つの例（since と「から」および indeed と「ほんと」）は，脱範疇化と意味変化の面からの文法化と考えられるが，言語構造の変化という観点から両言語の比較を行ってみたい．(22)にみられる両言語は複文構造を持つと考えられる．

(22) a. I know *that* he used to be a teacher.

b. 彼が元教員だった<u>の</u>は知っている．

まず，(22a)の英語における that であるが，(23)に示すとおり，通時的には，(23a)の指示詞の þæt が，(23b)の機能語である補文標識の þæt へ文法化したと考えることができる．

(23) a. þa　cwæð　he　*þæt.* Beowulf ferde

```
then said    he  that  Beowulf  went
```
'Then said he that : Beowulf went.'

b. þa cwæð he [*þæt* Beowulf ferde] .　　　　　　　　（Gelderen 2004：89）

つまり，元来は並列的な構造で，that は後続する文を指している指示代名詞であった
ものが，従属的な構造へと変化し，that は後続する文を従属節として明示する補文標
識に変化したものと解釈できるのである（英語の補文標識 that の出現についての詳細
は，Hosaka 2010 を参照）.

　では，日本語の「の」についてはどうであろうか．(24)は現代日本語における「の」
の例である.

　(24) a. 学校<u>の</u>先生

　　　 b. 彼<u>の</u>がいい

　　　 c. あまり高い<u>の</u>は買えません

　　　 d. 電話が来た<u>の</u>を知らなかった.

これらの用法もまた文法化の例として説明することができる．つまり，通常の連体修飾
語を作る格助詞（(24a)）から，その被修飾語の省略に伴う構造（(24b)）が形容詞を
名詞化する手段（(24c)）へと拡張し，やがて従属節を名詞化する補文標識へと文法化
した（(24d)）というわけである．なお，こうした文法化が生じた背景には，(25)に示
す古来からの連体形を使った名詞化手段の衰退があると考えられている.

　(25) a. 水の<u>流るる</u>を眺む.

　　　 b. 水の流れる<u>の</u>を見る.

(25a)の中古日本語では，連体形で名詞節を作ることが可能であったが，終止形と連体
形が同一の形式になるに従い，こうした用法が衰退し，代わって名詞節を明示する補文
標識として，「の」が発達したというわけである.

　なお，Shibatani (2013) でも指摘されているが，この「の」を，16世紀頃に出現し
た**準体言助詞**（nominalization marker）と捉え直すことも可能である．また，そのよ
うに想定することで，(26) の例も文法化の一例として説明することもできる.

　(26) a. だめだった<u>の</u>

　　　 b. 誰がした<u>の</u>

　　　 c. さあ，早く寝る<u>の</u>

つまり，(26)では終助詞として文法化され，それが，断定(26a)，疑問(26b)，命令(26c)
の意味に解釈されるのは，主観的意味および対人的意味へと変化したためであると説明
できるのである.

9.2.4　言語変化の論理的問題

　さて，ここで観察した文法化現象のいずれにも，二つの変化が内在していることがわ

かる．すなわち，意味的変化と形態統語的変化であり，前者は(9)で示した「命題的意味＞主観的意味＞対人的意味」の変化過程，後者は(8)で示した「内容語＞文法的語」の変化過程である．文法化の研究はこうした過程を包括的に論じているものが多く，そのため，誤解が生じやすいと考えられる．つまり，この二つの過程は，あくまで別々に議論すべき事象であり，意味的変化の側面は言語使用者の認知プロセスに依存し，形態統語変化の側面は言語獲得時の再分析に依存すると考えることができる．端的にいうなら，前者は大人の言語における変化であり，後者は子供の言語における変化ということとなり，前者は認知言語学の領域に入り，後者は形式言語学の領域にあるといえる．

さて，形式言語学的アプローチで常に問題としてあげられるのが，(27)に示す言語変化と言語獲得に関する論理的問題である．

(27) Logical problem of language change: in the context of the idea that language change arises through the language-acquisition process, the problem of why acquirers would converge on a system different from that which produces the primary linguistic data they are exposed to: if that system generates the data, how are acquirers led to postulate a distinct system? (Roberts 2007：451)

つまり，もし子供の言語獲得時に変化が生じるとすれば，それは子供が接する言語事象の変化に基づいて起こるはずであるが，するとそもそもその言語事象自体が変化していることが前提となり，その変化の原因を習得時の変化に帰すことはできないという問題である．(28)は，Anderson (1973) で示されたアブダクションに基づく言語変化の過程である．

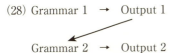

(28) Grammar 1 → Output 1

    Grammar 2 → Output 2

つまり，前の世代の言語データ (Output 1) に基づき，次世代の文法 (G2) が生まれるというわけであるが，その際，Output 1 自体に何らかの変化がすでに生じていない限りは，G1 から G2 への変化は想定できないことになる．

しかし，この問題は，先程の二つの言語変化を想定することで解決することが可能である．つまり，Output 1 の変化は認知プロセスに基づく大人の言語変化であり，それは言語使用の問題と考えることができ，それに接することで，子供の言語構造に変化が生じると説明できるのである．こうして，認知言語学的説明と形式言語学的説明の二つの基盤に立って初めて，言語変化全体を説明することが可能となる．

9.3　言語変化と言語進化

近年，歴史言語学の研究で，にわかに注目を集めているのが，言語進化研究からの知

見である．2015年に出版された *The Routledge Handbook of Historical Linguistics* の Foundations of the New Historical Linguistics との副題を持つ序論に下記の文言がみられる．

(29) Historical linguistics is currently undergoing something of a renaissance. ... The current volume reflects this shift. ... In doing so, we place special emphasis on historical linguistics as an 'evolutionary' theory.

(Bowern and Evans eds. 2015：1)

こうした進化の視点からの通時的言語変化を扱った代表的な研究書として，Keller (1994), Lass (1997), Croft (2000), Mufwene (2001, 2008), Blevins (2004), Ritt (2004), Heine and Kuteva (2007), McMahon and McMahon (2012), Tallerman and Gibson (2012) などをあげることができる．ではまず，生物の進化と言語の進化を比較して，考えてみたい．

9.3.1　生物の進化と言語の進化

地球上には，実に多様な生物が存在する．ヒトやサルをはじめとした霊長類から，カエルなどの両生類，トカゲなどの爬虫類，海や川に住む魚類，木や草などの植物，大腸菌からバクテリアまで，すべてが命を持つ存在である．こうした多様な生物が進化してきた過程を探ることは生物学の大きなテーマである．Darwin (1859) の *On the Origin of Species*『種の起源』は，それに対する最もよく知られた回答であり，そこで展開された**自然選択説**（Natural Selection）は，その後の遺伝子の発見と有機的につながり，「**ネオ・ダーウィニズム**（Neo-Darwinism)/ 総合進化説」として，現在も広く支持されている．端的に述べると，遺伝子の突然変異で生じた個体の特徴が，環境に適応し生き残るというもので，Lamarck らが主張する合目的的な発展的進化論（生物はある目標に向かって順序正しく前進的に進化していくという説）とは一線を画するものである．つまり，突然変異と環境適応が盲目的に進化を導くといえる．また，こうした進化は，ヒトの肌の色の違いなどの小さな変異から種を変えるほどの大きな変異まで存在し，前者を小進化，後者を大進化と呼ぶことができる．

さて，言語についてはどうであろうか．1866年に，パリ言語学会が言語起源に関する研究の禁止を決めて以降表舞台に出ることがなかった言語進化の研究であるが，人類学，考古学，生物学，脳科学等の進歩とともに，20世紀後半に，再び，脚光を浴びることとなった．特に，2002年に科学雑誌 *Science* に発表された Hauser, Chomsky and Fitch の論文は，生成文法，認知言語学，機能言語学等の多くの研究者に言語進化の研究の必要性を明らかにし，その後，言語進化の研究は加速度的に発展した．次項では，言語進化の議論の大きな二つの潮流を概観する．

9.3.2 適応的変化と非適応的変化

1990年代，言語進化議論の火つけ役となったものに，Pinker and Bloom（1990）がある．彼らの主張は至って単純で，言語の進化は，コウモリの反響定位やサルの立体視の進化と同様に，Darwin 流の自然選択説に基づいてのみ説明が可能であるというものであった．たとえば，文法は，限られた短期記憶の中で素早く意味を解析し，文脈中での曖昧性を最小限に抑えるよう発話命題を正しく投影できるシステム（語彙や機能範疇，句構造規則，語順，屈折語尾，助動詞，代名詞類，空範疇など）として発達してきたと主張する．また，こうしたシステムは通時的にも変化するもので，屈折の消失に伴う語順の固定化や新しい口語方策を生み出す文法化の過程もコミュニケーションによる要請であると論じた．これに対して，Chomsky をはじめ，多くの生物言語学者は，言語はコミュニケーションに対して適応的に（adaptively）進化してきたわけではないと主張する．特に両者の際立つ違いは，言語における**狭い意味の統語**（Narrow Syntax）の役割である．Hauser et al.(2002)への反論として発表された Pinker and Jackendoff(2005)（言語のコミュニケーションへの適応的進化について改めて主張した論考）に対し，その再反論として発表された Fitch et al. (2005) では，(30)のように述べる．

(30) Thus, while accepting that FLB (Faculty of Language in Broad Sense) is an adaptation, we hypothesized that FLN (Faculty of Language in Narrow Sense) is not an adaptation "for communication." Note that there is absolutely no contradiction between these two statements, as long as the distinction between FLN and FLB is kept clear. (p.189)

つまり，先行論文で二つに分けた言語能力（FLB と FLN）に適応に関して差があるとし，FLN の中心である Narrow Syntax は言語の発生以来変化していないとの主張につながるのである．言語使用を中心とした認知言語学研究と言語能力を中心とした生成文法研究の舞台を変えた論戦の続きであるとみることもできる．次項では，こうした違いがなぜ生じるかを，新たな言語進化モデルを提示して説明する．

9.3.3 言語進化モデル

さて，Chomsky は最近の論考で，アリストテレスの古典的な箴言である「言語とは意味を伴う音である」を，「言語とは音を伴う意味である」と言い換え，(31)に示すとおり，言語を思考の道具として捉え，「思考の言語」が誕生したと主張している．

(31) The apparent asymmetry of BP (Basic Principle) provides additional reasons for returning to a traditional concept of language as essentially an instrument for construction and interpretation of thought – in effect providing a "language of thought" (LOT). (Chomsky 2015：5)

こうした考え方を基盤に，思考のために用いられる言語と伝達のために用いられる言語

を分けてモデル化したものが図 9.1 の **Dynamic Model of Language** である（詳しくは，保坂 2014；Hosaka 2016 を参照）．

このモデルでは，最初の段階では，意味素性のみを併合し，構造を作り上げ，それを**概念インターフェイス**（Conceptual Interface）に送り，文の意味（SEM1：話し手による意味解釈）が出力される．ここで重要な点は，この時点では，話し手のみが関与し，聞き手の存在は想定されていないことである．したがって，意味に曖昧さは存在せず，形態や語順等はこの時点では不必要である．しかしながら，聞き手の存在が前提となる**伝達のインターフェイス**（Communicative Interface）においては，相手に意味を伝える必要があり，音声・形態・機能投射構造等がこの時点で出現すると想定し，文の意味（SEM2：聞き手の意味解釈）が出力される．つまり，LoT はすべて形のない意味だけの存在で，目にみえる言語現象は LoC の段階に存在し，通時的変化もまた LoC において生じる現象と考えられるのである．

たとえば，格の現象を例にあげて説明してみる．そもそもなぜ名詞に格が存在するかを考えてみると，名詞の意味役割の明示化にあると想定できる．(32a) の現代英語では主語と目的語を入れ替えると異なる意味となるが，(32b) の古英語では主語と目的語の位置を入れ替えても意味は変わらない．すなわち，現代英語は語順でそれぞれの意味役割が決められるが，古英語では格変化がその機能を果たしていると考えることができる．

(32) a. The king kills the bishop. ≠ The bishop kills the king.
　　 b. Se cyning cwelþ þone biscop. = Þone biscop cwelþ se cyning.
　　　　the king-Nom kills the bishop-Acc the bishop-Acc kills the king-Nom

また，日本語では，(33) に示す通り，助詞によりその役割が示され，古英語同様，語順も比較的自由となる．

(33) 王様が 司教を 殺害する ＝ 司教を 王様が 殺害する

ではなぜ，こうした意味役割の明示化が必要なのであろうか．本来，思考の段階のみを考えると，(34) に示すように，こうした意味役割の標識は必要ないと考えられる（意味

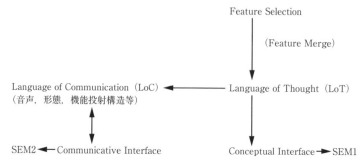

図 9.1　The Dynamic Model of Language

素性（√で示す）の併合の段階では，**裸句構造**(Bare Phrase Structure)を想定．

(34) $[_{√kill} √king_{⟨agent⟩} [_{√kill} √bishop_{⟨patient⟩} √kill]]$

つまり，LoT の段階では，動詞が付与する意味役割はそのまま具現化され，概念インターフェイスで解釈可能であるが（話し手が意味素性を併合する段階で，すでに意味役割は振り分けられている），聞き手を想定する伝達インターフェイスにおいては，聞き手に名詞の意味役割（どちらが動作主や受動者であるか）を明示化する方法が必要であり，語順，格変化，不変化詞等がその役割を担っていると考えることができる．また，こうした形態統語的現象は，歴史的な変化を受け，共時的にも通時的にも多様な言語を生み出すと考えられるわけである．

ここで大切な点は，語順もまた併合に基づいて形成される階層構造に依存しており，その際機能投射構造（FP）が重要な役割を演じる．(35) は古英語と現代英語の構造の違いを示したものである．

(35) a. $[_{FP} Þu_{⟨ag ← nom, top⟩} [_{F'} sylest+F_{⟨top⟩} [_{VP} \overline{Þu}_{⟨ag ← nom⟩} [_{V'} urum leomum_{⟨rec ← dat⟩}$

       you   give   ~~you~~   our limbs

       $[_{V'} ræste_{⟨th ← acc⟩} \overline{sylest}]]]]$

       rest   give

   b. $[_{FP} John_{⟨ag⟩} [_{F'} gave+F_{⟨ag⟩} [_{FP} Mary_{⟨rec⟩} [_{F'} \overline{gave}+F_{⟨rec⟩} [_{FP} a ring_{⟨th⟩}$

       $[_{F'} \overline{gave}+F_{⟨th⟩} [_{VP} \overline{John} [_{V'} \overline{Mary} [_{V'} \overline{a ring gave}]]]]]]]]]$

(35a)の古英語では，明示的に存在する形態格により意味役割が明確になるが（⟨ag ← nom⟩等），(35b)の現代英語では，形態格の衰退に伴い，意味役割を明示する方法が機能投射構造（FP）となり（たとえば，John$_{⟨ag⟩}$と F$_{⟨ag⟩}$が，Spec・Head の関係を通して照合される），語順もまた固定化したと考えられるのである．

さて，この動的言語モデルに基づいて考えると，9.3.2 で議論した適応的進化と非適応的進化の問題が，言語に対する見方の違いであることが明白となる．すなわち，適応的進化研究（機能的および認知的研究）では，LoC が議論の対象となっており，非適応的進化研究（形式言語学的研究）では，LoT がその対象となっているというわけである．現実の言語はこの二つの総合体であり，両側面からの総合的な研究が重要であると考えられる．特に，言語変化の研究は，LoT により作られた構造が，LoC の段階でいかなる変化を被るかを詳細に分析する必要があり（たとえば，英語では格変化から FP へ意味役割の認可方法が変化），そこに働くメカニズムについての緻密な考察が大切である．こうした仮説に立つならば，言語変化の研究もまた，言語進化（特に，言語の小進化）の研究に寄与する可能性が大きいものと考えられる．

まとめ

Chomsky は，しばしば言語の進化を雪の結晶の形成過程になぞらえる．

(36) so the emerging system should just follow laws of nature, in this case the
   principles of Minimal Computation – rather the way a snowflake forms.

(Chomsky 2014：10)

こうした物理現象に対しては，複雑適応系の研究が有名である．雪の結晶は，大気中に
存在する個別の水分子が，気温などの条件によって結合し，規則だった結晶として美し
い姿をみせるわけであるが，そこにどのようなメカニズムが働くかを解明しようとする
のが複雑適応系の研究の一つである**自己組織化**（self-organization）である．同様な現
象として言語を研究する可能性を示唆したものが，(37)に示す Gell-Mann（1994；1969
年にノーベル物理学賞を受賞，その後 Gell-Mann and Ruhlen 2011 等で言語変化・進化
についての研究を発表）の考えである．

(37) In the case of languages, as well as that of societies, evolution or learning or
   adaptation takes place in various ways on different time scales. As we
   discussed earlier, a child's acquisition of language represents a complex
   adaptive system in operation. On a much longer time scale, the evolution of
   human languages over centuries and millennia can be regarded as another
   complex adaptive system.

(p.295)

つまり，子供の言語獲得による言語の形成も歴史的言語変化も複雑適応系の一種である
という主張である．

　もし，この考えが正しければ，先程の動的言語モデルにおいて，LoT は，概念インター
フェイスに対して複雑適応的に進化した存在であり，LoC は，伝達のインターフェイ
スに向けて複雑適応的に進化した存在と考えられよう．すると，LoT は，概念インター
フェイスへの最適化に際し，**計算効率**（computational efficiency）のみが想定され，
Chomsky が述べる(38)の Strong Minimalist Thesis を体現したものとみることができ，
言語の普遍性が説明可能となる．

(38) Strong Minimalist Thesis

　　　Language is a perfect solution to interface conditions.（Chomsky 2007：5）

それに対して，LoC では，伝達のインターフェイスに最適化する際に，計算効率と**伝
達効率**（communicative efficiency）との間で相克が生じ，言語の多様性が生み出され
たと考えられるのである．

　歴史言語学には長い研究の歴史があり，そこには数多くの貴重な知見が存在する．そ
の基盤に立ち，新たな挑戦として，この複雑性（通時的および共時的多様性）の解明へ
の取り組みが期待される．

🔍 文献案内

・チョムスキー，ノーム（著），福井直樹・辻子美保子（訳）（2015）『我々はどのような生き物

なのか ソフィア・レクチャーズ』東京：岩波書店.

　本文献は，2014年3月に来日したチョムスキーの講演集の日本語版である．生成文法の説明的妥当性を越える進化的妥当性への挑戦であり，本書により極小主義の目指す高みを知ることができる．本章の「思考の言語」に関する背景的知識もまた本書の中にある．なお，付録のインタビューも，チョムスキーの最近の考え方への理解を深めるために是非一読をお勧めしたい．

・藤田耕司，福井直樹，遊佐典昭，池内正幸（編）（2014）『言語の設計・発達・進化：生物言語学探究』東京：開拓社.

　本文献は，日本における言語進化研究の草分け的論文集で，特に形式言語学からの進化研究へのアプローチがいかなるものであるかを知るよい機会となる．「併合」が言語の基本として据えられ，理論的側面，言語発達的側面，脳科学的側面も合わせて学ぶことができる．本章の動的言語モデルをより詳しく論じた拙論（「格の存在意義と統語変化」）を含む．

・MacWhinney, Brian and William O'Grady (eds.) (2015) *The Handbook of Language Emergence*, West Sussex: Wiley Blackwell.

　本文献は，言語の創発現象について，主に機能言語学・認知言語学・社会言語学の側面から論じたものである．言語のコミュニケーション機能に着目した言語進化の研究で，本章の「伝達の言語」に当たる現象を中心にした議論である．特に，Part II の Language Change and Typology は，言語の通時的変化を創発現象の視点から論じたもので，Bybee や Givón の議論は必読であろう．

・Tallerman, Maggie and Kathleen R. Gibson (eds.) (2012) *The Oxford Handbook of Language Evolution*, Oxford: Oxford University Press.

　本文献は，言語の起源・進化に関する広範囲にわたる研究の入門書として一読をお勧めしたい．特に，Part V の Language Change, Creation, and Transmission in Modern Humans は歴史言語学と言語進化研究の接点について豊富な知識を得ることができる．

📖 引用文献

保坂道雄（2014）「格の存在意義と統語変化」藤田耕司・福井直樹・遊佐典昭・池内正幸（編）『言語の設計・発達・進化』東京：開拓社，257-278.

Anderson, Henning (1973) "Abductive and Deductive Change," *Language* **49**, 765-793.

Anttila, Raimo (1989) *Historical and Comparative Linguistics*, Amsterdam: John Benjamins.

Bailey, Charles-James and Karl Maroldt (1977) "The French lineage of English," in Jürgen Meisel (ed.) *Pidgins-Creoles-Languages in Contact*, Tübingen: Narr, 21-53.

Bakker, Peter and Yaron Matras (eds.) (2013) *Contact Languages: A Comprehensive Guide*, Berlin: Mouton de Gruyter.

Bickerton, Derek (2006) "Creoles, Capitalism, and Colonialism," in Clements, J. C. et al. (eds.) *History, Society and Variation*, John Benjamins, 137-152.

Blevins, Julieete (2004) *Evolutinary Phonology: The Emergence of Sound Pattern*, Cambridge: Cambridge University Press.

Bowern, Claire and Bethwyn Evans (eds.) (2015) *The Routledge Handbook of Historical Linguistics*, New York: Routledge.

Chamoreau, Caludine and Isabelle Léglise (eds.) (2012) *Dynamics of Contact-induced Language Change*, Berlin/Boston: De Gruyter Mouton.

Chomsky, Noam (2007) "Approaching UG from Below," in Uli Sauerland and Hans-Martin Gärtner (eds.) *Interfaces + Recursion = Language? Chomsky's Minimalism and the View from Semantics*, Berlin: Mouton de Gruyter, 1-29.

Chomsky, Noam (2014) "The Architecture of Language Reconsidered," ms., Sophia University.

Chomsky, Noam (2015) "Problems of Projection: Extensions," in E. D. Domenico, C. Hamann and S. Matteini (eds.) *Structures, Strategies and Beyond*, Amsterdam: John Benjamins, 3-16.

Chomsky, Noam and Morris Halle (1968) *The Sound Pattern of English*, New York: Harper & Row.

Clyne, Michael (2003) *Dynamics of Language Contact*, Cambridge: Cambridge University Press.

Croft, William (2000) *Explaining Language Change: An Evolutionary Approach* (Longman linguistics library), Harlow, England, New York: Longman.

Darwin, Charles (1859) *On the Origin of Species*, London: John Murry.

Filppula, Markku (2003) "The Quest for the Most 'Parsimonious' Explanations: Endogeny vs. Contact Revisited," in Raymond Hickey (ed.), 161-173.

Fitch, W. Tecumseh, Marc D. Hauser and Noam Chomsky (2005) "The Evolution of the Language Faculty: Clarifications and Implications," *Cognition* **97**: 179-210.

Gelderen, Elly van (2004) *Grammaticalization as Economy*, Amsterdam/Philadelphia: John Benjamins Publishing Company.

Gelderen, Elly van (2011) *The Linguistic Cycle*, Oxford: Oxford University Press.

Gell-Mann, Murray (1994) *The Quark and the Jaguar*, New York: Abacus.

Gell-Mann, Murray and Merritt Ruhlen (2011) "The Origin and Evolution of Word Order," *PNAS* **108**(42): 17290-17295.

Givón, Talmy (1971) "Historical Syntax and Synchronic Morphology: An Archaeologist's Field Trip," *CLS* **7**: 394-415.

Givón, Talmy (1979) *On Understanding Grammar*, New York: Academic Press.

Hauser, M., N. Chomsky and W. T. Fitch (2002) "The Language Faculty: What is it, who has it, and how did it evolve?" *Science* **298**: 1569-1579.

Heine, Bernd and Tania Kuteva (2005) *Language Contact and Grammatical Change*, Cambridge: Cambridge University Press.

引 用 文 献　　　187

Heine, Bernd and Tania Kuteva (2007) *The Genesis of Grammar*, Oxford: Oxford University Press.

Hickey, Raymond (ed.) (2003) *Motives for Language Change*, Cambridge: Cambridge University Press.

Hickey, Raymond (ed.) (2010) *Handbook of Language Contact*, Oxford: Backwell.

Hopper, Paul J. and Elizabeth Closs Traugott (1993, 2003²) *Grammaticalization*, 2nd Edition, Cambridge: Cambridge University Press.

Hosaka, Michio (2010) "The Rise of the Complementizer that in the History of English," in Merja Kytö, John Scahill and Harumi Tanabe (eds.) *Language Change and Variation from Old English to Late Modern English: A Festschrift for Minoji Akimoto*, Frankfurt am Main: Peter Lang, 59-78.

Hosaka, Michio (2016) "Two Aspects of Syntactic Evolution," in Koji Fujita and Cedreic A. Boeckx (eds.) *Advances in Biolinguistics: The Human Language Faculty and Its Biological Basis*, New York: Routledge, 198-213.

Keenan, Edward (2002) "Explaining the Creation of Reflexive Pronouns in English," in D. Minkova and R. Stockwell (eds.) *Studies in the History of the English Language: A Millennial Perspective*, Berlin/New York: Mouton de Gruyter, 325-354.

Keller, Rudi (1994) *On Language Change: The Invisible Hand in Language*, London: Routledge.

Lass, Roger (1997) *Historical Linguistics and Language Change*, Cambridge: Cambridge University Press.

Lehmann, Christian (1982, 1995²) *Thoughts on Grammaticalization*, 2nd Edition, Munich: Lincom Europa.

Lightfoot, David (1979) *Principles of Diachronic Syntax*, Cambridge: Cambridge University Press.

Longobardi, Giuseppe (2001) "Formal Syntax, Diachronic Minimalism, and Etymology: The History of French *Chez*," *Linguistic Inquiry* **32**(2): 275-302.

Lucas, Christopher (2015) "Contact-induced Language Change," in C. Bowern and B. Evans (eds.), 519-536.

Martinet, André (1952) "Function, Structure, and Sound Change," *Word* **8**: 1-32.

Martinet, André (1961) *A Functional View of Language*, Oxford: Oxford University Press.

Matras, Yaron (2009) *Language Contact*, Cambridge: Cambridge University Press.

McMahon, April M. S. and Robert McMahon (2012) *Evolutionary Linguistics*, Cambridge: Cambridge University Press.

McWhorter, John H. (2005) *Defining Creole*, Oxford: Oxford University Press.

Meillet, Antoine (1912) "L'évolution des Forms Grammaticales," *Scientia* (Rivista di Scienza) **12**(26): 6.

Mufwene, Salkoko (2001) *The Ecology of Language Evolution*, Cambridge: Cambridge University Press.

Mufwene, Salkoko（2008）*Language Evolution: Contact, Competition and Change*, London: Continuum International Publicating.

Newton, Isaac（1687）*Philosophiœ Naturalis Principia Mathematica*, London: S. Pepys.

OED（1989）*The Oxford English Dictionary*, 2nd Edition, Oxford: Oxford University Press.

Pinker, S. and P. Bloom（1990）"Natural Language and Natural Selection," *Behavioral and Brain Sciences* **13**, 707-784.

Pinker, S. and R. Jackendoff（2005）"The Faculty of Language: what's special about it?" *Cognition* **95**(2): 201-36.

Poussa, Patricia（1982）"The Evolution of Early Standard English: The Creolization Hypothesis," *Studia Anglia Posnaniensia* **14**: 70-85.

Poussa, Patricia（1990）"A Contact-Universals Origin for Periphrastic *do*, with Special Consideration of OE-Celtic Contact," in Sylvia Adamson et al.（eds.）*Papers from the 5th International Conference of English Historical Linguistics, Cambridge, 6-9 April 1987*, Amsterdam: John Benjamins, 407-433.

Ritt, Nikolaus（2004）*Selfish Sounds and Linguistic Evolution: A Darwinian Approach to Language Change*, Cambridge: Cambridge University Press.

Roberts, Ian（2007）*Diachronic Syntax*, Oxford: Oxford University Press.

Roberts, Ian and Anna Roussou（2003）*Syntactic Change*, Cambridge: Cambridge University Press.

Shibatani, Masayoshi（2013）"What can Japanese Dialects Tell Us about the Function and Development of the Nominalization Particle *no*?" *Japanese/Korean Linguistics* **20**, 429-451.

Tallerman, Maggie and Kathleen R. Gibson（eds.）（2012）*The Oxford Handbook of Language Evolution*, Oxford: Oxford University Press.

Thomason, Sarah, G.（2001）*Language Contact: An Introduction*, Edinburgh: Edinburgh University Press.

Thomason, Sarah, G. and Gerrence Kaufman（1988）*Language Contact, Creolization, and Genetic Linguistics*, Berkeley, CA: University of California Press.

Yang, Charles（2002）*Knowledge and Learning in Natural Language*, Oxford: Oxford University Press.

索　引

▶欧　文

/ɑ/ の復活（restoration of /ɑ/）　55
AB 言語　33
Anglian　31

Central French　39

Dynamic Model of Language　182

fuþark　93
fuþorc　93

I–ウムラウト（I-Umlaut）　55

Kentish　31

Mercian　31

Norman French　39
Northumbrian　31

OV 語順　131

Silverstein の名詞階層　139

VO 語順　131

West-Saxon　31

▶あ　行

あめつちの詞　10
アメリカ自由詩　78
アレグザンダー詩行（Alexandrine）　75
アングロフリジア語明音化（Anglo-Frisian
　　Brightening）　54

異音（allophone）　98
イ音便　64
異形態（allomorph）　107
位相（phase）　5
一次的言語資料（Primary Linguistic Data）　134
一般化（generalization）　155
一般化された会話の含意（generalized conversa-
　　tional implicature）　166
出合　13
意味（Semantics）　90
意味元素（semantic prime）　154
意味の漂白化（semantic bleaching）　161
意味場（semantic field）　153
意味変化（semantic change）　151
意味領域（domain）　157
異文字（allograph）　98
いろは歌　10
印欧祖語（Proto-Indo-European）　24, 114
韻脚（foot）　48
韻脚拍リズム（foot-timed rhythm）　67
韻律（prosody）　50

ウェストサクソン標準綴字　96
ヴェルナーの法則（Verner's Law）　52
ウ音便　64

英語（English）　22
エトルリア文字　93
絵文字（pictogram）　92
円唇（rounded lips）　52

奥向き二重母音（backing diphthong）　57
押し上げ連鎖説（push-chain theory）　59
オ段長音　10
踊り字　103
音韻変化（phonological change）　47

音価（phonetic value）3
音仮名 94
音声（Speech）90
音声上の変化（phonetic change）47
音声的偏り（phonetic bias）49
音節（syllable）48
音節拍リズム（syllable-timed rhythm）67
音節文字（syllabic）92
音便 64
音変化（sound change）47
音読み（Sino-Japanese reading）124
音律（prosody）48

▶か 行

階級方言（class dialect）5
下位語（hyponym）153
概念（concept）151
概念インターフェイス（Conceptual Interface）182
概念階層（conceptual hierarchy）153
概念的意味（conceptual meaning）152
外面史（external history）22
外来語（gairaigo）124
会話の含意（conversational implicature）164, 166
係り助詞 140
係り結び 12
係り結び構文 138
かき混ぜ構文（scrambling）138
格助詞 137
拡大投射原理（Extended Projection Principle）135, 174
下降調 10
貨泉 16
家族的類似（family resemblance）161
片仮名 18, 94
かな 11
カナ 11
仮名遣 95
含意的普遍性（implicational universal）132
漢音 9
環境依存文字 100
関係的形容詞（relational adjective）121

漢語（Sino-Japanese vocabulary）124
漢字御廃止之議 95
慣習性（conventionality）109
慣習的な含意（conventional implicature）166
間主観化（intersubjectification）164, 165
感染（contagion）158

義訓 94
戯書 94
基礎レベル範疇（basic level category）154
規範文法（prescriptive grammar）43
義務的用法（deontic）164
疑問詞の移動（wh-movement）138
脚韻 74
キュー（cue）134
強化（fortition, strengthening）49
共感覚（synaesthesia）163
強形代名詞（strong pronoun）142
強弱格（trochaic meter）76
強弱弱格（dactylic meter）76
行中休止（caesura）75
共通語 15
行末終止行（end-stopped line）78
極小主義（minimalism）170
ギリシャ・アルファベット 92
近代英語（Modern English）25

空気力学的制約（aerodynamic constraint）49
屈折（inflection）107, 111
句読法（punctuation）103
句またがり（enjambment）78, 85
グリムの法則（Grimm's Law）51
クレオール語（creole language）173
クレオール語化（creolization）173
訓 94
訓仮名 94
訓点語彙 18
訓読み（native Japanese reading）124
訓令式 20

計算効率（computational efficiency）184
形態（morph）107
形態素（morpheme）107

索　引　　191

形態論化（morphologization）112
形態論的類型論（morphological typology）110
契沖仮名遣　95
系統論（genealogy）2
啓蒙思想（Enlightenment）41
系列関係（paradigmatic relation）159
劇的変化（catastrophic change）134
欠如動詞（defective verb）107
ゲルマン語強勢規則（Germanic Stress Rule）
　61
言語外的要因　170
言語接触（language contact）112
言語地理学（linguistic geography）5
言語内的要因　170
原初アルファベット　92
現代英語（Present-day English）26
現代仮名遣　15
現代かなづかい　95, 100
現代日本語　6
言文一致　14
言文二途　14
原理とパラメータ（Principles and Parameters）
　131

語（word）107
語彙（Lexicon）90
語彙（lexis, lexicon）106
語彙化（lexicalization）109
語彙借用（lexical borrowing）112
語彙素（lexeme）107
語彙層（lexical stratum）119
高位言語（H(igh)-language）34
後期近代英語（Late Modern English）26
向上（amelioration）155
構成素（constituent）138
後接語（proclitic）108
構造格（structural case）139
拘束形態素（bound morpheme）107
拘束語基（bound base）108
後置詞句　140
膠着（agglutination）111
高平調　10
古英語（Old English）25

古音　8
呉音　9
語幹（stem）108
語基（base）108
語義論（semasiology）155
語義論的変化　155
国語（national language）1
国字　94
黒死病　40
語形（word form）107
語形成（word formation）107
語源学（etymology）168
語源的綴字（etymological spelling）99
語根（root）108
五七調　84
五銖銭　16
古代日本語　9
誇張法（hyperbole）157
国訓　94
5母音説　63
古北欧語（Old Norse）25
語用論的文献学（pragmaphilology）164
孤立（isolation）111
混種語（hybrid）113

▶さ　行

再解釈（reinterpretation）122
最小労力の原理（Principle of Least Effort）171
再分析（reanalysis）122, 146
サ行子音　65
3音節短音化（trisyllabic shortening）56
三句切れ　84
3言語社会（trilingual）39

字余り　85
恣意性（arbitrariness）2, 152
子音連鎖前の短音化（pre-consonantal shorten-
　ing）55
詩脚（foot）75
自語化（naturalization）112
自己組織化（self-organization）184
示差的主語表示（Differential Subject Marking）
　139

示差的目的語表示（Differential Object Marking）142

指示対象（referent）151

自然選択説（Natural Selection）180

七王国時代　31

七五調　84

七支刀　17

7母音説　63

指定部（Specifier）133

始動問題（actuation problem）48

自筆の資料（authorial holograph）34

弱強5歩格（iambic pentameter）33, 75

弱強3歩格（iambic trimeter）75

弱強4歩格（iambic tetrameter）75

弱弱強格（anapestic meter）76

借用語（loanword）112

弱化（lenition, weakening）49

写本（manuscript）27

重音節（heavy syllable）53

重音節構造　8

自由形態素（free morpheme）107

自由詩（free verse）76

重箱読み　113

主格　137

主観化（subjectification）164, 165

主題（topic）133

主要部移動（head movement）133

主要部先行型（head initial）135

主要部パラメータ（Head Parameter）135

シュワー（schwa）57

準体言助詞（nominalization marker）178

使用域（register）153

上位語（hypernym）153

小学校令施行規則　94

象形文字（hieroglyph）92

上昇調　10

上代語　6

上代特殊仮名遣　9, 63, 94

声点　10

常用漢字　20

常用漢字表　95

省略（ellipsis）158

書記　89

書記（Writing）90

初期近代英語（Early Modern English）26

書記体系　89

初句切れ　84

親縁関係　2

新古典複合語（neo-classical compound）109

滲出（secretion）112

死んだメタファー（dead metaphor）157

推移（shift）48

正音　9, 94

正音学者（orthoepist）51

正訓　94

正訓字　94

生産性（productivity）110

性質形容詞（qualitative adjective）121

正書法（orthography）90

生成文法（generative grammar）174

成分分析（componential analysis）154

接語（clitic）108

接語代名詞（clitic pronoun）136

接辞（affix）108

絶対奪格（ablative absolute）30

絶対与格（dative absolute）30

接置詞（adposition）145

接頭辞（prefix）108

接尾辞（suffix）108

狭い意味の統語（Narrow Syntax）181

線形対応公理（Linear Correspondence Axiom）135

漸次変容（cline）131

漸進性（gradualness）133

前接語（enclitic）108

惣　12

草仮名　18, 94

総合的言語（synthetic language）110

相互換用的（reciprocal）167

促音便　64

祖語（parent language）2

ソネット（sonnet）76

▶た 行

対格　137
太古日本語　6, 7
「〜たい」式の表現　11
代償長音化（compensatory lengthening）　58
対人的（interpersonal）　164, 176
大母音推移（Great Vowel Shift）　58
大法官英語（Chancery English）　33
多義性（polysemy）　155
タ行子音　65
濁音符　103
濁点　103
多総合（polysynthesis）　111
脱形態論化（demorphologization）　112
縦棒（minim）　100
堕落（pejoration）　155
単一母音（monophthong）　52
単音文字（alphabet）　92
短二重母音（short diphthong）　53
談話に連結された wh 句（D-linked wh-phrase）　141
談話標識（discourse marker）　164

地域的変種　31
知覚時の解析過程（perceptual parsing）　50
中英語（Middle English）　25
中英語開音節長音化（Middle English Open Syllable Lengthening）　57
中古語　6
調音企画（motor planning）　49
調音動作機構（gestural mechanics）　50
長二重母音（long diphthong）　53

通時語用論（diachronic pragmatics）　164
続け書き（scriptio continua）　101
綴字発音（spelling pronunciation）　90

低位言語（L(ow)-language）　37
帝王韻（rhyme royal）　75
定家仮名遣　19, 95
定形動詞　133
定性（definiteness）　141

低平調　10
転換操作子（transposing operator）　122
伝達効率（communicative efficiency）　184
伝達のインターフェイス（Communicative Interface）　182

頭韻（alliteration）　30, 71
頭韻詩の復興（alliterative revival）　73
同音異義衝突（homonymic clash）　158
同器官的（連鎖）長音化（homorganic (cluster) lengthening）　55
同系関係　2
統合関係（syntagmatic relation）　159
等語線（isogloss）　4, 34
動作主（Agent）　135
動作主性（agency）　139
動詞第二位（Verb Second）　133
当用漢字　20
当用漢字表　95
特殊化（specialization）　155
特殊化された会話の含意（particularized conversational implicature）　166
特定性（specificity）　141
トリガー（trigger）　134

▶な 行

内在格（inherent case）　139
内面史（internal history）　22
難解語（hard word）　123

2 行連（couplet）　75
二句切れ　84
二言語変種使い分け（diglossia）　25, 37
二重語　38
二重字（digraph）　98
二重分節（double articulation）　109
日本式ローマ字　20
認識的用法（epistemic）　164

ネオ・ダーウィニズム（Neo-Darwinism）　180

ノルマン（人の）征服（Norman Conquest）　26, 73, 172

▶は 行

ハ行子音　64
ハ行転呼（音）　10, 65
派生（derivation）　107
8 母音説　63
撥音便　64
発話行為（speech act）　164
バラッド律（ballad meter）　75
パラメータの再設定　131
反対称性仮説（Antisymmetry Hypothesis）　135
半濁音符　103
半濁点　103
範疇横断的調和（cross-categorial harmony）　132
範疇化（categorization）　154
半両銭　16

尾韻（tail rhyme）　75
非概念的意味（non-conceptual meaning）　152
比較言語学（comparative linguistics）　24
引き上げ連鎖説（drag-chain theory）　59
非口音化　64
ピジン化（pidginization）　38
ピジン語（pidgin language）　172
非相互換用的（nonreciprocal）　167
百年戦争　40
表意文字（ideogram）　3
表音文字（phonogram）　3, 92, 124
表記　89
表語文字（logogram）　92, 124
標準語　14
標準式　20
平仮名　18, 94

不一致（mismatch）　76
フォーカス句（Foc(us)P）　140
複合（compounding）　107
複合語（compound）　109
節博士　13
普通唇（neutral lips）　52
不透明（opaque）　174
部分関係（meronymy）　154

普遍文法（Universal Grammar）　131
プロトタイプ（prototype）　161
プロトタイプ・シフト（prototype shift）　161
文献学（philology）　3
分析的言語（analytic language）　110
文法（Grammar）　90
文法化（grammaticalization）　174, 175
文法関係　141
分離的（dissociated）　117
分裂（split）　47

閉音節短音化（closed syllable shortening）　55
平唇（spread lips）　52
ヘボン式　20
変体仮名　94
変体漢文　9, 94

母音調和（vowel harmony）　55
抱合（incorporation）　111
包摂関係（hyponymy）　153
北部セム文字（North Semitic）　92
補充（suppletion）　108
補部（complement）　135
ボブ・ウィール連（bob-wheel stanza）　74, 75
ポライトネス（politeness）　164, 166
本文批判（textual criticism）　3
翻訳借用（loan translation）　30, 118
本来語（native）　112

▶ま 行

前舌母音変異（front mutation）　55
前向き二重母音（fronting diphthong）　56
真仮名　94
万葉仮名　9, 18, 94

民間語源（folk etymology）　158

無韻詩（blank verse）　76, 78

名義論（onomasiology）　155
名義論的変化　155
メタファー（metaphor）　155, 157
メトニミー（metonymy）　155, 157

索　引　*195*

面子（face）　165

黙字（silent letter）　99
目的語転移（Object Shift）　136
文字　89
模範語　14
モーラ拍リズム（mora-timed rhythm）　67

▶や　行

大和言葉（yamato kotoba）　124
有契性（motivation）　109

融合（fusion）　111
融合（merger）　47
誘導推論（invited inference）　164, 166
湯桶読み　113

容認発音（Received Pronunciation）　43
四つ仮名　65, 100
4行連（quatrain）　75

▶ら　行

裸句構造（Bare Phrase Structure）　183
ラテン語系（Latinate）　112

リズム構造（rhythmic structure）　48
臨時綴字（occasional spelling）　50
隣接性（contiguity）　157

類似性（similarity）　157
類推（analogy）　122
ルーン文字（runic alphabet）　27, 93

歴史言語学（historical linguistics）　3
歴史語用論（historical pragmatics）　163
連（stanza）　75
連結形（combining form）　109
連合的（associative）　117
連体形終止法　12

6母音説　63
ローマ字　20, 95
ローマ字ひろめ会　20
羅馬字用法意見　20
ローマン・アルファベット（Roman alphabet）
　93
ロマンス語強勢規則（Romance Stress Rule）　61

▶わ　行

和音　9
和化漢文　9
分かち書き（distinctiones）　101
和語（wago）　124
王仁伝説　17
和文語彙　18
藁算　7
割れ（breaking）　54
ヲコト点　18, 101

英和対照用語一覧

▶ A

ablative absolute　絶対奪格
actuation problem　始動問題
adposition　接置詞
aerodynamic constraint　空気力学的制約
affix　接辞
agency　動作主性
Agent　動作主
agglutination　膠着
Alexandrine　アレグザンダー詩行
alliteration　頭韻
alliterative revival　頭韻詩の復興
allograph　異文字
allomorph　異形態
allophone　異音
alphabet　単音文字
amelioration　向上
analogy　類推
analytic language　分析的言語
anapestic meter　弱弱強格
Anglo-Frisian Brightening　アングロフリジア
　語明音化
Antisymmetry Hypothesis　反対称性仮説
arbitrariness　恣意性
associative　連合的
authorial holograph　自筆の資料

▶ B

backing diphthong　奥向き二重母音
ballad meter　バラッド律
Bare Phrase Structure　裸句構造
base　語基
basic level category　基礎レベル範疇
blank verse　無韻詩
bob-wheel stanza　ボブ・ウィール連

bound base　拘束語基
bound morpheme　拘束形態素
breaking　割れ

▶ C

caesura　行中休止
catastrophic change　劇的変化
categorization　範疇化
Chancery English　大法官英語
class dialect　階級方言
cline　漸次変容
clitic　接語
clitic pronoun　接語代名詞
closed syllable shortening　閉音節短音化
combining form　連結形
communicative efficiency　伝達効率
Communicative Interface　伝達のインターフ
　ェイス
comparative linguistics　比較言語学
compensatory lengthening　代償長音化
complement　補部
componential analysis　成分分析
compound　複合語
compounding　複合
computational efficiency　計算効率
concept　概念
conceptual hierarchy　概念階層
Conceptual Interface　概念インターフェイス
conceptual meaning　概念的意味
constituent　構成素
contagion　感染
contiguity　隣接性
conventional implicature　慣習的な含意
conventionality　慣習性
conversational implicature　会話の含意
couplet　2行連

英和対照用語一覧

creole language　クレオール語

creolization　クレオール語化

cross-categorial harmony　範疇横断的調和

cue　キュー

▶ D

D-linked wh-phrase　談話に連結された wh 句

dactylic meter　強弱弱格

dative absolute　絶対与格

dead metaphor　死んだメタファー

defective verb　欠如動詞

definiteness　定性

demorphologization　脱形態論化

deontic　義務的用法

derivation　派生

diachronic pragmatics　通時語用論

Differential Object Marking　示差的目的語表示

Differential Subject Marking　示差的主語表示

diglossia　二言語変種使い分け

digraph　二重字

discourse marker　談話標識

dissociated　分離的

distinctiones　分かち書き

domain　意味領域

double articulation　二重分節

drag-chain theory　引き上げ連鎖説

▶ E

Early Modern English　初期近代英語

ellipsis　省略

enclitic　前接語

end-stopped line　行末終止行

English　英語

enjambment　句またがり

Enlightenment　啓蒙思想

epistemic　認識用法

etymological spelling　語源的綴字

etymology　語源学

Extended Projection Principle　拡大投射原理

external history　外面史

▶ F

face　面子

family resemblance　家族的類似

Foc(us)P　フォーカス句

folk etymology　民間語源

foot　韻脚, 詩脚

foot-timed rhythm　韻脚拍リズム

fortition　強化

free morpheme　自由形態素

free verse　自由詩

fronting diphthong　前向き二重母音

front mutation　前舌母音変異

fusion　融合

▶ G

gairaigo　外来語

genealogy　系統論

generalization　一般化

generalized conversational implicature　一般化された会話の含意

generative grammar　生成文法

Germanic Stress Rule　ゲルマン語強勢規則

gestural mechanics　調音動作機構

gradualness　漸進性

Grammar　文法

grammaticalization　文法化

Great Vowel Shift　大母音推移

Grimm's Law　グリムの法則

▶ H

hard word　難解語

head initial　主要部先行型

head movement　主要部移動

Head Parameter　主要部パラメータ

heavy syllable　重音節

hieroglyph　象形文字

H(igh)-language　高位言語

historical linguistics　歴史言語学

historical pragmatics　歴史語用論

homonymic clash　同音異義衝突

homorganic (cluster) lengthening　同器官的（連鎖）長音化

hybrid　混種語
hyperbole　誇張法
hypernym　上位語
hyponym　下位語
hyponymy　包摂関係

▶ I

I-Umlaut　I-ウムラウト
iambic foot　詩脚
iambic pentameter　弱強5歩格
iambic tetrameter　弱強4歩格
iambic trimeter　弱強3歩格
ideogram　表意文字
implicational universal　含意的普遍性
incorporation　抱合
inflection　屈折
inherent case　内在格
internal history　内面史
interpersonal　対人的
intersubjectification　間主観化
invited inference　誘導推論
isogloss　等語線
isolation　孤立

▶ L

language contact　言語接触
Late Modern English　後期近代英語
Latinate　ラテン語系
lenition　弱化
lexeme　語彙素
lexical borrowing　語彙借用
lexical stratum　語彙層
lexicalization　語彙化
Lexicon　語彙
lexicon　語彙
lexis　語彙
Linear Correspondence Axiom　線形対応公理
linguistic geography　言語地理学
loan translation　翻訳借用
loanword　借用語
logogram　表語文字
long diphthong　長二重母音
L(ow)-language　低位言語

▶ M

manuscript　写本
merger　融合
meronymy　部分関係
metaphor　メタファー
metonymy　メトニミー
Middle English　中英語
Middle English Open Syllable Lengthening
　中英語開音節長音化
minim　縦棒
minimalism　極小主義
mismatch　不一致
Modern English　近代英語
monophthong　単一母音
mora-timed rhythm　モーラ拍リズム
morph　形態
morpheme　形態素
morphological typology　形態論的類型論
morphologization　形態論化
motivation　有契性
motor planning　調音企画

▶ N

Narrow Syntax　狭い意味の統語
national language　国語
native　本来語
native Japanese reading　訓読み
Natural Selection　自然選択説
neo-classical compound　新古典複合語
Neo-Darwinism　ネオ・ダーウィニズム
neutral lips　普通唇
nominalization marker　準体言助詞
non-conceptual meaning　非概念的意味
nonreciprocal　非相互換用的
Norman Conquest　ノルマン（人の）征服
North Semitic　北部セム文字

▶ O

Object Shift　目的語転移
occasional spelling　臨時綴字
Old English　古英語
Old Norse　古北欧語

英和対照用語一覧　　　　199

onomasiology　　名義論
opaque　　不透明
orthoepist　　正音学者
orthography　　正書法

▶ P

paradigmatic relation　　系列関係
parent language　　祖語
particularized conversational implicature
　　特殊化された会話の含意
pejoration　　堕落
perceptual parsing　　知覚時の解析過程
phase　　位相
philology　　文献学
phonetic bias　　音声的偏り
phonetic change　　音声上の変化
phonetic value　　音価
phonogram　　表音文字
phonological change　　音韻変化
pictogram　　絵文字
pidgin language　　ピジン語
pidginization　　ピジン化
politeness　　ポライトネス
polysemy　　多義性
polysynthesis　　多総合
pragmaphilology　　語用論的文献学
pre-consonantal shortening　　子音連鎖前の短
　　音化
prefix　　接頭辞
prescriptive grammar　　規範文法
Present-day English　　現代英語
Primary Linguistic Data　　一次的言語資料
Principle of Least Effort　　最小労力の原理
Principles and Parameters　　原理とパラメータ
proclitic　　後接語
productivity　　生産性
prosody　　韻律，音律
Proto-Indo-European　　印欧祖語
prototype　　プロトタイプ
prototype shift　　プロトタイプ・シフト
punctuation　　句読法
push-chain theory　　押し上げ連鎖説

▶ Q

qualitative adjective　　性質形容詞
quatrain　　4 行連

▶ R

reanalysis　　再分析
Received Pronunciation　　容認発音
reciprocal　　相互換用的
referent　　指示対象
register　　使用域
reinterpretation　　再解釈
relational adjective　　関係的形容詞
restoration of /ɑ/　　/ɑ/ の復活
rhyme royal　　帝王韻
rhythmic structure　　リズム構造
Roman alphabet　　ローマン・アルファベット
Romance Stress Rule　　ロマンス語強勢規則
root　　語根
rounded lips　　円唇
runic alphabet　　ルーン文字

▶ S

schwa　　シュワー
scrambling　　かき混ぜ構文
scriptio continua　　続け書き
secretion　　滲出
self-organization　　自己組織化
semantic bleaching　　意味の漂白化
semantic change　　意味変化
semantic field　　意味場
semantic prime　　意味元素
Semantics　　意味
semasiology　　語義論
shift　　推移
short diphthong　　短二重母音
silent letter　　黙字
similarity　　類似性
Sino-Japanese reading　　音読み
Sino-Japanese vocabulary　　漢語
sonnet　　ソネット
sound change　　音変化
specialization　　特殊化

specificity　特定性
Specifier　指定部
Speech　音声
speech act　発話行為
spelling pronunciation　綴字発音
split　分裂
spread lips　平唇
stanza　連
stem　語幹
strengthening　強化
strong pronoun　強形代名詞
structural case　構造格
subjectification　主観化
suffix　接尾辞
suppletion　補充
syllabic　音節文字
syllable　音節
syllable-timed rhythm　音節拍リズム
synaesthesia　共感覚
syntagmatic relation　統合関係
synthetic language　総合的言語

▶ T

tail rhyme　尾韻
textual criticism　本文批判
topic　主題

transposing operator　転換操作子
trigger　トリガー
trilingual　3言語社会
trisyllabic shortening　3音節短音化
trochaic meter　強弱格

▶ U

Universal Grammar　普遍文法

▶ V

Verb Second　動詞第二位
Verner's Law　ヴェルナーの法則
vowel harmony　母音調和

▶ W

wago　和語
weakening　弱化
wh-movement　疑問詞の移動
word　語
word form　語形
word formation　語形成
Writing　書記

▶ Y

yamato kotoba　大和言葉

編者略歴

服部義弘
（はっとり　よしひろ）

1947 年　愛知県に生まれる
1978 年　名古屋大学大学院文学研究科
　　　　博士後期課程中退
現　在　静岡大学名誉教授
　　　　文学修士

児馬　修
（こま　おさむ）

1951 年　東京都に生まれる
1976 年　東京教育大学大学院文学研究科
　　　　修士課程修了
現　在　立正大学文学部教授
　　　　東京学芸大学名誉教授
　　　　文学修士

朝倉日英対照言語学シリーズ［発展編］3
歴 史 言 語 学　　　　　　　　定価はカバーに表示

2018 年 3 月 30 日　初版第 1 刷

編　者	服　部　義　弘	
	児　馬　　　修	
発行者	朝　倉　誠　造	
発行所	株式会社 朝　倉　書　店	

東京都新宿区新小川町 6-29
郵 便 番 号　162-8707
電　話　03（3260）0141
ＦＡＸ　03（3260）0180
http://www.asakura.co.jp

〈検印省略〉

Ⓒ 2018〈無断複写・転載を禁ず〉　　　　　　　教文堂・渡辺製本

ISBN 978-4-254-51633-3　C 3380　　　Printed in Japan

JCOPY　＜（社）出版者著作権管理機構 委託出版物＞
本書の無断複写は著作権法上での例外を除き禁じられています．複写される場合は，
そのつど事前に，（社）出版者著作権管理機構（電話 03-3513-6969，FAX 03-3513-
6979，e-mail: info@jcopy.or.jp）の許諾を得てください．

宮城教大 西原哲雄編 朝倉日英対照言語学シリーズ 1 **言　語　学　入　門** 51571-8　C3381　　　　　A 5 判 168頁 本体2600円	初めて学ぶ学生に向けて，言語学・英語学の基本概念や用語から各領域の初歩までわかりやすく解説。英語教育の現場も配慮。〔内容〕言語学とは何か／音の構造／語の構造／文の構造／文の意味／文の運用
前静大 服部義弘編 朝倉日英対照言語学シリーズ 2 **音　　声　　学** 51572-5　C3381　　　　　A 5 判 164頁 本体2800円	具体的音声レベルの事象に焦点をあて，音声学の基本を網羅した教科書。〔内容〕音声学への誘い／英語の標準発音と各種の変種／母音／子音／音節・音連鎖・連続発話過程／強勢・アクセント・リズム／イントネーション／音響音声学
同志社大 菅原真理子編 朝倉日英対照言語学シリーズ 3 **音　　韻　　論** 51573-2　C3381　　　　　A 5 判 180頁 本体2800円	音韻単位の小さなものから大きなものへと音韻現象や諸課題を紹介し，その底流にある抽象的な原理や制約を考察。〔内容〕音の体系と分類／音節とモーラ／日本語のアクセントと英語の強勢／形態構造と音韻論／句レベルの音韻論／最適性理論
北九大 漆原朗子編 朝倉日英対照言語学シリーズ 4 **形　　態　　論** 51574-9　C3381　　　　　A 5 判 180頁 本体2700円	語及び語形成を対象とする形態論の基本概念を解説し隣接領域からの多様な視点を紹介。〔目次〕文法における形態論の位置づけ／語彙部門／派生形態論／屈折形態論／語の処理の心内・脳内メカニズム／自然言語処理
名大 田中智之編 朝倉日英対照言語学シリーズ 5 **統　　語　　論** 51575-6　C3381　　　　　A 5 判 160頁 本体2700円	主要な統語現象が，どのように分析・説明されるのかを概観する。生成文法，特に極小主義理論の基本的概念と枠組を紹介。〔内容〕語彙範疇と句の構造／機能範疇と節の構造／A移動／Aバー移動／照応と削除
前名大 中野弘三編 朝倉日英対照言語学シリーズ 6 **意　　味　　論** 51576-3　C3381　　　　　A 5 判 160頁 本体2700円	意味論とは，言語表現が共通にもつ意味特性やそれらの間の意味関係を理論的・体系的に分析する学問。最近の認知意味論に至る研究成果をわかりやすく解説。〔内容〕意味とは／語の意味／文の意味 I／文の意味 II／意味変化
前甲南大 中島信夫編 朝倉日英対照言語学シリーズ 7 **語　　用　　論** 51577-0　C3381　　　　　A 5 判 176頁 本体2800円	具体的な言語使用を扱う語用論のテキスト。〔内容〕語用論的意味／意味のコンテキスト依存性／会話における理論／意味論的意味との接点／メタ表示／発話行為／ポライトネス／呼びかけ話およびエピセット

◆ 朝倉日英対照言語学シリーズ〔発展編〕 ◆

言語学・英語学のより多様な領域へと読者を誘う

慶應大 井上逸兵編 朝倉日英対照言語学シリーズ〔発展編〕 1 **社　会　言　語　学** 51631-9　C3380　　　　　A 5 判 184頁 本体3200円	社会の多様性と言語との相関，多様な展開を見せる社会言語学の広がりと発展，そして次代への新たな方向を示す。〔内容〕言語による対人関係の構築，言語の相互行為，コミュニケーションの諸側面，言語と社会制度，社会的構築物など。
宮城教大 西原哲雄編 朝倉日英対照言語学シリーズ〔発展編〕 2 **心　理　言　語　学** 51632-6　C3380　　　　　A 5 判 176頁 本体3200円	人間がいかにして言語を獲得・処理していくのかを，音声・音韻の獲得，単語・語彙の獲得，文理解・統語の獲得，語用の理解と獲得，言語獲得と五つの章で，心理言語学を初めて学ぶ学生にも理解できるよう日本語と英語を対照しながら解説。

上記価格（税別）は 2018 年 3 月現在